RÉPERTOIRE DES DRAMATIQUES QUÉBÉCOISES À LA TÉLÉVISION 1952-1977

DES MÊMES AUTEURS

Dans la même collection

vol. I   Pierre Pagé, avec la collaboration de Renée Legris et de Louise Blouin, *Repertoire des œuvres de la littérature radiophonique québécoise 1930-1970*. Montréal, Éditions Fides, 1975.

vol. II   Renée Legris, *Robert Choquette, romancier et dramaturge de la radio-télévision*, Montréal, Éditions Fides, 1977.

Dans la collection « Écrivains canadiens d'aujourd'hui »

    Pierre Pagé, *Anne Hébert*. Montréal, Éditions Fides, 2e édition, 1970.

Hors collection

    Pierre Pagé, avec la collaboration de Renée Legris, *Le Comique et l'humour à la radio québécoise*. Volume I, Montréal, Éditions La Presse, 1976. Volume II, Montréal, Éditions Fides (à paraître).

Ouvrages collectifs

    Pierre Pagé et Renée Legris (éd.), *Le Symbole, carrefour interdisciplinaire*. Montréal, Les Presses de l'Université du Québec, 1969.

    Pierre Pagé et René Legris (éd.), *L'Oeuvre littéraire et ses significations*. Montréal, Les Presses de l'Université du Québec, 1970.

    Pierre Pagé et Renée Legris (éd.), *Problèmes d'analyse symbolique*. Montréal, Les Presses de l'Université du Québec, 1972.

ARCHIVES QUÉBÉCOISES DE LA RADIO ET DE LA TÉLÉVISION
volume III

RÉPERTOIRE DES DRAMATIQUES QUÉBÉCOISES À LA TÉLÉVISION 1952-1977

Vingt-cinq ans de télévision à Radio-Canada :
— téléthéâtres
— feuilletons
— dramatiques pour enfants.

par

Pierre Pagé et Renée Legris

FIDES
235 est, boulevard Dorchester, Montréal

ISBN : 0-7755-0664-8

Numéro de la fiche de catalogue de la Centrale des bibliothèques : 77-15293

Tous droits de reproduction, d'édition, d'impression, de traduction, d'adaptation et de représentation, en totalité ou en partie, réservés en exclusivité pour tous les pays. La reproduction d'un extrait quelconque de cet ouvrage, par quelque procédé que ce soit, tant électronique que mécanique, en particulier par photocopie ou par microfilm, est interdite sans l'autorisation écrite de la Corporation des Éditions Fides.

© *La Corporation des Éditions Fides — 1977*

À la mémoire d'Hubert Aquin

Les recherches nécessaires à la préparation de ce *Répertoire* ont été subventionnées par la Direction générale de l'enseignement supérieur, Programme FCAC, Ministère de l'Éducation, Québec.

Équipe de recherches :

Pierre Pagé, professeur à l'Université du Québec à Trois-Rivières
Renée Legris, professeur à l'Université du Québec à Montréal

Assistantes de recherches :

Louise Blouin
Joan Litalien

Secrétaire-documentaliste :

Cécile Piché-Legault.

Sommaire

Avant-propos		11
I.	*Introduction*	13
	• 1. Les objectifs du *Répertoire*	16
	• 2. Le corpus décrit dans le *Répertoire*	18
	• 3. État des sources	21
	• 4. Problèmes d'esthétique sociale	28
	4.1 Le modèle dramatique	28
	4.2 Le feuilleton, modèle de réception	29
	4.3 La distorsion émetteur-récepteur	31
	4.4 La fragmentation de l'écoute par la publicité	33
	• 5. Conclusion	35
	• 6. Notice technique sur la fiche catalographique	38
II.	*Téléthéâtres*	41
	• 1. Répertoire catalographique	43
	• 2. Chronologie des téléthéâtres	117
	• 3. Tableau-synthèse des téléthéâtres	127
III.	*Feuilletons*	131
	• 1. Répertoire catalographique	133
	• 2. Chronologie des feuilletons	155
	• 3. Tableau-synthèse des feuilletons	159
IV.	*Dramatiques pour enfants*	165
	• 1. Répertoire catalographique	167
	• 2. Chronologie des dramatiques pour enfants	195
	• 3. Tableau-synthèse des dramatiques pour enfants	199
V.	*Index*	211
	• 1. Index des noms d'auteurs	213
	• 2. Index des titres	229
	• 3. Index des réalisateurs	241

AVANT-PROPOS

L'importance de la production dramatique à la télévision a attiré, depuis quelques années, l'attention des historiens de la littérature québécoise. Et c'est pour contribuer à leurs recherches par une perspective d'ensemble que, prolongeant nos travaux déjà publiés sur la littérature radiophonique, nous offrons ce nouvel ouvrage documentaire consacré à la littérature de la télévision.

En effet, si les instruments nécessaires à l'étude de la littérature québécoise imprimée sont fort heureusement en progrès constant, les outils et les ressources relatifs aux œuvres radiophoniques et télévisuelles demeurent restreints et insuffisants.

Dans un contexte plus vaste, nos recherches veulent s'associer à tous les efforts, accomplis par des chercheurs individuels ou des institutions, pour faire progresser l'inventaire des créations culturelles québécoises. Un tel mouvement, soutenu par de nombreux esprits lucides, constitue sans doute l'un des plus solides points d'appui au développement et à la consolidation de notre identité nationale.

Notre *Répertoire*, dès son projet initial, s'est voulu un hommage au travail de tous les créateurs qui ont enrichi l'imaginaire collectif des Québécois. Nous avons voulu consigner, pour la mémoire de la nation, l'imposante contribution que les artistes du théâtre télévisuel ont apportée pour développer la culture québécoise, par les éléments les plus diversifiés, allant du simple divertissement jusqu'à la plus austère tragédie.

Cet ouvrage de référence a nécessité de patientes recherches pour lesquelles nous tenons à remercier les membres de notre équipe. Assistantes de recherches et secrétaire ont patiemment recueilli, vérifié et classifié ces matériaux remplis de détails fugaces. Nous voulons remercier aussi nos nombreux informateurs — comédiens, réalisateurs, auteurs — qui ont répondu avec une amabilité constante à nos nombreuses questions. Nous voulons enfin dire toute notre appréciation pour la collaboration que nous avons reçue du Service des relations avec l'auditoire, du Service des émissions pour enfants et des Archives de programmes de la Société Radio-Canada.

I
INTRODUCTION

La télévision, au Québec, a maintenant vingt-cinq ans. Elle a été inaugurée officiellement le 6 septembre 1952 par la station CBFT de Radio-Canada, après quelques semaines de diffusion expérimentale. Accueillie avec beaucoup d'intérêt et de curiosité, la télévision a rapidement transformé les habitudes de vie des Québécois et, après quelques années, elle est devenue une présence quotidienne dans la vie de la majorité de la population.

Par la diversité de ses contenus, la télévision agit sur la collectivité en lui proposant des modèles de pensée et d'action, ce qui est la base même de la notion de culture, et elle trouve sa justification profonde dans cette notion plutôt que dans un simple concept technique de communication. La télévision, comme la radio, crée un environnement continu d'images fabriquées — non naturelles — qui alimente le dialogue de la collectivité avec elle-même et en même temps filtre son contact avec le réel extérieur.

Ce *Répertoire* privilégie un secteur spécifique du champ culturel : celui des œuvres dramatiques. Mais une conception entière de la culture intégrera dans ses analyses beaucoup d'autres formes d'expression qui, dépassant le cadre des arts classiques comme ceux de la musique ou de la danse, verra dans tout acte de communication qui interprète le réel individuel ou collectif un élément constitutif de la vision culturelle globale dans laquelle se meut une collectivité, à partir du politique et de l'économique jusqu'au ludique et au religieux.

Dans cet ensemble de contenus, le théâtre au sens général — les textes dramatiques — prend peut-être une importance particulière. L'œuvre dramatique à la télévision est fondamentalement, comme tous les contenus télévisuels, un *spectacle,* qui accomplit une fonction de divertissement, c'est-à-dire une fonction de détournement, de dé-réalisation, et par voie de conséquence de déplacement des énergies vers des objets nouveaux, volontairement créés par l'homme en vue de procurer un plaisir spécifique. Ce divertissement n'est pas entièrement anodin puisqu'il peut, d'un côté, démobiliser par rapport aux nécessités sociales, et, d'un autre côté, susciter un investissement d'énergies mentales vers des réalités décidées par les seuls émetteurs du spectacle. Lorsque le théâtre se joue, selon la façon traditionnelle, sur la scène, une succession de petits groupes de spectateurs vient y assister et, par le moyen des commentaires interpersonnels ou des chroniques dans les journaux, de nouveaux spectateurs sont conduits à décider s'ils iront eux aussi choisir le plaisir de ce spectacle. Lorsque le théâtre se joue à la télévision, la liberté des spectateurs, théoriquement toujours aussi absolue, s'exerce d'une façon beaucoup plus limitée et, par la force de l'inertie, puisque le spectacle vient à domicile, tout autant que par l'intérêt suscité par les annonces préalables, nous retrouvons en une même soirée un nombre extraordinairement élevé de spectateurs qui reçoivent le même message. La diversité des goûts se cimente provisoirement dans l'acceptation d'un ensemble d'images et, sans processus de critique progressive, une partie importante de la collectivité, une *masse*, s'identifie à un contenu culturel donné.

On voit très nettement la richesse et la limite d'un tel processus. Le médium permet ici une diffusion extensive et plénière d'une œuvre qui autrement n'aurait connu qu'un public limité et fragmenté dans le temps. L'ensemble d'une population trouve momentanément, d'une façon très éphémère, une unité mentale et un plaisir esthétique dont l'homogénéité aurait fait rêver les chefs des anciens empires. Par ailleurs, cette homogénéité comporte des risques évidents de nivellement et peut entraîner un déplorable conformisme de la pensée. Car il est certain que, pour une grande partie des masses, la facilité d'accès comme la simplicité d'assimilation des contenus donne à la télévision une large priorité sur les autres média dans la formation et le renouvellement des images collectives.

Ces quelques réflexions classiques sur le mode de communication par la télévision servent de toile de fond pour l'étude de tous les contenus de la programmation. On insiste généralement, en rapport avec cette problématique, sur la situation de l'information ou sur les commentaires politiques. Il serait tout aussi exact d'appliquer ces observations à l'analyse des divertissements populaires — sports ou music-hall — ou encore à l'étude des usages linguistiques. Mais également, nous croyons que cette dimension sociale doit inspirer l'étude historique de la programmation dramatique, parce que celle-ci, selon ses diverses formes, demeure l'un des modèles du spectacle télévisuel. Par ailleurs, l'écriture dramatique trouve dans le médium télévisuel un rayonnement accru et une influence collective approfondie. L'historien de la culture doit alors s'intéresser à cette catégorie de spectacles pour revoir le cheminement accompli par les œuvres dans l'imaginaire collectif.

Grâce à la télévision, le théâtre a donc acquis une importance sociale plus grande et d'une autre nature et c'est pourquoi nous croyons qu'il s'impose de dessiner et d'évaluer périodiquement la trajectoire suivie par la production textuelle. Une telle démarche d'analyse n'est possible que si certains instruments de base fournissent les données premières de la production. Au premier chef, il s'impose de connaître avec exactitude l'identité des œuvres diffusées et l'évolution de la programmation. C'est le but premier que vise ce *Répertoire*.

1. Les objectifs du Répertoire

1.1 Ce *Répertoire* se présente d'abord comme un inventaire des œuvres dramatiques diffusées à la télévision de Radio-Canada durant une période de vingt-cinq années.

1.2 La période concernée s'étend du 16 août 1952 au 1er juin 1977.

1.3 Les informations que nous donnons ont pour but d'identifier les œuvres *diffusées* et concernent, par conséquent, la production telle qu'insérée dans la programmation. Elles ne portent pas sur les manuscrits ni sur les autres formes d'archives utilisées pour la préparation des émissions.

1.4 Les informations se rapportent à trois catégories de problèmes :
  a) identité de l'auteur et de l'œuvre ;
  b) renseignements sur la diffusion (v.g. dates, durée, etc.) ;
  c) renseignements sur l'interprétation (réalisateur, comédiens).

1.5 Les informations proviennent fondamentalement de la revue *La Semaine à Radio-Canada*, que nous avons dépouillée avec un soin minutieux. Chaque fois que nous avons relevé des anomalies, que les renseignements étaient incomplets ou obscurs, ou que nous avions des raisons de penser qu'il y avait erreur, nous avons tenté de confirmer, de corriger ou de compléter en nous adressant à d'autres sources. Nous avons notamment fait des vérifications dans les journaux ou dans les revues spécialisées dans la publication des horaires. Mais surtout nous avons procédé à des interviews auprès des auteurs, des réalisateurs ou des comédiens, afin d'acquérir une certitude à partir des sources premières. Pour beaucoup d'émissions, *La Semaine à Radio-Canada* ne donnait qu'une partie de la distribution, n'indiquait pas tous les collaborateurs dans la préparation du texte ou n'indiquait pas le réalisateur. Par une série de recoupements, nous avons cherché à vérifier et à compléter tous ces renseignements. Enfin, pour plusieurs catégories d'émissions, spécialement pour les feuilletons et pour les dramatiques pour enfants, nous avons eu recours à des dossiers ou à des archives administratives, ou encore à la mémoire bienveillante des gestionnaires, auprès du Service des relations avec l'auditoire et auprès du Service des émissions pour enfants de la Société Radio-Canada.

1.6 Dans l'ensemble, les informations que nous avons fournies possèdent un assez haut degré de certitude. Dans certains cas rares, nous avons laissé des questions sans réponse, ne pouvant obtenir les renseignements adéquats. Pour quelques émissions, surtout pour les longs feuilletons ou pour des émissions pour enfants, il se peut que nos listes de comédiens soient légèrement incomplètes. Nous nous en excusons auprès des comédiens concernés et auprès des lecteurs du *Répertoire*. Les sources accessibles ne permettaient pas de donner davantage de détails. Nous avons souvent souhaité être en mesure de recourir aux manuscrits eux-mêmes pour compléter nos informations. Toutefois, après quelques sondages, nous avons constaté que ces archives écrites ne portent pas toujours l'indication de tous les collaborateurs et de tous les comédiens d'une émission.

1.7 Par cet ensemble de renseignements sur les œuvres telles que diffusées et telles que reçues par les téléspectateurs, nous sommes donc en mesure de fournir une somme d'informations factuelles sur lesquelles pourront se fonder des recherches ultérieures sur l'histoire du théâtre télévisuel. Notre *Répertoire*, en portant sur les *faits de diffusion*, laisse évidemment dans l'ombre l'ensemble des éléments descriptifs concernant les manuscrits des émissions et ceux concernant les archives visuelles. Pour ces raisons, notre recherche ne correspond pas exactement à celle que nous avons publiée en 1975 sous le titre : *Répertoire des œuvres de la littérature radiophonique québécoise 1930-1970*. Dans ce répertoire de la radio, nous faisions l'inventaire et la description des manuscrits que nous avions retrouvés (plus d'un demi-million de pages de texte) et dont nous donnions les caractéristiques de diffusion. Pour la télévison, dans le présent *Répertoire*, nous ne faisons que décrire les œuvres qui ont été diffusées, sans inventorier les manuscrits.

2. Le corpus décrit dans ce Répertoire

2.1 Textes dramatiques

Ce corpus est essentiellement formé de *textes dramatiques*, c'est-à-dire de textes écrits en forme de dialogues et destinés à l'interprétation par l'intermédiaire de comédiens. Au point de vue méthodologique, le corpus peut se définir par des frontières assez précises et s'identifie clairement à un ensemble d'œuvres littéraires. Dans le champ quasi infini des émissions à caractère culturel, nous avons donc découpé un domaine déterminé, laissant à d'autres le soin d'inventorier la très riche production des émissions d'information littéraire, des commentaires ou des reportages. Il est certain, par exemple, que la télévision a produit de nombreuses émissions d'interview sur des écrivains ou des dramaturges, qu'elle a diffusé des analyses ou des études sur la culture québécoise, et qu'elle a souvent transmis par l'image une information utile sur l'histoire culturelle en général. Mais nous avons centré notre inventaire sur la littérature télévisuelle, celle-ci étant pour l'essentiel de nature dramatique.

2.2 Oeuvres originales

La production d'œuvres dramatiques s'est diversifiée dès les débuts en un choix très large d'œuvres venues d'horizons divers. C'est ainsi que des auteurs du répertoire étranger de langue française, ou du répertoire d'autres langues, traduits en français, ont alimenté l'antenne avec abondance et régularité. D'une part, des maîtres comme Molière, Racine, Strinberg ou Tchekov ont été joués, pour la plus grande satisfaction des téléspectateurs. D'autre part, spécialement depuis quelques années, des dramatiques en forme de « séries » ou de feuilletons ont été mis à l'horaire et ont solidement implanté dans l'environnement culturel le meilleur ou le pire des séries européennes ou des sous-produits américains.

Notre *Répertoire* ne fait pas l'inventaire de cet ensemble d'œuvres et n'en tient pas compte dans ses statistiques. Ces œuvres, en effet, tout en contribuant de façon fructueuse et nécessaire à l'enrichissement du milieu, ne font pas partie du corpus québécois [1]. Il est bien évident que, quelle que soit la valeur des œuvres importées, elles ne sauraient jamais remplir la fonction spécifique des œuvres qui, écrites au Québec pour le public québécois, tissent la trame d'une vision du monde originale et d'un univers imaginaire vivant. Dans ce *Répertoire*, nous avons voulu inventorier les *œuvres originales*, écrites par des auteurs québécois, et examiner l'évolution que dessinent les œuvres de notre culture propre.

Dans cette perspective, ce *Répertoire* constitue un jalon pour une histoire du théâtre québécois et ne fait que tracer la voie à d'autres travaux analogues pouvant étudier plus largement les contenus de la culture diffusée par la télévision.

2.3 Catégories d'émissions

Les œuvres dramatiques originales que nous avons identifiées correspondent à trois grandes catégories d'émissions : les téléthéâtres, les feuilletons et les dramatiques pour enfants.

---

1. Il nous semblerait toutefois du plus haut intérêt qu'une recherche exhaustive examine le nombre, la provenance et l'évolution de toutes ces séries importées et analyse les problèmes qu'elles peuvent poser dans l'intégration d'une culture nationale.

A. *Les téléthéâtres*

Dans cette catégorie, nous trouvons des œuvres dramatiques identifiées spécifiquement comme théâtre, et dont l'action est complète à l'intérieur d'une période de temps pouvant varier entre trente minutes et deux heures. Ces œuvres ont donc une envergure variable et peuvent être autant des expériences de jeunes écrivains que des œuvres majeures d'auteurs reconnus. Nous avons inclus dans cette catégorie également les œuvres qui, bien que présentées en deux, trois ou quatre soirées (séries *Trio*, *Quatuor*, *Scénario*) constitue un texte dramatique complet divisé en quelques actes. Enfin, on trouvera dans cette catégorie quelques œuvres annoncées comme étant d'un autre genre — notamment comme *contes* — mais qui sont, en réalité, des œuvres dramatiques, en forme de dialogues, à contenu peut-être plus onirique.

B. *Les feuilletons*

Sous cette appellation, nous avons regroupé des œuvres qui peuvent être désignées de deux façons : les téléromans et les séries. Dans les deux cas, il s'agit d'œuvres dramatiques de longue durée où la permanence des personnages et la récurrence des actions dépassent la fragmentation des émissions hebdomadaires d'une demi-heure. Dans le cas du téléroman au sens strict, non seulement les personnages sont les mêmes mais le récit est continu et les actions se développent d'une semaine à l'autre. Dans le cas des séries, malgré la permanence des personnages, une nouvelle action, habituellement bâtie sur un modèle constant, recommence à chaque semaine et se conclut à l'intérieur de la demi-heure. Le feuilleton se définit donc comme une succession plus ou moins longue d'épisodes, susceptible de capter l'attention des auditeurs par la constance de certains éléments et de garder son auditoire par les variations d'autres éléments. Cette structure sécurisante pour l'esprit semble particulièrement indiquée pour développer une production dramatique à caractère populaire.

C. *Les dramatiques pour enfants*

Cette catégorie comprend des œuvres dramatiques d'un caractère un peu particulier puisqu'elles s'adressent à un auditoire spécifique dont les centres d'intérêt et les structures d'attention sont différents. Beaucoup de ces émissions, sans être de nature directement scolaire ou didactique, comportent néanmoins une importante dimension éducative et tendent, principalement pour les émissions destinées aux tout-petits, à favoriser certains processus d'apprentissage. Ces caractéristiques se greffent toutefois sur des textes qui sont essentiellement de nature dramatique et qui, à ce titre, sont justifiés d'apparaître dans ce *Répertoire*. Ces œuvres visent à répondre à un double besoin de fantaisie et de curiosité intellectuelle. Leur rythme temporel se modèle sur les structures mentales des enfants. C'est ici le règne de l'instantané, et le texte doit, selon un art difficile, susciter la curiosité, faire rêver, faire rire et clore une situation dramatique en un moment très court.

Dans la mesure où nos sources explicitaient la formule de l'émission, et sur la base de nombreuses vérifications auprès des auteurs, des réalisateurs ou des comédiens, nous avons donc retenu les œuvres qui sont écrites en forme de dialogues et qui requièrent l'interprétation par des comédiens. Nous avons éliminé, sauf erreur, les émissions qui ne comportaient pas de textes et qui utilisaient un autre matériel télévisuel, comme les dessins animés par exemple. Nous avons également rejeté les émissions qui, surtout avec les tout-petits, sont des séances d'activités, de bricolage, de chansons ou de danses. De la sorte, nous avons essayé de ne pas retenir les émissions exclusivement didactiques.

Notre propos est donc d'inventorier les œuvres de création imaginaire qui, adaptées à un auditoire spécifiquement déterminé par des limites d'âge, constituent une portion importante de la littérature dramatique. Des recherches d'ordre pédagogique pourraient tirer profit de cet inventaire, mais d'autres travaux, sur la sociologie de la culture québécoise, pourraient certainement puiser dans ces matériaux.

De toute façon, d'un strict point de vue littéraire et esthétique, nous avons opté pour une insertion de ces œuvres dans le corpus dramatique québécois, considérant que, malgré les cloisonnements habituels de la littérature, ces textes plus spécialisés sont de la littérature et leurs auteurs sont des écrivains.

2.4 *Principes de sélection et d'exclusion*

L'inventaire décrit dans ce *Répertoire* vise à établir avec certitude et précision le corpus dramatique québécois de la télévision. Il a donc nécessité qu'on procède à un clivage afin d'éliminer les textes qui, malgré leur valeur et leur intérêt à d'autres points de vue, n'entrent pas dans le cadre que nous avons proposé. Il importe que nous apportions des précisions sur les règles que nous avons suivies pour déterminer l'exclusion de deux catégories.

A. *Les sketches*

Il existe une production abondante, formée de textes très brefs — moins de quinze minutes — qui, d'une façon très souple et dans des styles infiniment variés, sert de support, de liaison ou de prétexte à diverses catégories d'émissions. D'une façon générale, on peut désigner ces textes comme des *sketches*. Ils ont été la base de nombreuses émissions humoristiques, comme par exemple les émissions du type « Bye Bye », ou ont servi à agrémenter des music-hall. Généralement, ces textes ne sont qu'une composante de l'émission et ne fondent pas son identification.

À côté de sa veine humoristique, le sketch a souvent servi comme illustration dramatique dans des émissions d'éducation populaire ou des émissions d'information sur les problèmes quotidiens. À cause de leur brièveté, ces sketches ne peuvent atteindre à une grande densité, mais néanmoins, il semble avoir été souvent d'une qualité appréciable. Certains ont été écrits par des auteurs reconnus, comme ceux des émissions *C'est la loi, C'est la vie, Affaires de famille, Profils d'adolescents* ou *Fantaisies canadiennes*.

Dans la mesure où ce *Répertoire* a été préparé sans la possibilité de recourir aux manuscrits eux-mêmes, il n'a pas été possible de mesurer l'envergure et l'identité de ces nombreux textes brefs. Nous avons donc jugé que dans les conditions actuelles de la recherche, il valait mieux omettre globalement tous les textes de cette catégorie.

Par ailleurs, comme nous l'avons indiqué plus haut, nous avons retenu les textes dramatiques pour enfants, même s'ils sont habituellement d'une durée limitée à quinze minutes, parce que leur genre littéraire le requiert, et parce que ces émissions courtes trouvent leur vraie structure et leur dimension littéraire réelle par l'insertion dans une série continue de longue durée, selon le modèle des feuilletons.

B. *Les adaptations*

L'objectif de ce *Répertoire* étant de décrire les œuvres qui ont contribué à la création d'un univers imaginaire propre au milieu québécois, nous avons, en principe, exclu toutes les œuvres nettement identifiées comme des traductions ou des adaptations. Ici encore, on pourrait alléguer plusieurs œuvres de haute qualité qui ont manifesté le talent des traducteurs. Mais notre cadre méthodologique nous imposait là une limite justifiée. Nous n'avons donc retenu que les œuvres originales écrites directement en français pour la télévision québécoise.

Dans certains cas toutefois, nous avons rencontré des œuvres qui, bien qu'originales, étaient écrites en puisant leur argument dans une œuvre préexistante. Selon les renseignements que nous avons obtenus, il s'agissait alors de tout autre chose que de l'adaptation d'un roman et nous avons résolu de les inclure au *Répertoire*. Tel est le cas, par exemple, de *M. David a disparu*, de Jeanne Frey, d'après une nouvelle de William Irish. De même, lorsqu'un auteur a transformé une de ses œuvres déjà publiée pour en faire une dramatique, nous l'avons retenue. C'est le cas de Jean Filiatrault qui a tiré la pièce *Le Refuge impossible* de son roman du même titre. Ailleurs, nous avons gardé le *Pinocchio* de Luan Asllani qui a inventé un feuilleton pour enfants d'après le conte de Collodi.

2.5 *Extension du corpus*

Une fois regroupé d'après les règles que nous avons indiquées, le corpus forme un ensemble d'œuvres dramatiques que nous pouvons dénombrer de la façon suivante :

— téléthéâtres : 335
— feuilletons : 48
— dramatiques pour enfants : 97

Il est impossible, à toutes fins pratiques, d'évaluer le nombre de pages de texte de ces œuvres sans recourir à la description matérielle des manuscrits. Nous pouvons cependant donner les approximations suivantes :

1) un téléthéâtre de 30 minutes peut compter en moyenne 50 pages, et 100 pages pour 60 minutes.
2) un feuilleton de 30 minutes, compte tenu de son interruption par la publicité, comporte 24 ou 25 minutes de texte et peut compter 40 pages.
3) une dramatique pour enfants d'une durée de 15 minutes requiert en moyenne 20 pages, et 40 pages pour 30 minutes.

3. *État des sources*

L'inventaire des œuvres dramatiques diffusées à la télévision conduit inévitablement les chercheurs et les analystes au problème des archives littéraires nécessaires à la poursuite de leur travail. Car il est bien évident qu'une tradition culturelle ne peut se constituer que lorsque, sous une forme ou une autre, la re-lecture est possible. Autrement, les œuvres dramatiques ne restent que pur divertissement passager dont les contenus tombent vite dans l'oubli et sont effacés par la diffusion de nouvelles émissions. Les historiens veulent donc replacer les œuvres singulières dans des perspectives d'ensemble et, pour y arriver, ils doivent recourir à deux sortes d'archives : les archives vidéo et les archives écrites. Cette démarche suppose, d'autre part, deux conditions : que les archives soient conservées et qu'elles soient rendues accessibles aux chercheurs.

3.1 *Les archives vidéo*

La littérature dramatique étant écrite précisément pour être jouée, il est certain que les archives vidéo constituent les documents les meilleurs pour une recherche d'ensemble sur tous les aspects de ce théâtre. Plus l'écriture tend vers la spécificité de la télévision, plus elle appelle, pour trouver sa plénitude de sens, une seconde moitié d'elle-même qui est la réalisation télévisuelle. Fort heureusement, il est maintenant assez rare que cette réalisation se fasse en direct et plus de 80% des émissions sont diffusées en différé. La production du spectacle inscrit à l'horaire requiert donc habituellement un support de ruban vidéoscopique. Idéalement, cette particularité de la production devrait faciliter singulièrement la tâche des historiens. Mais l'utilisation ultérieure d'un enregistrement ayant servi à la diffusion d'une émission pose immédiatement la délicate question des droits de suite. Les implications légales de ce phénomène rendent le diffuseur extrêmement restrictif sur une quelconque réutilisation des enregistrements, et les possibles implications financières amènent les syndicats d'interprètes à suivre de très près le sort fait à leurs productions. C'est ce qui explique le fait que, malgré la demande presque quotidienne de différents milieux du grand public, le diffuseur n'accepte jamais de prêter ou de louer des enregistrements vidéo, fût-ce pour les besoins de l'enseignement. Il y a donc lieu de conclure qu'à moins de changements improbables dans les contrats types de la production, le monde de l'enseignement ne peut pas rêver d'un recours facile aux documents vidéo qui seraient pourtant de précieux auxiliaires de la pédagogie.

On pourrait toutefois souhaiter la mise en place d'une autre solution. Dans le cadre d'un programme de télévision à caractère scolaire, on pourrait concevoir une série hebdomadaire, peut-être diffusée le samedi, qui offrirait selon un choix adapté aux besoins de l'enseignement, des reprises des pièces québécoises diffusées dans les années précédentes. Une telle série jouerait le rôle d'un théâtre de répertoire qui, ne misant aucunement sur la nouveauté, devient une mémoire vivante des créations passées. Avec une formule de cette sorte, le programme, annoncé dès le début de l'année scolaire, pourrait guider les professeurs dans l'élaboration de leurs cours.

La réalisation des archives vidéo pose toutefois un problème préalable, celui de la conservation. Pour des raisons budgétaires, le diffuseur ne peut se permettre de conserver tous les enregistrements de ses émissions. Le ruban vidéo utilisé pour la diffusion — ruban de 2 pouces — est extrêmement coûteux à l'achat et requiert, pour sa conservation, à cause de ses dimensions, un espace qui devient vite considérable. On comprend que le diffuseur désire, dans la mesure du possible, récupérer une partie du matériel magnétoscopique pour le réutiliser dans la production d'autres émissions. C'est ce qui arrive d'une façon constante et cette nécessité appauvrit d'autant les archives historiques. C'est ainsi que seules sont conservées quelques émissions témoins pour les feuilletons et que probablement on procède de même pour les dramatiques pour enfants. Pour les téléthéâtres, cependant, à cause de leur durée plus limitée, il semblerait qu'une grande partie de la production soit conservée. Un inventaire de ces enregistrements serait en préparation.

Dans l'ensemble, la conservation des archives vidéo, avant de poser un problème de visionnement, est liée essentiellement à une question économique. C'est une situation qui n'est pas complètement rassurante pour les historiens de la culture.

3.2 *Les archives écrites*

S'il est évident que, pour une histoire de la communication télévisuelle ou de l'esthétique du théâtre, l'étude idéale est celle des archives visuelles, il ne faut pas oublier que, pour l'analyse littéraire de ces émissions, le premier document est le manuscrit. Écrit pour former un tout avec le langage visuel, le texte dramatique porte déjà dans ses structures et dans son style la marque de sa fonction finale comme composante d'une émission de télévision. C'est pourquoi l'étude des images mentales, des idéologies, des champs sémantiques, des niveaux de langue, des récurrences de vocabulaire, des formes grammaticales ou des formes stylistiques, tout cela ne saurait se passer d'une analyse précise portant sur le texte lui-même.

À première vue, la conservation des archives manuscrites semble beaucoup plus facile et certainement moins coûteuse que celle des archives vidéo. Les textes sont toujours reproduits en plusieurs exemplaires, pour l'auteur, le réalisateur, les comédiens et les autres membres de l'équipe de production. Il est donc facile d'en retenir une série et de lui donner un caractère d'archive officielle qu'on conservera dans un dépôt désigné à cette fin.

Lorsque le problème est vu sous cet angle, on ne devine aucune difficulté. Mais lorsqu'on prend en considération le nombre d'émissions dramatiques produites dans une année et spécialement les émissions en forme de feuilletons qui durent des années, lorsqu'on voit les années passer et atteindre déjà le vingt-cinquième anniversaire, on constate que ces archives dramatiques peuvent facilement prendre des dimensions considérables et poser des problèmes de gestion assez complexes. Les textes dramatiques doivent alors être comptés par centaines de caisses et par milliers de pages, que les archivistes transposent inévitablement en pieds carrés de superficie pour la conservation.

Devant cette abondante documentation possible, le chercheur au contraire se réjouit et se dit que, fort heureusement pour l'histoire, il y a matière diversifiée pour produire les analyses nuancées. Et il s'empresse de faire des démarches pour obtenir l'accès aux précieux documents. Son enthousiasme intellectuel et son désir de poursuivre des recherches conduisent toutefois très vite à des difficultés administratives pour les archivistes et à des frustrations pour lui-même.

3.3 *Situation des archives dramatiques à Radio-Canada*

Qu'il s'agisse des archives vidéographiques ou des archives écrites, l'ampleur de la production a entraîné, nous l'avons vu, des problèmes de coût, d'espace et de gestion. Et devant les multiples contraintes de la situation, diverses raisons, bonnes ou moins bonnes, amènent le producteur à ne pas conserver en archives la totalité de sa production dramatique, comme d'ailleurs c'est le cas pour le reste de la production. S'il faut résumer en très bref la situation administrative, le diffuseur a comme premier mandat de produire des émissions nouvelles et de se soucier essentiellement de renouveler ses productions. La conservation des archives de ses productions anciennes n'est qu'un élément accessoire de son mandat et n'intervient vraiment que dans la mesure où des émissions anciennes peuvent servir à nouveau pour rediffusion partielle ou totale. C'est ce que formulait clairement le Chef des Archives de programmes dans un article récent :

> Les émissions qui sont conservées par les archives de programmes le sont en fonction de leur réutilisation partielle ou complète dans d'autres émissions. Des séries telles que *La Révolution tranquille* et *Pour une mémoire* à la radio, *Télé-Archives* à la télévision, ont bien illustré les possibilités de réutilisation de documents audio-visuels. [2]

On voit donc que dans cette perspective administrative, les problèmes se posent d'une façon radicalement différente de celle des chercheurs. Pour alimenter ses travaux, l'historien recherche les documents anciens, pour plaire à sa clientèle, le diffuseur désire sans cesse du nouveau.

L'antinomie se poursuit plus loin. Il faut concevoir que les divers secteurs d'archives du diffuseur sont essentiellement des services destinés à soutenir les activités des instances premières — les services de diffusion — et non pas à répondre aux besoins, fussent-ils les plus justifiés et les plus sérieux, d'une clientèle de chercheurs extérieurs. Les archives de Radio-Canada sont des archives privées et leurs utilisateurs de droit sont les seuls employés de la maison. C'est ce que précise clairement le texte de C.-Y. Bergeron :

> Même si la Société Radio-Canada est un organisme public, ses archives de programmes ne sont pas et ne peuvent être considérées comme des archives publiques, nonobstant quelques rares occasions où nous avons, sous toute réserve d'ailleurs, accordé notre collaboration à des organismes extérieurs. Certains y verront un état de chose d'autant plus aberrant que, en grande partie, nos opérations sont financées à même les deniers publics. Il importe de bien comprendre que les deniers reçus par la Société ne doivent servir qu'à l'exécution de son mandat : fabriquer les meilleures émissions possibles, au meilleur coût possible et le plus efficacement possible. Nos Archives de programmes, comme plusieurs autres services, ne peuvent être que des outils permettant à la Société de respecter son mandat. [3]

Il résulte de cette situation institutionnelle diverses conséquences qu'il ne faut pas sous-estimer.

a) Pour le chercheur, la première lacune qu'il rencontre est celle de *l'information* sur le contenu des archives conservées. Contrairement aux Archives publiques du Canada ou aux Archives nationales du Québec, aucun rapport, aucun inventaire n'est encore publié sur les archives de Radio-Canada. Il est par conséquent très difficile de savoir quelles sont les sources existantes sur les sujets faisant l'objet d'une recherche donnée. Même le simple accès aux fichiers de Radio-Canada est difficile au chercheur extérieur qui n'est admis qu'à titre de privilège.

Divers chercheurs ont toutefois été en mesure, depuis quelques années, d'accéder à certains documents. Des auteurs ou des réalisateurs ont également eu accès

---

2. C.-Y. Bergeron, *Les Archives de programmes à Radio-Canada*, dans *Communication et information*, n° 3, automne 1976, pp. 333-334.
3. C.-Y. Bergeron, *ibid.*, p. 334.

aux dossiers. Toutes les sources tendent à confirmer le fait que les archives conservées ne sont pas complètes et que, pour des raisons de pénurie d'espace, des documents sont périodiquement détruits. On aurait initialement conservé la majorité des textes dramatiques, mais l'encombrement serait tel que les locaux ne suffisent pas.

Il semblerait par ailleurs qu'on aurait mis en marche, au cours des dernières années, un programme de microfilmage des textes afin de réduire l'espace de conservation, mais personne ne semble en mesure de dire où en est la réalisation de ce programme ni ce qu'il advient des originaux, une fois qu'ils ont été microfilmés.

Pour les archives vidéo, des raisons de coût et d'espace ont depuis longtemps empêché une conservation extensive des émissions. Des spécimens anciens seraient conservés, quelquefois sous la forme de simples extraits d'émissions. Les rubans de la production, au terme d'une année, sont sommairement passés en revue pour obtenir rapidement la récupération du matériel et un pourcentage élevé de bobines est effacé. Même des œuvres de haute qualité, en raison de contraintes budgétaires trop serrées, doivent ainsi être détruites.

Toutes ces opérations de conservation ou de destruction, dans une institution aussi complexe, se feraient de façon assez autonome selon les services, et finalement, pour le chercheur extérieur, il est extrêmement difficile, sinon impossible, de savoir rapidement et avec précision l'état des archives.

b) Ce problème concernant l'information sur les archives disponibles soulève, pour l'historien, une autre question encore plus importante et plus lourde de conséquences, celle des *critères de conservation* qui guident les décisions des diverses instances administratives. On sait, par exemple, que quantité de documents relatifs à l'information et aux affaires publiques sont conservés par le diffuseur pour assurer sa défense en cas d'éventuelles poursuites légales. Mais pour le reste, la démarche semble bien obscure et surtout très limitée. Si un réalisateur prévoit la production éventuelle d'une série d'émissions réutilisant du matériel présentement en diffusion, il pourra en obtenir la conservation. Mais justement, le critère utilisé ici est celui d'une conservation pour les fins de production et non pas celui des besoins de la recherche historique.

Pour donner à ce problème sa pleine dimension, il faut situer le diffuseur dans le contexte très vaste de sa pleine fonction sociale où, non seulement il agit comme amuseur public, mais où il s'identifie comme un agent très important du développement de la culture collective. Les émissions produites, non seulement par le fait qu'elles ont été financées par les deniers publics, mais surtout parce qu'elles serviront quotidiennement à fabriquer la trame d'une interprétation du réel, appartiennent désormais au patrimoine culturel de la collectivité.

En conséquence, la conservation rationnelle et scientifique pour les besoins de l'histoire apparaît comme le prolongement logique et irréfutable du mandat de production. Dans une conception moderne du patrimoine, le diffuseur ne peut échapper à la responsabilité de répondre aux besoins de la conservation historique. À ce stade-ci, nous n'évoquons toutefois que la responsabilité de ne pas détruire à la source les documents susceptibles de devenir archives historiques, et nous pensons que cette opération doit être distinguée de la gestion ultérieure du stock d'archives.

Une démarche adéquate de sélection appropriée des archives requerrait sans doute la mise en place d'une instance nouvelle, munie d'un mandat spécifique. En effet, autant la compétence des responsables de la production est évidente pour la sélection des productions devant être conservées pour les besoin d'une rediffusion éventuelle, autant il apparaît que le diffuseur devrait, pour la sélection d'archives historiques, *s'associer une équipe de spécialistes universitaires de diverses disciplines*. Il faudrait souhaiter la création d'une sorte de comité conjoint ou de groupe consultatif, représentatif de plusieurs milieux et bien informé des besoins comme des tendances de la recherche historique, qui puisse proposer un plan rationnel de sélection. L'une ou l'autre des instances regroupant les universités pourrait alors servir d'interlocuteur-cadre avec le diffuseur. La distance trop grande qui existe présentement entre le diffuseur et les milieux de l'enseignement universitaire pourrait ainsi être comblée et, dans un effort concerté, les producteurs et les analystes pourraient augmenter à long terme la rentabilité intellectuelle des documents pour lesquels des investissements importants ont été consentis au moment de leur production.

3.4 *L'accessibilité souhaitable des archives télévisuelles*

Le problème des décisions et de la politique à suivre dans la conservation du patrimoine télévisuel conduit nécessairement à l'étape suivante, essentielle pour le chercheur, celle d'un organisme adéquat pour assurer la mise en disponibilité des archives.

Les services existant actuellement à Radio-Canada sont conçus et administrés en fonction des seuls besoins de la production. C'est ce que précise C.-Y. Bergeron :

> Nous ne disposons donc pas, aux Archives de programmes, des ressources nécessaires pour fournir au public les services qu'il souhaiterait parfois obtenir et nous ne pouvons acquiescer, souvent à regret, aux nombreuses demandes provenant de l'extérieur de notre entreprise. [4]

On pourrait donc concevoir la création, par le diffuseur lui-même, d'une bibliothèque publique de consultation de ses archives. Idéalement située dans le voisinage immédiat du diffuseur, elle pourrait, sans hiatus administratif, assurer la suite requise dans la gestion des archives culturelles. Mais une telle suggestion n'est manifestement pas conforme au mandat actuel de la Société Radio-Canada et pourrait nécessiter une opération de développement extrêmement coûteuse pour chacun des centres de diffusion situés au travers du Canada.

Il semble beaucoup plus réaliste de suggérer la conclusion d'une entente statutaire entre Radio-Canada et une bibliothèque publique déjà existante qui assurerait, pour le compte de Radio-Canada, la mise en consultation des archives culturelles dans le respect des droits fondamentaux des auteurs. Une telle politique nous semble particulièrement facile à réaliser pour tout le patrimoine dramatique, en particulier pour l'ensemble des archives manuscrites. Un budget modeste peut permettre, ou bien de photocopier les textes, ou bien de les microfilmer et de déposer la copie à la bibliothèque tout en conservant l'original dans les réserves de Radio-Canada. La bibliothèque dépositaire se chargerait d'indexer et de cataloguer les documents et assumerait la responsabilité d'accueillir les chercheurs

---

4. C.-Y. Bergeron, *ibid.*, p. 334.

désireux de les analyser. Le diffuseur serait ainsi dégagé d'une tâche qui alourdit ses procédures et encombre ses locaux. Les deux institutions associées contribueraient, chacune selon son identité administrative et culturelle, à assurer un meilleur service au public.

L'entente type que nous suggérons n'est pas une nouveauté en soi. Les spécialistes de la question savent que, par exemple, depuis de nombreuses années, il existe une convention entre l'ORTF, à Paris, et la Bibliothèque nationale de Paris (Bibliothèque de l'Arsenal), en vertu de laquelle les textes dramatiques sont déposés pour fins de conservation et de consultation.

Beaucoup plus près de nous, une entente analogue est intervenue entre le réseau anglais de Radio-Canada et Concordia University en vertu de laquelle tous les textes dramatiques de la radio anglophone, diffusés dans l'une ou l'autre des régions du Canada, sont déposés à la bibliothèque de Concordia qui en assure la gestion et la consultation. Cette entente est maintenant en force depuis quelques années et l'inauguration officielle de la collection a eu lieu en décembre 1976.

S'il est techniquement très simple et budgétairement accessible de songer à rendre disponibles les manuscrits des dramatiques de la télévision, on pourrait songer aussi, malgré les aspects plus complexes de la question, à organiser un service qui permettrait une consultation analogue des archives vidéo. La technologie développée récemment pour les vidéo-cassettes permet, sur un format de trois quarts de pouce, d'enregistrer avec une qualité très satisfaisante les émissions qui étaient initialement sur du ruban de deux pouces. Il s'ensuit naturellement une diminution appréciable des coûts, autant pour les appareils de visionnement que pour le matériel lui-même.

Il faudrait donc songer à constituer une collection de phonogrammes sur vidéo-cassettes couvrant toutes les dramatiques québécoises désignées pour la conservation. Il semblerait pensable que, conservées comme documents historiques, ces archives puissent être l'objet de visionnements privés en cabines d'écoute, ce qui ne contreviendrait vraisemblablement pas aux droits de suite puisqu'il ne s'agirait pas de rediffusion. Un tel système pourrait se modeler sur celui de la Phonothèque nationale de Paris et constituer un service éminemment utile à l'histoire du théâtre québécois. Les chercheurs, les comédiens, les metteurs en scène, les réalisateurs pourraient alors commodément « relire » l'interprétation des textes du répertoire dramatique et la vie des œuvres, comme leur rayonnement, en serait d'autant augmentée. Ce serait un moyen efficace de transmettre aux générations futures la tradition déjà riche du théâtre québécois. Tous les créateurs — auteurs, comédiens, musiciens ou autres — y trouveraient l'assurance que le caractère éphémère de leur activité serait intégré dans la trame la plus large de notre histoire culturelle.

La situation des sources primaires pour l'histoire de notre activité dramatique à la télévision est donc, pour l'instant, peu propice à la recherche historique, mais il y a lieu de croire qu'avec les années, la conscience collective s'éveillera davantage à ces problèmes et saura trouver des formules adéquates pour répondre aux besoins. Les suggestions que nous avons modestement formulées ne se veulent qu'une contribution à la réflexion sur le sujet. L'essentiel, quelle que soit la forme d'institution retenue, tiendra de toute façon en deux actions : une politique rationnelle de conservation et un système efficace pour permettre la consultation par les chercheurs.

4. Problèmes d'esthétique sociale

L'inventaire des émissions dramatiques diffusées au Québec, tel que décrit dans cet ouvrage documentaire, ne constitue en soi qu'un outil préliminaire à une étude de l'esthétique théâtrale de la télévision. Une analyse appropriée nécessitera d'ailleurs, comme nous l'avons laissé entrevoir, un recours non seulement aux textes mais aussi aux archives visuelles. L'étude du théâtre pourra ainsi se démarquer clairement de l'étude de la littérature. Pour l'instant toutefois, la simple identification des œuvres produites à la télévision et la notion générale des genres utilisés permettent de suggérer quelques pistes de réflexion.

4.1 *Le modèle dramatique*

Si l'on examine la grille horaire des émissions de télévision, les œuvres dramatiques ne forment qu'une catégorie parmi d'autres — et somme toute assez restreinte — des contenus diffusés. Informations, affaires publiques, musique, interviews, variétés, divertissements sportifs et toutes les autres émissions forment une séquence variée de contenus parmi lesquels les œuvres dramatiques tiennent une place distincte et facilement identifiable. Pourtant, à un niveau plus général de l'analyse, on peut et on doit considérer que la forme dramatique, par sa structure essentiellement dialogique, est le modèle même du discours télévisuel. La télévision répugne au monologue, qui manque de variété et qui ne donne pas l'image de la participation. Le théâtre, au contraire, qui met en scène un débat intellectuel et utilise le langage comme ressource esthétique, devient alors le prototype d'un discours de communication avec le public.

Faute de pouvoir mettre en scène le public lui-même qui répliquerait aux interventions d'un énonciateur, la télévision tend à structurer son énoncé en forme d'alternance entre un locuteur et un interlocuteur. C'est ainsi, par exemple, que les informations sont présentées en forme de dialogue entre un journaliste et un animateur, que les spectacles sportifs comportent toujours maintenant deux commentateurs et que les affaires publiques procèdent à des interviews d'hommes publics. Sans affirmer bien entendu que c'est là une forme exclusive, on peut dire avec certitude que c'est la tendance de laquelle s'approchent le plus possible les divers genres de la télévision.

Dans cette perspective, la forme dramatique cesse d'être un simple secteur de la programmation parmi d'autres pour devenir un modèle, un laboratoire de la communication télévisuelle. On pourrait même penser que les œuvres dramatiques sont, à vrai dire, les seules qui se donnent manifestement et authentiquement pour ce qu'elles sont : du théâtre. En effet, le médium télévisuel, par le seul fait de la diffusion, transforme absolument tout en *spectacle*, du simple fait divers jusqu'au discours politique. Tout événement, toute information, toute lecture ou toute discussion est perçue par la médiation d'un écran qui, en même temps, laisse passer le message et le tamise pour le rendre homogène avec les autres contenus. Le téléspectateur, bien à l'abri, et fort de son pouvoir de changer de station, peut alors se contenter d'une vie au niveau de l'imaginaire. Il s'enthousiasme ou il s'angoisse, mais il ne s'implique pas réellement et, le temps de passer à l'émission suivante, il retrouve la plus apaisante neutralité.

Par sa double dimension de texte dialogué et de jeu, le théâtre se présente donc comme une forme fondamentale de la communication télévisuelle. Naturellement, une analyse des grands thèmes de la production dramatique pourrait enrichir ces perspectives en montrant quels sont les problèmes qui, avec constance ou avec discontinuité, ont été l'objet du spectacle théâtral. Une telle étude, conçue non pas en fonction de la personnalité des auteurs mais plutôt en fonction des profils sociaux des auditoires, renseignerait sans doute sur les dimensions collectives de notre culture. Elle contribuerait fondamentalement à la connaissance de l'un des termes de la communication télévisuelle, l'émetteur.

4.2 *Le feuilleton, comme modèle de réception*

Lorsqu'on fait l'étude d'un roman ou d'un texte de théâtre sur scène, on le conçoit habituellement comme une entité complète, facile à isoler, et séparée des autres productions culturelles. Il suffit de penser à la sacralisation du lieu théâtral comme espace réservé à ses fins spécifiques et d'évoquer le rituel social de la soirée où l'on se déplace pour assister au spectacle, pour bien voir que le théâtre sur scène garde un caractère d'activité exceptionnelle en marge de la vie quotidienne. Si, au contraire, on étudie une émission de télévision, on ne peut oublier entièrement le fait qu'elle se situe dans une trame très continue des spectacles, sans vide ni silence pour l'enchâsser. Avant la plus grande pièce de théâtre télévisuel, il n'y a personne pour frapper les trois coups, il n'y a pas de changement de lieu, vers un espace symbolique, ni de rupture significative avec le reste des émissions. Du point de vue du récepteur, l'émission la meilleure ne saurait être autre chose qu'un moment, hypothétiquement plus intense, dans la continuité du spectacle projeté sur l'écran. Les émissions d'une soirée, quels que soient leur genre ou leur contenu, forment nécessairement une *série*, dont le tout atténue normalement l'impact d'une partie singulière. Bien davantage, pour l'ensemble des téléspectateurs qui — les statistiques l'indiquent — suivent la télévision à chaque jour pendant plusieurs heures, les émissions d'une soirée, indépendamment de leur contenu et de leur qualité, apparaissent comme les épisodes d'un spectacle perpétuel, momentanément interrompu par la journée de travail. En somme, chaque jour de spectacle s'ajoute aux contenus de la veille comme un épisode de plus moitié nouveau, moitié ancien, au feuilleton de la vie imaginaire.

Pour le consommateur quotidien de la télévision, les émissions se suivent selon une lente progression dont on peut trouver le modèle de réception dans le feuilleton dramatique. En effet, le feuilleton doit résoudre continuellement deux problèmes structurels du spectacle : sa durée et sa variété. Lorsqu'un auteur accepte le contrat d'écrire un feuilleton, il a déjà soumis un projet dans lequel il a décrit le milieu social des personnages qu'il fera évoluer et le type de situations qu'il leur fera vivre. Mais son premier souci, avant d'écrire le premier épisode, est certainement de prévoir et de planifier le développement de ses actions dramatiques sur une période de quarante semaines [5], et éventuellement sur une seconde période d'un an. La première difficulté, comme le premier objectif, c'est donc de structurer le feuilleton de telle façon qu'il attire ses auditeurs et les retienne fidèlement à l'écoute. Pour y réussir sur une aussi longue période, la publicité ne saurait suffire et le contenu de l'émission joue le rôle primordial. Pour le début du feuilleton, comme pour une dramatique isolée, la station peut annoncer l'émission plusieurs

---

5. Cet aspect du métier d'auteur télévisuel est souligné par Guy Dufresne dans une interview qu'il a accordée à Renée Legris et dont on trouve le texte dans P. Pagé et R. Legris, *Le Théâtre à la radio et à la télévision*, in *Le Théâtre canadien-français*, coll. Archives des lettres canadiennes, Montréal, Fides, 1976, p. 313 sq.

fois au préalable et susciter chez les auditeurs le désir de la voir. Mais une fois les premiers contacts établis, c'est l'œuvre elle-même qui doit générer chez ses spectateurs le désir de poursuivre l'écoute, selon une structure d'alternance entre la frustration et la satisfaction [6]. Piquer la curiosité une fois est un art relativement facile, la maintenir en alerte durant un an est un métier exigeant.

Pour y réussir, l'auteur doit disposer un savant — ou quelquefois trop facile — mélange de constantes et de variations. Les personnages doivent être stables, conformes à eux-mêmes, mais suivre une certaine évolution, au moins de surface. Les actions doivent découler de la personnalité des personnages, mais se renouveler, même si c'est selon le même modèle latent, pour que les spectateurs aient l'impression de la nouveauté. On pourrait ajouter avec certitude que l'idéologie de l'émission doit être rigoureusement constante pour ne pas dépayser les spectateurs, mais comporter un champ varié d'applications pour que le schème répétitif soit suffisamment occulté.

Le succès des feuilletons, qu'ils soient originaux ou traduits, semble bien prouver qu'ils correspondent aux habitudes d'écoute des spectateurs. Les enquêtes ont souvent prouvé la stabilité des auditoires : les mêmes publics se retrouvent aux mêmes heures à l'antenne des mêmes stations. Ceux qui regardent le sport télévisé le font avec habitude, ceux qui suivent les informations cherchent à n'en manquer aucune émission, ceux qui veulent les feuilletons policiers les désirent tous. L'attention — ou plutôt le besoin — est horizontale, générique, et non pas spécifique à telle émission particulière. Et l'esprit tend à garder en mémoire le schéma d'une émission d'une semaine à l'autre de sa diffusion, ou d'une journée à l'autre dans le cas des informations. Cette constatation ne fait qu'assumer l'évidence que le temps est la matière première de la vie psychique de l'être humain. Et si le spectateur, dans le contexte culturel actuel, choisit d'en consacrer une bonne partie à l'écoute de la télévision, sa perception de ce médium est conforme à son schéma personnel de temporalité.

Dans cette perspective, on peut penser que tout le matériel véhiculé par la télévision, quelles que soient les différences par ailleurs manifestes de contenu ou d'esthétique, est en grande partie reçu par le spectateur selon un schéma de durée-variété qui seul explique l'intégration rapide d'une somme prodigieuse d'images. Le feuilleton dramatique peut donc fournir un modèle valable de plusieurs aspects du récepteur de la communication télévisuelle.

Il faut donc conclure sur ce point qu'une analyse approfondie des contenus et de l'évolution du feuilleton télévisuel depuis vingt-cinq ans peut avoir des retentissements beaucoup plus grands que ceux qu'on attendrait généralement d'une simple étude littéraire. La frontière entre le littéraire et le culturel au sens large tend ici à s'estomper et, dans la masse des images produites par la télévision, les différences de genres perdent, dans l'esprit du spectateur, une partie de leurs valeurs. L'étude du feuilleton télévisuel peut devenir ainsi un secteur témoin de l'ensemble des phénomènes qui affectent le récepteur humain de la télévision.

---

6. On trouvera un développement de cette théorie dans R. Legris, *Jalons pour une analyse symbolique de la littérature radiophonique*, dans P. Pagé et R. Legris, *Problèmes d'analyse symbolique*, Montréal, P.U.Q., 1973, pp. 197-198.

4.3 *La distorsion émetteur-récepteur*

L'étude des textes dramatiques de la télévision doit tenir compte d'une autre dimension dans le processus de la communication esthétique. Initialement, du côté de l'émetteur, on trouve une relation d'écriture entre l'auteur et son texte. Dans les œuvres littéraires de type classique, cette relation appelle un correspondant exact qui, sur la base de la perception visuelle, est la relation de lecture, entre le récepteur et le texte. Cette parfaite symétrie implique diverses conséquences, notamment que le lecteur, comme l'auteur peut revoir le texte à plusieurs reprises, faire retour en arrière, approfondir un mot ou une expression, ou simplement relire pour l'unique plaisir de la lecture. Au polissage que l'auteur a pu faire subir à son texte correspond l'attention minutieuse que le lecteur peut accorder à une œuvre qui sollicite son intérêt.

Dans le cas de l'œuvre dramatique de la télévision, la situation du récepteur du texte est entièrement différente. L'œuvre est alors l'objet, non pas d'une lecture, mais d'une écoute accompagnée d'un visionnement. L'impression du spectateur est inévitablement fugitive et soumise entièrement à l'impact de la mise en scène qu'on lui offre. Aucun retour en arrière n'est possible pour peser la densité du texte, aucun arrêt de l'attention ne peut se faire sans porter préjudice à la suite de l'action. Et le texte n'atteint l'auditeur que par la médiation du comédien, c'est-à-dire par l'expression orale et gestuelle. Certes, ce mode de communication est un enrichissement indiscutable du texte, mais son déroulement inéluctable dans le temps restreint les formes usuelles de l'intellectualisation que comporte la lecture. Il s'ensuit notamment une plus grande difficulté de mémorisation du texte lui-même au bénéfice d'un souvenir plus exact des jeux de scène.

La dramatique de la télévision n'apporte donc pas l'équation classique écriture-lecture, mais une nouvelle proposition écriture-audition. Même si on ne néglige pas les changements qui peuvent en découler dans l'organisation esthétique du texte lui-même, la différence tient surtout à une modification importante dans les facultés qui sont mises en œuvre du côté du récepteur.

Dans cette perspective, il est probable que la concentration intellectuelle apportée par l'auditeur est moindre que celle du lecteur devant son texte. La seule comparaison des deux modes de perception est déjà indicatrice : alors qu'on peut, par décision volontaire, se concentrer sur la lecture d'un texte, on ne peut être maître des sons et des bruits de l'environnement qui peuvent intervenir durant l'écoute d'une dramatique. Plus précisément, alors qu'au théâtre sur scène, la salle est exclusivement destinée à l'écoute et psychologiquement centrée sur ce but par la volonté des spectateurs qui ont précisément payé leur place à cette fin, au théâtre télévisé le spectateur demeure dans son foyer, soumis aux sollicitations habituelles de l'environnement familial et domestique. À moins de prendre des moyens particuliers — et parce que particuliers ils sont exceptionnels — l'auditeur de la télévision est placé dans un contexte de réception moins favorable que celui du théâtre.

À cette observation générale, il faudrait ajouter plusieurs autres constatations. Le seul fait, par exemple, que le récepteur ne soit pas maître du rythme auquel se déroule un spectacle diminue potentiellement l'adaptation nécessaire à la pleine compréhension. De même, le médium télévisuel, avec son écran cathodique aux vibrations plus fatigantes pour l'œil, peut susciter une saturation de la perception sensorielle qui limite par avance la concentration intellectuelle.

Mais plus loin, il faut penser à une distorsion plus radicale qui affecte le rapport entre l'émetteur et son récepteur. Dans la perspective classique, le texte littéraire a été, malgré les variations d'école, dans une relation d'expressivité par rapport à la personnalité profonde de son auteur. Que l'auteur se « confie » à son texte ou qu'il le façonne selon un art plus objectif, il existe une relation intime, fortement idéologique et essentiellement vitale entre lui et son œuvre. À cette relation correspond habituellement une relation d'identification et un plaisir esthétique de nature consécutive entre le lecteur et l'œuvre. Le lecteur cherche d'abord et avant tout à répondre aux buts esthétiques du texte.

Dans le cas de l'œuvre télévisuelle, la situation de l'auditeur, bien que semblable, comporte plusieurs différences essentielles. Non seulement, comme nous l'avons vu, les conditionnements de la perception sont-ils autres, mais surtout les motivations réelles de l'attention sont-elles d'un ordre différent. À la volonté d'expression profonde du côté de l'auteur ne correspond, du côté de l'auditeur, qu'un désir de divertissement, plus ou moins intellectuel et attentif selon les cas. En effet, malgré toute la bonne volonté de l'auditeur, on ne peut concevoir que, bien calé dans son fauteuil favori, après sa journée de travail, au milieu de sa famille, il soit dans un état de réceptivité intellectuelle semblable à celle de la lecture. L'effort sollicité est moindre, et précisément, l'auditeur ne désire pas investir un effort équivalent à celui de la lecture, sans quoi il prendrait justement un bon livre pour occuper sa soirée. La télévision comporte, dans toutes ses productions, le postulat nécessaire que l'auditeur ne veut pas être bousculé intellectuellement et qu'il souhaite employer son temps agréablement — et utilement — dans un divertissement « sain » mais sans difficulté.

Il va sans dire que ce seuil de détente permet sans aucun doute l'assimilation de beaucoup de données qui autrement n'atteindraient pas l'auditeur. On a souvent constaté, en particulier pour les émissions d'information, que les auditeurs sont plus renseignés depuis l'avènement de la télévision. On a généralement remarqué que, du même coup, de nombreux auditeurs sont d'autant moins critiques à l'égard de leurs informations et qu'ils sont tout bonnement les jouets de l'opinion courante. La vérité devient de plus en plus rare, seul reste le vraisemblable. Ces inconvénients pourraient être considérés comme mineurs pour le théâtre qui, justement, ne propose que du vraisemblable. Mais le seuil de détente, auquel s'ajoute la dilution des messages dans une multitude d'émissions qui se suivent sans discontinuité, ne permet pas à la plupart des gens la réflexion — le retour critique — qui donnerait à l'esprit une prise plus profonde sur les contenus et sur la forme du spectacle télévisuel.

Ces remarques n'excluent nullement la possibilité pour la télévision d'atteindre à des moments exceptionnels, par la production de dramatiques de haute intensité. De même que la publicaction des livres charrie du bon et du moins bon, de même la télévision laisse sortir de la grisaille des moments pleins de relief. Mais nos observations tendent à rappeler que, quels que soient les efforts des créateurs, les conditions propres à la réception des messages télévisuels sont, d'une façon habituelle, propice à une attention plus réduite que celle de la lecture. L'influence à long terme des dramatiques s'en trouve probablement diminuée.

Pourtant, ce qui est perdu en intensité peut être retrouvé par l'effet cumulatif des séries d'émissions, spécialement des feuilletons. À petites doses successives, par les comportements répétés des personnages, par les expressions littéraires propres à l'auteur, des idées, des images ou des niveaux de langue deviennent familiers aux auditeurs. Et paradoxalement, c'est ici que le feuilleton, genre plus populaire et moins dense que la dramatique, prend sa revanche. L'influence exercée par un feuilleton doit donc se comprendre essentiellement en tenant compte de la durée et de la régularité de sa diffusion. Ainsi, quels que soient les défauts qu'on a souvent dénoncés à propos du feuilleton *Les Belles Histoires*, on ne peut douter que le public, en très grande partie, s'y est créé une identification et a reconnu en lui ses origines paysannes. Malgré les répétitions des actions typiques, malgré les lenteurs, malgré la psychologie sommaire des personnages, mais en même temps à cause, précisément, de toutes ces limites qui donnaient à l'œuvre un profil plus facile à assimiler, comme aussi à cause du caractère répétitif de ses traits, cette œuvre s'est imposée comme un classique de la culture populaire québécoise. Une grande dramatique, toute parfaite qu'elle fût, n'aurait jamais pu atteindre une telle étendue d'influence.

De la même façon il faudrait analyser l'action éducatrice exercée par les dramatiques pour enfants dont certaines, pendant des années, ont meublé l'imaginaire des jeunes et leur ont servi de livres d'images. Les personnages, les animaux, les plantes ou les objets ont pris des dimensions humaines et ont contribué à former un monde sympathique où l'enfant trouvait plaisir à se mouvoir. En profondeur, c'est l'espace même de la langue de communication qui s'est ainsi créé et enrichi. Du petit univers de son foyer familial, l'enfant est ainsi sorti progressivement pour découvrir les délices de la fantaisie et le monde cosmique des contes. C'est la faculté de rêver, c'est-à-dire d'imaginer, qui a été cultivée par ces émissions. Pourtant, si l'on regarde séparément les textes de chacune des émissions, on les trouve minces et brefs. Ces textes avaient souvent une durée d'un simple quart d'heure, durée appropriée à la stabilité d'attention des enfants. Mais l'analyse doit considérer, non pas l'émission simple, mais la série dans laquelle elle s'insère, et également l'ensemble des émissions de la même catégorie qu'on pouvait écouter au cours de la même période horaire. Ces textes divers, réunis en faisceaux, échelonnés sur des mois ou des années, constituent un système stable de stimuli informatifs dont l'influence et la valeur littéraire dépasse largement la simple addition des unités minimales d'un quart d'heure.

On voit donc au demeurant qu'il est difficile d'apprécier avec justesse l'influence réelle exercée par les textes de la télévision. Sans doute les psycho-pédagogues ont-ils déjà analysé le rôle que le médium peut jouer dans l'éducation. Mais sur les processus culturels généraux, il reste beaucoup d'études à poursuivre et nous souhaitons que, pour le milieu québécois en particulier, des recherches appropriées soient entreprises sur le sujet.

4.4 *La fragmentation de l'écoute par la publicité commerciale*

Parmi les conditionnements importants qui modifient le comportement des récepteurs-auditeurs par rapport au message énoncé par l'émetteur-auteur, il faut compter pour beaucoup, dans le système actuel de notre télévision, la présence englobante de parasites, les messages publicitaires. Il n'est pas question de reprendre ici le procès de la publicité qui est périodiquement instruit sans rien changer.

Ce n'est pas le lieu non plus de réfuter la propagande des publicitaires qui se définissent comme des émetteurs d'informations alors qu'ils exercent essentiellement de la persuasion. Enfin, nous ne pouvons pas entrer dans le débat plus général sur la nécessité de la publicité dans le système de sur-consommation qu'on nous impose. Le seul point dont nous retenons ici la pertinence est celui des structures du message télévisuel des dramatiques qui comporte, en des moments différents et nombreux, des messages publicitaires.

Du point de vue de l'auteur de textes dramatiques comme de celui de l'auditeur, la publicité apparaît comme une perturbation majeure, qui modifie la perception globale de l'œuvre et diminue la capacité de concentration intellectuelle. Dans le cas des feuilletons, particulièrement, chaque émission de trente minutes est interrompue plusieurs fois — trois ou quatre fois — par la diffusion d'un groupe de deux, trois ou quatre messages publicitaires. De même, jusqu'à ces récentes années, les dramatiques pour enfants étaient interrompues par des publicités de produits spécialement destinés aux enfants. Par ailleurs, même le théâtre, qui généralement échappe à cette distorsion, est frappé dans certaines de ses séries, comme récemment la série *Scénario*. Et il faudrait éventuellement élargir ces constatations jusqu'aux grandes séries importées de pays étrangers. À peu près toutes les adaptations sont affectées par la pratique des insertions publicitaires.

D'un point de vue strictement dramatique, cet usage est néfaste et constitue une rupture dans le déroulement du rythme prévu par l'auteur des textes. Cette brisure tend quelquefois vers le thraumatisme, dans la mesure où le niveau sonore de la publicité est plus élevé que celui du texte dramatique. Il s'ensuit un choc auditif chez l'auditeur, ce qui suscite des réflexes de fermeture mentale. D'autre part, puisque les messages publicitaires sont répétitifs et qu'ils sont diffusés avec une constance rigoureuse, ils en viennent à constituer, dans l'esprit des auditeurs, le « pattern » de base de la perception. Dessins animés, anecdotes familiales, contes faciles, les messages publicitaires, par définition, ne requièrent aucun effort de l'auditeur et abaissent d'une façon alarmante son niveau de concentration déjà assez faible sous l'influence du médium. Il en résulte, finalement, que le texte dramatique, même sans difficulté réelle, s'éloigne encore davantage du seuil de réflexion critique qu'on pourrait souhaiter des auditeurs.

Lorsque l'on consent à passer quelques heures d'une soirée devant la télévision, on demeure étonné par la quantité de messages publicitaires diffusés à des espacements très réduits. Finalement, c'est à se demander si le vrai spectacle diffusé n'est pas la publicité, comme trame générale — « achetez n'importe quoi, mais achetez » — que viendraient interrompre divers contenus dramatiques ou informatifs. Certaines études, par ailleurs, considérant la somme d'investissements nécessaires à la diffusion télévisuelle en général, tendent à demander si finalement ce ne serait pas la station qui, par des tarifs réduits, subventionnerait l'entreprise privée de la publicité. De toute façon, le médium tend souvent à devenir prioritairement un support pour la publicité, qui consent à insérer quelques textes dramatiques pour distraire le public. Cette vue paradoxale n'est ici mentionnée que pour souligner la place primordiale — la place la meilleure — qu'occupe la publicité dans notre système de diffusion, et particulièrement dans la diffusion des dramatiques.

N'osant pas contester le sacro-saint dogme de la liberté commerciale de nos ondes, nous ne nous permettrons d'énoncer qu'un seul principe qui pourrait susciter des réflexions pertinentes. Une fois admise la publicité dans notre système de diffusion — ce qui nous semble inévitable —, pourquoi faut-il qu'elle occupe la première place ? Par principe, il ne devrait pas être permis d'interrompre les émissions qui ne dépassent pas trente minutes. Les messages publicitaires pourraient être ainsi regroupés aux heures et aux demi-heures, comme cela se pratique d'ailleurs dans d'autres pays. Un tel allégement des ondes permettrait de hausser nettement la qualité de nombreuses émissions, dont le fil conducteur ne serait pas sans cesse interrompu par des ruptures extrinsèques. Naturellement, une telle modification de nos mœurs de diffusion supposerait sans doute quelques changements dans les règlements par les autorités gouvernementales fédérales, ce qui semble hautement improbable dans la mesure où la publicité ne menace nullement l'unité nationale.

Du point de vue de l'esthétique dramatique, nous devons constater que, du côté de l'auditeur, la structure apparente d'une émission de trente minutes — comme un épisode de feuilleton — est celle d'une succession de textes délimités par leur durée entre trois ou quatre messages publicitaires. L'unité de mesure du théâtre n'est plus la scène ou l'acte mais la pause entre deux réclames. Qui pourrait dire que ce n'est pas là une distorsion grave dans la communication esthétique entre l'auteur et la société à laquelle il s'adresse. La dramatique ne peut plus suivre son rythme propre, le texte perd son caractère de fiction littéraire, et l'œuvre s'apparente de plus en plus à une succession de scènes de variétés. Dans ce système, plus le texte a de densité, plus la rupture est violente et plus il y a risque de rejet par l'auditeur. Au contraire, plus le texte est faible, plus il se nivelle au plan des saynètes de la publicité — quelquefois les mêmes comédiens apparaissent et dans l'œuvre et dans les messages qui l'interrompent — plus il devient acceptable pour l'esprit ensommeillé des auditeurs. On est amené à conclure que, dans les faits, la réclame publicitaire, par son ubiquité télévisuelle et son insistance obsessive, agit essentiellement comme un système subversif à l'égard des valeurs culturelles que peuvent vouloir exprimer les auteurs des textes damatiques. Mais dans notre société permissive, cette subversion est sans doute rentable pour beaucoup d'instances.

Il faudrait réagir avec vigueur. Que la publicité soit avec nous pour y rester, il faut s'y résigner. Mais que le médium se permette d'affaiblir la production culturelle en faisant éclater en miettes les émissions qu'il diffuse, c'est une situation qu'il faut déplorer sans aucune concession.

5. *Conclusion*

Dans la mesure où la télévision est devenue un élément permanent de nos modes de vie, il s'impose d'accorder toute leur importance aux contenus de sa programmation, et particulièrement aux dramatiques. Le médium nouveau agit alors d'une double façon : en même temps il véhicule des contenus culturels traditionnels et des formes connues depuis longtemps, comme le théâtre, et en même temps il transforme absolument tous ces contenus par les spécificités de la communication qu'il apporte. C'est ce qui justifie l'importance que, dans tous les milieux où l'on réfléchit sur la culture moderne, on accorde à la télévision, et particulièrement dans cet organisme contemporain de la télévision qu'est l'UNESCO.

> Par l'importance du public qu'elle atteint dans ces pays, la télévision constitue, quelle que soit la qualité des programmes, le phénomène majeur du développement culturel extrascolaire. Son importance dépasse, quantitativement, celle des moyens de diffusion traditionnels : musées, théâtres, bibliothèques. Elle contribue à changer les modes mêmes de perception de toute une population. En modifiant la fréquentation d'autres institutions culturelles (cinéma, théâtre) elle les oblige à se transformer. [7]

Ce constat, souventes fois vérifié de l'influence de la télévision, pose inévitablement la question des contenus, car on ne saurait manier un tel instrument sans se soucier de la responsabilité sociale qu'il entraîne. Ce problème comporte évidemment des dimensions illimitées si on l'applique à tous les champs de contenus couverts par la diffusion télévisuelle. On peut toutefois en voir la pertinence exacte si on l'applique au champ culturel plus restreint des dramatiques, et c'est dans cette perspective que nous nous référons au même document de l'UNESCO :

> Les trois fonctions reconnues à la télévision dans presque tous les pays sont informer, instruire et divertir. C'est la troisième de ces fonctions plus particulièrement qui pose des problèmes aux responsables des politiques culturelles. Si la télévision est un instrument privilégié de développement culturel, comment concilier les exigences de la qualité et de l'élargissement du public ? Faut-il encourager la coexistence d'émissions de haute qualité et de programmes qui paraîtront plus démagogiques que pédagogiques ? Ou faut-il accepter un nivellement de la qualité autour de la moyenne afin d'éviter des clivages durables dans le public ? Il s'agit là d'un des problèmes les plus graves du développement culturel. [8]

Dans un système de diffusion comme le nôtre, la situation décrite par l'UNESCO se réalise d'une façon encore plus intense puisque, sollicitée par les impératifs commerciaux, la télévision est soumise en pratique à l'emprise des sacro-saintes cotes d'écoute. Ces enquêtes, menées par des entreprises commerciales essentiellement liées à une philosophie voulant l'élargissement maximal du public, font la pluie et le beau temps de la programmation et sous-tendent les décisions qui l'orientent. On se souviendra, par exemple, de l'étonnante décision qui retira de l'horaire, il y a quelques années, l'excellent feuilleton *Les Forges du Saint-Maurice*, parce que son audience, bien que fort respectable, ne dépassait que légèrement un million et quart d'auditeurs. Dans ce cas, plus évident que d'autres, s'est manifesté le conflit réel entre les impératifs commerciaux et les exigences intellectuelles. Les auteurs pourraient sans doute donner de nombreux cas où le même conflit a été résolu dans le même sens.

Dans une perspective plus générale, l'historien ne peut s'empêcher d'observer que la production dramatique a donné une importance considérable aux feuilletons, commercialement rentables, et par contre, a souvent traité en parent pauvre le secteur des téléthéâtres. Bien sûr, il faudrait compter l'investissement important qui a été fait, certaines années, dans des dramatiques de prestige, grâce auxquelles le répertoire international a été heureusement présenté à l'auditoire québécois. Des pièces classiques ou modernes, françaises ou étrangères, ont été périodiquement jouées et ont ainsi enrichi l'apport culturel de la télévision. Mais, avec le recul du temps, on s'inquiète et on s'interroge sur la faible contribution de la télévision à la création d'œuvres québécoises. En effet, si on consulte notre tableau des téléthéâtres, on voit immédiatement que, en dehors de quelques années étonnamment privilégiées, le nombre moyen de téléthéâtres diffusés est faible, et

---
7. *Réflexions préalables sur les politiques culturelles*, Paris, UNESCO, 1969, p. 26.
8. *Ibid.*, pp. 26-27.

certaines années, hélas trop nombreuses, furent douloureusement pauvres. On ne peut comprendre comment il a pu arriver, même dans des années récentes, qu'on diffuse, en une saison, seulement un, deux, trois ou quatre téléthéâtres québécois. Le diffuseur ne peut alléguer le manque de dramaturges, puisque depuis longtemps de nombreux auteurs ont acquis un excellent métier. Au surplus, il serait normal, comme cela se pratique d'ailleurs cette année, qu'on ait toujours à l'horaire une série permettant à des jeunes dramaturges d'expérimenter le médium. Pour l'historien qui examine les statistiques de la production passée, il semble bien incompréhensible que la programmation ne comporte pas toujours, et sans la moindre exception, un minimum d'un téléthéâtre par mois. Et logiquement cette norme ne devrait pas inclure les téléthéâtres d'essai pour jeunes auteurs. En réponse aux besoins de tout son public, le diffuseur pourrait de la sorte augmenter efficacement sa contribution à la production littéraire du milieu. Il répondrait d'ailleurs plus adéquatement aux normes du CRTC comme aux demandes de l'Union des Artistes concernant le « contenu canadien » de la programmation.

Il serait toutefois hasardeux de se bercer d'illusions et de souhaiter un monde éthéré où seules les grandes œuvres auraient droit de cité. La culture d'une nation n'est pas faite que de ses chefs-d'œuvre mais d'une multitude d'œuvres moyennes par lesquelles se forme la substance des habitudes d'écoute et le climat d'une vie intellectuelle. Il faut surtout concevoir que la télévision, de par sa nature même, est un médium de masse et non pas un médium d'élite. La notion de médium de masse ne comporte pas seulement une dimension quantitative où l'on comprend que les contenus atteignent simultanément une population nombreuse et dispersée sur un immense territoire. Ce n'est pas le seul nombre des spectateurs qui fait le médium de masse. Plus en profondeur, c'est le processus qui tend à abolir le clivage habituel entre les diverses parties de la population pour créer, provisoirement du moins, une unité mentale autour des contenus considérés comme accessibles à tous.

> De notre analyse des téléromans, il ressort clairement que les modèles proposés sont conformes aux modèles les plus traditionnels de notre société, que le réalisme apparent de ces œuvres cache une évacuation totale des dimensions problématiques et sociales de la vie humaine, que les valeurs de l'idéologie libérale y trouvent confirmation et appui. [9]

Le médium crée la masse et invente selon ses besoins un univers intellectuel où les messages s'additionnent les uns aux autres.

Dans cette perspective, il ne faut pas sous-estimer ce fait que les recherches ont mis en lumière, que tous les contenus tendant à s'annuler les uns les autres, ou à se présenter comme essentiellement relatifs. À la télévision, rien ne peut avoir le relief absolu que donne le contact physique du comédien avec un auditoire en salle. C'est ce que décrivent Sternberg et Sullerot.

> Si c'est *Richard III* que l'on donne à la télévision, et c'est vrai que la pièce a alors plus de spectateurs en une soirée qu'elle n'en a eus depuis sa création, combien de spectateurs n'abordent pas cette œuvre comme ils s'apprêteraient à consommer n'importe quel « Kitsch », n'importe quel sous-produit de toc ? Aussi, semble-t-il, « nulle forme d'art, nulle forme de savoir, nul système d'éthique n'est assez fort pour résister à la vulgarisation. Une sorte d'alchimie culturelle les transforme tous en la même pâle monnaie courante. » [10]

---

9. Line Ross et Hélène Tardif, *Le Téléroman québécois 1962-1971*, Département de Sociologie, Université Laval, 1975, p. 298.
10. Beno Sternberg et Evelyne Sullerot, *Aspects sociaux de la radio et de la télévision*, Paris, Mouton, 1966, pp. 33-34.

Et les auteurs concluent leur analyse par une affirmation qui s'applique tout particulièrement aux dramatiques :

> Cette faculté de tout homogénéiser est la véritable faiblesse des mass media. [11]

Malgré ces restrictions, il est indéniable que les collectivités, et singulièrement la nation québécoise, peuvent trouver dans la télévision les matériaux d'une culture nouvelle. Le théâtre québécois, tout spécialement, permet à son auditoire d'assimiler, à la longueur des jours, une image de lui-même qui peut, dans des conditions appropriées, augmenter la conscience culturelle. Mais ici revient sans cesse l'ambiguïté des contenus diffusés : s'ils reflètent la vie trop crûment ou s'ils font réfléchir en profondeur, ils risquent d'éloigner des auditeurs soucieux de leur tranquillité ; s'ils édulcorent la réalité et camouflent les vrais problèmes, ils créent des illusions qui ne forment qu'une fausse culture. Dans cette hésitation entre le fond et la forme, dans ce choix difficile entre le reflet idéalisant et le réalisme anxiogène, dans cette alternance entre deux fonctions sociales, se noue l'enjeu de la télévision dans le développement de la culture collective. Ces contraintes idéologiques forment le contexte dans lequel continuera encore longtemps de se développer le théâtre télévisuel.

6. *Notice technique sur la fiche catalographique*

Les fiches catalographiques des trois catégories de dramatiques — téléthéâtres, feuilletons et dramatiques pour enfants — suivent les mêmes principes généraux de classement, avec quelques variantes appropriées selon les cas.

1. *Le code*

Il est composé de 2 lettres et de 3 chiffres.
Les deux lettres identifient la catégorie générale :

TH : téléthéâtres

FE : feuilletons (téléromans et séries)

EN : dramatiques pour enfants.

Les 3 chiffres indiquent une numérotation séquentielle conforme à l'ordre alphabétique à l'intérieur de chacun des genres, et, à cause du classement général, correspondent également à la catégorie :

001 à 400 : téléthéâtres

401 à 500 : feuilletons

501 à 600 : dramatiques pour enfants.

2. *L'auteur*

Le nom indiqué est celui de l'auteur du texte dramatique. Dans le cas où une œuvre possède plusieurs auteurs principaux, simultanés ou successifs, la fiche a été classée à COLLABORATION.

---

11. *Ibid.*, p. 34.

3. *Le titre*

Le titre est identifié selon la mention exacte qu'on trouve dans les sources consultées. Il désigne la mention principale d'une œuvre, telle que voulue par son auteur.

Lorsque certaines dramatiques pour enfants ont des sous-divisions, seul le titre initial est indiqué. Lorsque certains téléthéâtres comportent une fragmentation en plusieurs diffusions (v.g. séries *Quatuor*, *Trio*), le titre indiqué est celui de l'œuvre entière et non pas les sous-titres propres à chaque épisode.

4. *Le genre*

Toutes les œuvres sont regroupées en 3 grands genres : les téléthéâtres, les feuilletons et les dramatiques pour enfants. Certains classements secondaires (v.g. conte dramatique) ont été assimilés aux catégories principales. Voir Introduction, au numéro 2.3.

5. *Original*

Tous les textes identifiés dans ce *Répertoire* sont des textes originaux écrits pour la télévision québécoise. Certaines œuvres toutefois portent une mention plus précise indiquant une source préalable : « d'après une œuvre de... ».

6. *Série*

Lorsqu'un téléthéâtre a été diffusé dans le cadre d'une série spécifiquement consacrée au théâtre, le nom de la série et ses dates de durée ont été indiqués. Les séries à caractère trop général, comme par exemple la série *Les Beaux Dimanches*, ont été omises.

7. *Périodicité et minutage*

Nous indiquons ici la fréquence des feuilletons et des dramatiques pour enfants : généralement de diffusion hebdomadaire.

Le minutage qui suit indique la durée totale de l'émission dans le cas des téléthéâtres et la durée de chaque épisode dans le cas des feuilletons et des dramatiques pour enfants.

8. *Station*

Pour la commodité du lecteur, la mention du diffuseur a été répétée à chaque fiche.

9. *Collaborateur*

À cet endroit sont mentionnés les noms de tous les collaborateurs à la préparation du texte dramatique : auteurs secondaires, dialoguistes, idéateurs, scénaristes ou autres.

Tous ces collaborateurs sont mentionnés par ordre alphabétique.

10. *Réalisateur*

Lorsqu'une émission a comporté plusieurs réalisateurs, leurs noms sont mentionnés dans l'ordre de leur collaboration connue.

11. *Durée*

À cet endroit, la fiche indique les dates de début et de fin des dramatiques en forme de séries : les feuilletons et les dramatiques pour enfants.

12. *Reprise*

Nous indiquons, par ordre chronologique, les dates de diffusion en reprise des téléthéâtres, et, pour les séries, les dates de début et de fin.

13. *Distribution*

Pour les feuilletons, les dramatiques pour enfants autant que pour les téléthéâtres, les noms des comédiens ont été indiqués par ordre alphabétique.

Dans le cas de quelques feuilletons, nous ne donnons les noms que des comédiens principaux, c'est-à-dire de ceux qui étaient considérés comme participants réguliers, par opposition aux comédiens invités occasionnellement.

II
TÉLÉTHÉÂTRES

1. Répertoire catalographique

(par ordre alphabétique des auteurs)

TH 001   ALAIN, Paul.

Mon neveu Napoleone, téléthéâtre, original, série *Théâtre populaire* (8 juillet 1956 – 13 juillet 1958). Hebdomadaire. 60 min. Station CBFT. Réalisation : Florent FORGET. 26 août 1956.

Distribution : Boudha BRADON, Marcel CABAY, Marc COTTEL, Nini DURAND, Yves LÉTOURNEAU, Hubert LOISELLE, Jean-Pierre MASSON, Monique MILLER, François ROZET, Sacha TARRIDE, Michel TRANCHEMONTAGNE.

TH 002   ALAIN, Paul.

La Maison au bord de l'eau, téléthéâtre, original, série *Quatuor* (22 septembre 1955 – 16 octobre 1959). Hebdomadaire. 30 min. Station CBFT. Réalisation : Jean FAUCHER. 19 et 26 novembre, 3 et 10 décembre 1957.

Distribution : Jacques AUGER, Pierre BOUCHER, Thérèse CADORETTE, Yvon DUFOUR, Nini DURAND, Guy PROVOST.

TH 003   ALAIN, Paul.

La Tenue de soirée est de rigueur, téléthéâtre, original, série *Quatuor* (22 septembre 1955 – 16 octobre 1959). Hebdomadaire. 30 min. Station CBFT. Réalisation : Jean FAUCHER. 15, 22 et 29 avril, 6 mai 1958.

Distribution : Jean-Claude DERET, Jean-Paul DUGAS, Robert GADOUAS, Constance HOGAN, Andrée LACHAPELLE, Janine MIGNOLET.

TH 004   ALAIN, Paul.

Chambre 17, téléthéâtre, original, série *Théâtre d'été* (20 juillet 1958 – 31 août 1958). Hebdomadaire. 30 min. Station CBFT. Réalisation : Jo MARTIN. 10 août 1958.

Distribution : Maurice BEAUPRÉ, Jeanne DEMONS, Victor DÉSY, Jacques GALIPEAU, Benoît GIRARD, Hélène LOISELLE, Marguerite MERCIER.

TH 005   ALAIN, Paul.

La Mariée d'un printemps, téléthéâtre, original, série *En première* (7 septembre 1958 – 7 juin 1959). Hebdomadaire. 60 min. Station CBFT. Réalisation : Charles DUMAS. 16 novembre 1958.

Distribution : Edmond BEAUCHAMP, Marcel CABAY, François CARTIER, Henry DEYGLUN, Yvon DUFOUR, Marc FORREZ, Jacques LORAIN, Gisèle MAURICET, Nathalie NAUBERT, Jean RAFA, Rose REY DUZIL.

TH 006   ALAIN, Paul.

Derrière la grille, téléthéâtre, original, série *Première* (5 juillet 1959 – 19 juin 1960). Hebdomadaire. 60 min. Station CBFT. Réalisation : Louis BÉDARD. 26 juillet 1959.

Distribution : Denis DROUIN, Georges GROULX, Gisèle MAURICET, Guy PROVOST, Rose REY DUZIL, Gisèle SCHMIDT.

TH 007   ANTOONS, Jacques.

Un génie sans talent, téléthéâtre, original, série *Théâtre populaire* (8 juillet 1956 – 13 juillet 1958). Hebdomadaire. 60 min. Station CBFT. Réalisation : Guy BEAULNE. 25 mai 1958.

Distribution : Jean DUCEPPE, Françoise FAUCHER, Amulette GARNEAU, Jean LAJEUNESSE, Percy RODRIGUEZ.

TH 008   ANTOONS, Jacques.

Au diable les vacances, téléthéâtre, original, série *Scénario* (2 juillet 1960 – 22 octobre 1961). Hebdomadaire. 30 min. Stations CBOFT, CBFT. Réalisation : Aurèle LACOSTE. 2 juillet 1960.

Distribution : Lucille GAGNÉ-MAYER, Jean HERBIET, Romuald LATREILLE, Claire MAJOR, Jacques PILOTTE.

TH 009　　AQUIN, Hubert.

Passé antérieur, téléthéâtre, original, série *Été 55* (8 juin 1955 – 5 octobre 1955). Hebdomadaire. 30 min. Station CBFT. Réalisation : Louis-Georges CARRIER. 28 septembre 1955.

Distribution : Jean BROUSSEAU, Lucille GAUTHIER, Dyne MOUSSO, Sacha TARRIDE.

TH 010　　AQUIN, Hubert.

Le Choix des armes, téléthéâtre, original. 90 min. Station CBFT. Réalisation : Louis-Georges CARRIER. 8 janvier 1959.

Distribution : François CARTIER, Yvon DUFOUR, Benoît GIRARD, Monique JOLY, Yvon LEROUX, Michel MAILLOT, Henri NORBERT, Guy POUCANT, Guy PROVOST, Gisèle SCHMIDT.

TH 011　　AQUIN, Hubert.

On ne meurt qu'une fois, téléthéâtre, original, série *Trio* (5 juillet 1960 – 27 septembre 1960). Hebdomadaire. 30 min. Station CBFT. Collaboration : Gilles SAINTE-MARIE. Réalisation : Jean FAUCHER. 5, 12 et 19 juillet 1960.

Distribution : José BARRIO, Yvette BRIND'AMOUR, Denis DROUIN, Jean-Paul DUGAS, Marjolaine HÉBERT, Andrée LACHAPELLE, Guy PROVOST, Jean-Louis ROUX.

TH 012　　AQUIN, Hubert.

Oraison funèbre, téléthéâtre, original, série *Jeudi-théâtre* (1er novembre 1962 – 14 mars 1963). Hebdomadaire. 60 min. Station CBFT. Réalisation : Aimé FORGET. 8 novembre 1962.

Distribution : Roland CHENAIL, Bertrand GAGNON, Jacques GODIN, Georges GROULX, Marjolaine HÉBERT, Hubert LOISELLE, Patricia NOLIN, Mia RIDDEZ, Jean-Louis ROUX.

TH 013　　AQUIN, Hubert.

Faux bond, téléthéâtre, original. 90 min. Station CBFT. Réalisation : Louis-Georges CARRIER. 22 janvier 1967. Reprise : 23 mars 1969.

Distribution : Hubert AQUIN, Jean DUCEPPE, Jean-Paul DUGAS, Ronald FRANCE, Paule GAUTHIER, Benoît GIRARD, Jacques GODIN, Andrée LACHAPELLE, Jean LAJEUNESSE, Yvon LEROUX, Dyne MOUSSO, Jean-Louis ROUX, Guy SANCHE.

TH 014   AQUIN, Hubert.

Table tournante, téléthéâtre, original. 90 min. Station CBFT. Réalisation : Louis-Georges CARRIER. 22 septembre 1968.

Distribution : Catherine BÉGIN, Jacques DESROSIERS, Georges GROULX, Andrée LACHAPELLE, Jean-Marie LEMIEUX, Monique MILLER, Jani PASCAL, Anne PAUZÉ, Pascal ROLLIN, Guy SANCHE, François TASSÉ.

TH 015   AQUIN, Hubert.

Vingt-quatre heures de trop, téléthéâtre, original. 90 min. Station CBFT. Réalisation : Louis-Georges CARRIER. 9 mars 1969. Reprise : 15 mars 1970.

Distribution : Andrée BOUCHER, Pierre BOUCHER, Georges BOUVIER, Élizabeth CHOUVALIDZÉ, Jean DUCEPPE, Ronald FRANCE, Edmond GRIGNON, Paul GUÉVREMONT, Marjolaine HÉBERT, Jean LAJEUNESSE, Roger LEBEL, Anne PAUZÉ, Patrick PEUVION.

TH 016   AQUIN, Hubert.

Double sens, téléthéâtre, original. 120 min. Station CBFT. Réalisation : Louis-Georges CARRIER. 30 janvier 1972.

Distribution : Georges BOUVIER, Suzanne LANGLOIS, Louise LAPRADE, Roger LEBEL, Jean-Louis MILLETTE, Gilles NORMAND, Anne PAUZÉ, Serge TURGEON, Francine VERNAC, Linda WILSCAM.

TH 017   ARCHAMBAULT, Gilles.

Le Temps devant soi, téléthéâtre, original, série *Scénario* (1er octobre 1976 – 22 avril 1977). Hebdomadaire. 30 min. Station CBFT. Réalisation : James DORMEYER. 17, 24 et 31 décembre 1976, 7 janvier 1977.

Distribution : Jean-Marie BLANCHETTE, Gilbert COMTOIS, Marc LEGAULT, Yves MASSICOTTE, Michelle ROSSIGNOL.

TH 018   ARTHUR, Robert.

Passeport, téléthéâtre, original, série *Corridor sans issue* (19 septembre 1953 – 21 novembre 1953). Hebdomadaire. 30 min. Station CBFT. Réalisation : Jean BOISVERT. 19 septembre 1953.

Distribution : Paul BLOUIN, Roland CHENAIL, Paul GUÉ-VREMONT, Ovila LÉGARÉ, Jacques LÉTOURNEAU.

TH 019   ARTHUR, Robert.

Le Poisson rouge, téléthéâtre, original, série *Corridor sans issue* (19 septembre 1953 – 21 novembre 1953). Hebdomadaire. 30 min. Station CBFT. Réalisation : Jean BOISVERT. 26 septembre 1953.

Distribution : inconnue.

TH 020   ARTHUR, Robert.

Chambre 320, téléthéâtre, original, série *Corridor sans issue* (19 septembre 1953 – 21 novembre 1953). Hebdomadaire. 30 min. Station CBFT. Réalisation : Jean BOISVERT. 24 octobre 1953.

Distribution : Jean BOISJOLI, Jean DUCEPPE, Marjolaine HÉBERT, François LAVIGNE.

TH 021   ASLLANI, Luan.

Le Réveil du passé, téléthéâtre, original, série *Théâtre d'été* (20 juillet 1958 – 31 août 1958). Hebdomadaire. 30 min. Station CBFT. Réalisation : Paul LEGAULT. 27 juillet 1958.

Distribution : Yves LÉTOURNEAU, Hélène LOISELLE, Jean-Pierre MASSON, Albert MILLAIRE.

TH 022   AUBRY, Claude.

Le Secret de Catherine, téléthéâtre, original, série *Théâtre populaire* (8 juillet 1956 – 13 juillet 1958). Hebdomadaire. 60 min. Station CBFT. Réalisation : Jacques GAUTHIER. 16 septembre 1956.

Distribution : Eugène DAIGNEAULT, Michèle LEHARDY.

TH 023   BARBEAU, Jean.

Goglu, téléthéâtre, original. 45 min. Station CBFT. Réalisation : Jean FAUCHER. 3 mars 1974.

Distribution : Marc LEGAULT, Jean RICARD.

TH 024   BEAULÉ, Marc.

Le Renvoi, téléthéâtre, original. 60 min. Station CBFT. Réalisation : Fernand IPPERSIEL. 23 novembre 1958.

Distribution : Pierre BOUCHER, Paul DUPUIS, Yves LÉTOURNEAU, Guy PROVOST.

TH 025   BENOÎT, Réal.

Le Marin d'Athènes, téléthéâtre, original. 65 min. Station CBFT. Réalisation : Jean-Paul FUGÈRE. 14 mars 1965.

Distribution : Christine BENOÎT, Françoise FAUCHER, Paul HÉBERT, Marie-Josée LONGCHAMPS, Gérard POIRIER, Michelle ROSSIGNOL, Lucie de VIENNE.

TH 026   BENOÎT, Réal.

La Nuit de la Saint-Théodore, téléthéâtre, original. 90 min. Station CBFT. Réalisation : Jean-Paul FUGÈRE. 25 février 1973.

Distribution : Roger GARCEAU, Madeleine LANGLOIS, Roland LAROCHE, Jacques LORAIN, Monique MERCURE, Gilles NORMAND, Anne PAUZÉ, Irène POUJOL, Jean-Louis ROUX.

TH 027   BENOÎT, Réal.

Sans adresse connue, téléthéâtre, original, série *Témoignages* (3 octobre 1972 – 29 mai 1973). Hebdomadaire. 30 min. Station CBFT. Réalisation : Edouard LUNZ. 6 mars 1973.

Distribution : Julien GENAY, Luce GUILBAULT, Louise MARLEAU, Monique MERCURE, Christine OLIVIER, Gisèle TRÉPANIER.

TH 028   BERTHIAUME, André.

À ceux qui viendront, téléthéâtre, original. 30 min. Station CBFT. Réalisation : Jean-Paul FUGÈRE. 18 juillet 1958.

Distribution : Claude MERCIER, Guy PROVOST.

TH 029   BERTHIAUME, André.

L'Exilé, téléthéâtre, original. 30 min. Station CBFT. Réalisation : André BOUSQUET. 5 mai 1960.

Distribution : Georges BOUVIER, Jean DOYON, Yvon DUFOUR, Jean GASCON, Jacques GODIN, Laurent LAROUCHE, Mathieu POULIN, Jean-Louis ROUX.

TH 030   BERTHIAUME, André.

Le Sursis, téléthéâtre, original, série *Théâtre d'été* (5 juillet 1961 – 4 octobre 1961). Hebdomadaire. 30 min. Station CBFT. Réalisation : Fernand QUIRION. 13 septembre 1961.

Distribution : Thérèse ARBIC, Jacques GALIPEAU, Guy GODIN.

TH 031 BLAIS, Marie-Claire.

La Roulotte aux poupées, téléthéâtre, original. 30 min. Station CBFT. Réalisation : Paul ALMOND. 12 mars 1967.

Distribution : Geneviève BUJOLD, Jean DOYON, François TASSÉ.

TH 032 BLAIS, Marie-Claire.

L'Océan, téléthéâtre, original, série *Prix Louis-Philippe Kammans* (7 mai 1976 – 28 mai 1976). Hebdomadaire. 120 min. Station CBFT. Réalisation : Jean FAUCHER. 28 mai 1976.

Distribution : Louis AUBERT, Paul DUPUIS, Marcel GIRARD, Georges GROULX, Marjolaine HÉBERT, Suzanne MARIER, Patricia NOLIN, Yolande ROY, Jacques THISDALE.

TH 033 BOUCHARD, Guy.

Edna ou la contradiction, téléthéâtre, original. 70 min. Station CBFT. Réalisation : Louis-Georges CARRIER. 7 mars 1976.

Distribution : Diane ARCAND, Jacques GODIN, Rita LAFONTAINE.

TH 034 BOUCHER, André-Pierre.

Cupidon sauvé par l'amour, téléthéâtre, original, d'après un argument de Louis-Georges CARRIER. 60 min. Station CBFT. Réalisation : Louis-Georges CARRIER. 16 avril 1972.

Distribution : Marie BÉGIN, Jean DUCEPPE, André LAWRENCE, Hélène LOISELLE, Jean-Louis MILLETTE, Denise MORELLE, Serge TURGEON.

TH 035 BOUDOU, Jean-Raymond.

Un instant de ta vie, téléthéâtre, original, série *Théâtre populaire* (8 juillet 1956 – 13 juillet 1958). Hebdomadaire. 60 min. Station CBFT. Réalisation : Claude DÉSORCY. 5 janvier 1958.

Distribution : André CAILLOUX, Margot CAMPBELL, Mariette DUVAL, Bertrand GAGNON, Gabriel GASCON, Jacques GODIN, Roger JOUBERT, François LAVIGNE.

TH 036 BOULIZON, Guy.

Le Chemin de la vie par le chemin de la croix, téléthéâtre, original. 60 min. Station CBFT. Réalisation: Paul LEDUC. 30 mars 1956.

Distribution: Jacques AUGER, Charlotte BOISJOLI, Boudha BRADON, Jean BROUSSEAU, Paul DUPUIS, Nini DURAND, Juliette HUOT, Hubert LOISELLE, Aimé MAJOR, Jean-Pierre MASSON, Dyne MOUSSO, Jean-Louis PARIS, Béatrice PICARD, Denise PROVOST, Lionel VILLENEUVE.

TH 037 BRAULT, Jacques.

La Morte saison, téléthéâtre. original. 30 min. Station CBFT. Réalisation: Jean-Paul FUGÈRE. 31 mars 1968. Reprise: 13 juin 1971.

Distribution: Yves CORBEIL, Georges GROULX, Francine RACETTE, Gisèle SCHMIDT.

TH 038 BRAULT, Jacques.

Quand nous serons heureux, téléthéâtre, original. 90 min. Station CBFT. Réalisation: Jean-Paul FUGÈRE. 28 septembre 1969. Reprise: 70 min. 13 juin 1971.

Distribution: Edgar FRUITIER, Ève L'ÉCUYER, Guy L'ÉCUYER, Ovila LÉGARÉ, Monique MERCURE, Alan MILLS, Jean-Louis PARIS, Patrick PEUVION, Robert RIVARD.

TH 039 BRISSET-THIBAUDEAU, Aliette.

Hymne nuptial, téléthéâtre, original, série *Théâtre d'été* (2 juin 1954 – 13 octobre 1954). Hebdomadaire. 30 min. Station CBFT. Réalisation: Jean LÉONARD. 14 juillet 1954.

Distribution: Camille DUCHARME, Blanche GAUTHIER, Guy HOFFMANN, François ROZET.

TH 040 BRISSET-THIBAUDEAU, Aliette.

L'Étoile rouge, téléthéâtre, original, série *Théâtre populaire* (8 juillet 1956 – 13 juillet 1958). Hebdomadaire. 60 min. Station CBFT. Réalisation: René VERNE. 3 février 1957.

Distribution: Gaston DAURIAC, Jeanne DEMONS, Jean DUCEPPE, Camille DUCHARME, Bertrand GAGNON, Nicole GOYETTE, Jean LAJEUNESSE, François LAVIGNE, José LEDOUX, Yves LÉTOURNEAU, Michel MAILLOT, Denise PROVOST.

TH 041   BRUGGEMAN, Ivan.

Tant que nous vivrons, téléthéâtre, original, série *Théâtre populaire* (8 juillet 1956 – 13 juillet 1958). Hebdomadaire. 60 min. Station CBFT. Réalisation : René VERNE. 19 août 1956.

Distribution : Pierre BOUCHER, Georges CARRÈRE, Bertrand GAGNON, Jean LAJEUNESSE, Lise LASALLE, Yvon LEROUX, Henri NORBERT, Huguette OLIGNY, Raymond POULIN, Marthe THIÉRY.

TH 042   CABAY, Marcel.

Le Pèlerin de Kranine, téléthéâtre, original, série *Théâtre populaire* (8 juillet 1956 – 13 juillet 1958). Hebdomadaire. 60 min. Station CBFT. Réalisation : Jean SAINT-JACQUES. 22 juillet 1956.

Distribution : Rolland D'AMOUR, Lilian DORSENN, Janine FLUET, Robert GADOUAS, Antoinette GIROUX, Yves LÉTOURNEAU, Henri NORBERT, Raymond POULIN.

TH 043   CABAY, Marcel.

La Ligne du Nord, téléthéâtre, original, série *En première* (7 septembre 1958 – 7 juin 1959). Hebdomadaire. 60 min. Station CBFT. Réalisation : Bruno PARADIS. 9 novembre 1958.

Distribution : Bertrand GAGNON, Benoît GIRARD, Jean LAJEUNESSE, Monique MILLER.

TH 044   CAILLOUX, Michel.

Les Hutto, père et fils, téléthéâtre, original, série *Théâtre populaire* (8 juillet 1956 – 13 juillet 1958). Hebdomadaire. 60 min. Station CBFT. Réalisation : René VERNE. 29 septembre 1957.

Distribution : Marcel CABAY, Maude D'ARCY, Jean-Paul DUGAS, Nini DURAND, Lucille GAUTHIER, Michel NOËL, Rose REY DUZIL.

TH 045   CAILLOUX, Michel.

Il faut marier Colombe, téléthéâtre, original, série *Théâtre populaire* (8 juillet 1956 – 13 juillet 1958). Hebdomadaire. 60 min. Station CBFT. Réalisation : Guy BEAULNE. 22 décembre 1957.

Distribution : Monique AUBRY, Jacques GALIPEAU, Françoise GRATON, Guy HOFFMANN, Lise LASALLE, Rose REY DUZIL, Olivette THIBAULT.

TH 046   CAREL, Diane.

       Fleur de mer, téléthéâtre, original, série *Théâtre d'été* (2 juin 1954 – 13 octobre 1954). Hebdomadaire. 30 min. Station CBFT. Réalisation : Jean LÉONARD. 21 juillet 1954.

       Distribution : inconnue.

TH 047   CARON, André.

       Rose et Henri, téléthéâtre, original, série *Scénario* (1er octobre 1976 – 22 avril 1977). Hebdomadaire. 30 min. Station CBFT. Réalisation : Jean-Yves LAFORCE. 1, 8, 15 et 22 octobre 1976.

       Distribution : Jacinthe CHAUSSÉ, Amulette GARNEAU, Guy GODIN, Paul GUÉVREMONT, Monique JOLY, Nicole LECAVALIER, Jean MATHIEU, Aubert PALLASCIO, Juliette PÉTRIE, Jacques PIPERNI.

TH 048   CARRIER, Louis-Georges.

       Le Jeu de boules, téléthéâtre, original, série *Théâtre d'été* (2 juin 1954 – 13 octobre 1954). Hebdomadaire. 30 min. Station CBFT. Réalisation : Jean-Paul FUGÈRE. 25 août 1954.

       Distribution : Jean DUCEPPE, Jean LAJEUNESSE, Monique LEPAGE.

***   CARRIER, Louis-Georges.

       Pour cinq sous d'amour.

       Voir DUBÉ, Marcel. TH 118.

TH 049   CARRIER, Louis-Georges.

       Le Mouvement perpétuel, téléthéâtre, original, série *Scénario* (2 juillet 1960 – 22 octobre 1961). Aux 2 semaines. 30 min. Stations CBOFT, CBFT. Réalisation : Aurèle LACOSTE. 13 août 1960.

       Distribution : Gérard ANDERSON, Mariette BOULET, Irène de BUSSERET, Gérard GARNEAU, Jean GARNEAU, André MONDOR.

TH 050   CARRIER, Louis-Georges.

       L'Indiscret, téléthéâtre, original, série *Théâtre d'une heure* (29 septembre 1963 – 3 avril 1966). 60 min. Station CBFT. Réalisation : Louis-Georges CARRIER. 20 octobre 1963.

Reprise : série *En reprise* (14 juin 1964 – 4 octobre 1964). Hebdomadaire. 60 min. Réalisation : Louis-Georges CARRIER. 28 juin 1964.

Distribution : Benoît GIRARD, Albert MILLAIRE, Monique MILLER.

TH 051   CARRIER, Louis-Georges.

Hold-up, téléthéâtre, original. 90 min. Station CBFT. Collaboration : Marcel DUBÉ. Réalisation : Louis-Georges CARRIER. 13 septembre 1970.

Distribution : Monique CHABOT, Yves CORBEIL, Nini DURAND, Marc HÉBERT, Marjolaine HÉBERT, Jacques KANTO, Max PEISCHER, Réjean ROY.

***   CARRIER, Louis-Georges.

Il est une saison.

Voir DUBÉ, Marcel. TH 139.

TH 052   CARTIER, madame Élie.

L'Affaire Rudolph, téléthéâtre, original, série *Théâtre du dimanche* (20 novembre 1960 – 29 avril 1962). Aux 2 semaines. 60 min. Station CBFT. Réalisation : Fernand QUIRION. 23 avril 1961.

Distribution : Pierre BOUCHER, Marcel CABAY, Suzanne DESLONGCHAMPS, Camille DUCHARME, Yvon DUFOUR, Tania FÉDOR, Teddy BURNS-GOULET, Paul GURY, Paul HÉBERT, Hubert LOISELLE, Henri NORBERT, Louise RÉMY, Rose REY DUZIL, Robert RIVARD, Janine SUTTO.

TH 053   CHAMBERLAND, Paul.

Au-dessus de tout, téléthéâtre, original. 30 min. Station CBFT. Réalisation : Jean-Paul FUGÈRE. 2 octobre 1966.

Distribution : Robert GADOUAS, Jacques GODIN, Georges GROULX, Madeleine LANGLOIS, Roger LEBEL, Michèle LEHARDY, André RICHARD, Michelle ROSSIGNOL.

TH 054   CHARPENTIER, Réjane.

François, comédie musicale, original. 60 min. Station CBFT. Musique : Ginette BELLAVANCE. Réalisation : Gilles SÉNÉCAL. 2 mai 1976.

Distribution : Paule BAILLARGEON, Jean-Pierre BÉLANGER, Jean BESRÉ, Suzanne BOUCHARD, Denyse CHARTIER, Marie-Michèle DESRO-

SIERS, Renée HÉBERT, France LAVERDIÈRE, Michelle LÉGER, Denis MERCIER, Jean-Louis MILLETTE, Conrad PETTERSON, Jacques PIPERNI, Gilles RENAUD, François TASSÉ, Francine TOUGAS.

TH 055   CHARTIER, Françoise.

Les Midis de Julie, téléthéâtre, original, série *Scénario* (1er octobre 1976 – 22 avril 1977). Hebdomadaire. 30 min. Station CBFT. Réalisation : Claude DÉSORCY. 18 février 1977.

Distribution : Denyse CHARTIER, Gilles RENAUD.

TH 056   CHOQUETTE, Robert.

Un timide, téléthéâtre, original, série *Théâtre d'été* (2 juin 1954 – 13 octobre 1954). Hebdomadaire. 30 min. Station CBFT. Réalisation : Jean LÉONARD. 2 juin 1954.

Distribution : inconnue.

TH 057   CHOQUETTE, Robert.

Assurance-vie ou *Le Bénéficiaire,* téléthéâtre, original, série *Été 55* (8 juin 1955 – 5 octobre 1955). Hebdomadaire. 30 min. Station CBFT. Réalisation : Jean FAUCHER. 27 juillet 1955.

Distribution Jean DUCEPPE, Camille DUCHARME, Mariette DUVAL, Blanche GAUTHIER, Paul GUÉVREMONT, François LAVIGNE, Gérard PARADIS, Henri POITRAS, Madeleine TOUCHETTE.

TH 058   CHOQUETTE, Robert.

Élisabeth, téléthéâtre, original, série *Quatuor* (22 septembre 1955 – 16 octobre 1959). Hebdomadaire. 30 min. Station CBFT. Réalisation : Jean FAUCHER. 22 et 29 septembre, 6 et 13 octobre 1955.

Distribution : Jacques AUGER, Yvette BRIND'AMOUR, Jean-Paul DUGAS, Françoise FAUCHER, Marcelle LEFORT.

TH 059   CHOQUETTE, Robert.

Née pour un petit pain, téléthéâtre, original, série *Quatuor* (22 septembre 1955 – 16 octobre 1959). Hebdomadaire. 30 min. Station CBFT. Réalisation : Jean FAUCHER. 20 et 27 octobre, 3 et 10 novembre 1955.

Distribution : Edgar FRUITIER, J.-Léo GAGNON, Juliette HUOT, Jean-Pierre MASSON, Mia RIDDEZ.

TH 060   CHOQUETTE, Robert.

Il était une robe ou *La Robe couleur du temps*, téléthéâtre, original, série *Quatuor* (22 septembre 1955 – 16 octobre 1959). Hebdomadaire. 30 min. Station CBFT. Réalisation : Jean FAUCHER. 17 et 24 novembre, 1er et 8 décembre 1955.

Distribution : Roger GARCEAU, Guy PROVOST, Jean SAINT-DENIS, Janine SUTTO, Marthe THIÉRY.

TH 061   CHOQUETTE, Robert.

Le Billet doux, téléthéâtre, original, série *Quatuor* (22 septembre 1955 – 16 octobre 1959). Hebdomadaire. 30 min. Station CBFT. Réalisation : Jean FAUCHER. 15, 22 et 29 décembre 1955, 5 janvier 1956.

Distribution : Paul ALAIN, Suzanne AVON, Roger GARCEAU, Ginette LETONDAL, Jean-Louis PARIS.

TH 062   CHOQUETTE, Robert.

Le Fils du bedeau, téléthéâtre, original, série *Quatuor* (22 septembre 1955 – 16 octobre 1959). Hebdomadaire. 30 min. Station CBFT. Réalisation : Jean FAUCHER. 9, 16 et 23 février, 1er mars 1956.

Distribution : Marthe CHOQUETTE, Pierre DAGENAIS, Robert GADOUAS, Blanche GAUTHIER, Louis-Philippe HÉBERT, Doris LUSSIER, Lucie POITRAS.

TH 063   CHOQUETTE, Robert.

L'Étrangleur, téléthéâtre, original, série *Quatuor* (22 septembre 1955 – 16 octobre 1959). Hebdomadaire. 30 min. Station CBFT. Réalisation : Jean FAUCHER. 5, 12, 19 et 26 octobre 1956.

Distribution : Jacques AUGER, Ernest GUIMOND, François LAVIGNE, Arthur LEFEBVRE, Jacques LÉTOURNEAU, Armand MARION, Jean-Claude ROBILLARD, Percy RODRIGUEZ, Lionel VILLENEUVE.

TH 064   CHOQUETTE, Robert.

> *De fil en aiguille,* téléthéâtre, original, série *Quatuor* (22 septembre 1955 – 16 octobre 1959). Hebdomadaire. 30 min. Station CBFT. Réalisation : Jean FAUCHER. 9, 16, 23 et 30 novembre 1956.
>
> Distribution : Gaston DAURIAC, Denis DROUIN, Paul DUPUIS, Nini DURAND, Yanina GASCON, Fernande LARIVIÈRE, Hubert LOISELLE.

TH 065   CHOQUETTE, Robert.

> *La Chaise à pépère,* téléthéâtre, original, série *Quatuor* (22 septembre 1955 – 16 octobre 1959). Hebdomadaire. 30 min. Station CBFT. Réalisation : Jean FAUCHER. 30 novembre, 7, 14 et 21 décembre 1956.
>
> Distribution : Roland CHENAIL, Lucille COUSINEAU, Rolland D'AMOUR, José LEDOUX, Janine SUTTO.

TH 066   CHOQUETTE, Robert.

> *Brigitte,* téléthéâtre, original, série *Quatuor* (22 septembre 1955 – 16 octobre 1959). Hebdomadaire. 30 min. Station CBFT. Réalisation : Jean FAUCHER. 25 janvier, 1er, 8 et 15 février 1957.
>
> Distribution : Jean-Paul DUGAS, Mariette DUVAL, Juliette HUOT, Maurice LEBEL, Mia RIDDEZ.

TH 067   CHOQUETTE, Robert.

> *Un beau Brummel,* téléthéâtre, original, série *Quatuor* (22 septembre 1955 – 16 octobre 1959). Hebdomadaire. 30 min. Station CBFT. Réalisation : Jean FAUCHER. 22 février, 1er, 8 et 15 mars 1957.
>
> Distribution : Denis DROUIN, Guy HOFFMANN, Lise LASALLE, Ginette LETONDAL, Olivette THIBAULT.

TH 068   CHOQUETTE, Robert.

> *Le Voyage à Rome,* téléthéâtre, original, série *Quatuor* (22 septembre 1955 – 16 octobre 1959). Hebdomadaire. 30 min. Station CBFT. Réalisation : Jean FAUCHER. 22 et 29 mars, 5 et 12 avril 1957.
>
> Distribution : Mimi D'ESTÉE, Guy GODIN, François LAVIGNE, Arthur LEFEBVRE, Ovila LÉGARÉ.

TH 069   CHOQUETTE, Robert.

Élise Velder, téléthéâtre, original, série *Quatuor* (22 septembre 1955 – 16 octobre 1959). Hebdomadaire. 30 min. Station CBFT. Réalisation : Jean FAUCHER. 26 avril, 3, 10 et 17 mai 1957.

Distribution : Rolland D'AMOUR, Françoise FAUCHER, Robert GADOUAS, Michel NOËL, Gérard POIRIER, Jeanne QUINTAL, Lucie de VIENNE.

TH 070   CHOQUETTE, Robert.

Un homme à la fenêtre, téléthéâtre, original, série *Quatuor* (22 septembre 1955 – 16 octobre 1959). Hebdomadaire. 30 min. Station CBFT. Réalisation : Jean FAUCHER. 24 et 31 mai, 7 et 14 juin 1957.

Distribution : Jacques AUGER, Michelle DERNY, Colette DEVLIN, Paul HÉBERT, Jean LAJEUNESSE, Janine SUTTO.

TH 071   CHOQUETTE, Robert.

Un roman-savon, téléthéâtre, original, série *Quatuor* (22 septembre 1955 – 16 octobre 1959). Hebdomadaire. 30 min. Station CBFT. Réalisation : Jean FAUCHER. 21 et 28 juin, 5 et 12 juillet 1957.

Distribution : Pierre BOUCHER, Paul GUÉVREMONT, Olivier GUIMOND, Gisèle SCHMIDT.

TH 072   CHOQUETTE, Robert.

Tu lis trop, Anatole, téléthéâtre, original, série *En première* (7 septembre 1958 – 7 juin 1959). Hebdomadaire. 60 min. Station CBFT. Réalisation : Maurice LEROUX. 7 septembre 1958.

Distribution : Pierre DUFRESNE, Maurice GAUVIN, Paul HÉBERT, Roger LEBEL, Guy L'ÉCUYER, Yvon LEROUX, Jani PASCAL, Denise PROULX, Gisèle SCHMIDT.

TH 073   CHOQUETTE, Robert.

Le Démon de midi et demi, téléthéâtre, original, série *Première* (5 juillet 1959 – 19 juin 1960). Hebdomadaire. 60 min. Station CBFT. Réalisation : Denys GAGNON. 16 août 1959.

Distribution : Georges ALEXANDER, Pierre BOUCHER, Margot CAMPBELL, Blanche GAUTHIER, Georges GROULX, Jean LAJEUNESSE, Louise MARLEAU, Christiane RANGER, Guy SANCHE, Gisèle SCHMIDT, Olivette THIBAULT.

TH 074 CHOQUETTE, Robert.

Un cas de paresthénie, téléthéâtre, original, série *Première* (5 juillet 1959 – 19 juin 1960). Hebdomadaire. 60 min. Station CBFT. Réalisation : Paul BLOUIN. 3 janvier 1960.

Distribution : Paule BAYARD, Rolland BÉDARD, Yvan BERT, Pierre BOUCHER, Georges BOUVIER, Colette DEVLIN, Pierre DUFRESNE, Ernest GUIMOND, André LECLERC, Guy L'ÉCUYER, Albert MILLAIRE, Denise PROULX.

TH 075 CHOQUETTE, Robert.

Sous le règne d'Augusta, téléthéâtre, original, série *Jeudi-théâtre* (1er novembre 1962 – 14 mars 1963). Hebdomadaire. 60 min. Station CBFT. Réalisation : Jean DUMAS. 7 février 1963.
Reprise : série *En reprise* (14 juin 1964 – 4 octobre 1964). Hebdomadaire. 60 min. Réalisation : Jean DUMAS. 4 octobre 1964.

Distribution : Monique AUBRY, Yvan CANUEL, Roland CHENAIL, Lucille COUSINEAU, Rolland D'AMOUR, Yvon DUFOUR, Paul GUÉVREMONT, Ovila LÉGARÉ, Yves LÉTOURNEAU, Jean-Louis PARIS, Huguette PROULX.

TH 076 CHOQUETTE, Robert.

Ta nuit est ma lumière, téléthéâtre, original. 90 min. Station CBFT. Réalisation : Florent FORGET. 6 septembre 1970.
Reprise : 25 avril 1971.

Distribution : Jacques BILODEAU, Pierre BOUCHER, Dominique BRIAND, Pierre DUFRESNE, Dyne MOUSSO, Huguette OLIGNY.

TH 077 CHOQUETTE, Robert.

Drôle de couple ou *Du tac au tac*, téléthéâtre, original, série *Témoignages* (3 octobre 1972 – 29 mai 1973). Hebdomadaire. 30 min. Station CBFT. Réalisation : Édouard LUNZ. 13 mars 1973.
Reprise : 30 juillet 1975.

Distribution : Benoît GIRARD, Monique JOLY.

TH 078   CHOQUETTE, Robert.

À chacun sa leçon, téléthéâtre, original, série *Témoignages* (3 octobre 1972 – 29 mai 1973). Hebdomadaire. 30 min. Station CBFT. Réalisation : René BERTRAND. 5 mai 1973. Reprise : 26 août 1975.

Distribution : Ronald FRANCE, Jacques GODIN, Élizabeth LE SIEUR.

TH 079   CITERNE, Roger.

Coup d'État, téléthéâtre, original, série *Été 55* (8 juin 1955 – 5 octobre 1955). Hebdomadaire. 30 min. Station CBFT. Réalisation : Florent FORGET. 21 septembre 1955.

Distribution : Paul DUPUIS, Lise L'HEUREUX, Jean-Louis PARIS, Yolande ROY, François ROZET, Sacha TARRIDE, Lionel VILLENEUVE.

TH 080   CLOUTIER, Eugène.

Gros plan, (série de cinq dramatiques expérimentales : *Le Réalisateur, La Vedette, Le Printemps,* [*Gros Plan*], *Public, cher public*), original. 30 min. Station CBFT. Réalisation : Robert SARRAZIN, Claude DÉSORCY. 5 et 26 mars, 9 avril, 7 et 28 mai 1954.

Distribution : Roland CHENAIL, Jean DALMAIN, Denis DROUIN, Robert GADOUAS, J.-Léo GAGNON, Micheline GÉRIN, Guy HOFFMANN, Pierre LALONDE, Ginette LETONDAL, Huguette OLIGNY.

TH 081   CLOUTIER, Eugène.

Folie, douce folie, téléthéâtre, original, série *Théâtre d'été* (2 juin 1954 – 13 octobre 1954). Hebdomadaire. 30 min. Station CBFT. Réalisation : Jean BOISVERT. 8 septembre 1954.

Distribution : Jean DALMAIN, Robert GADOUAS, Denyse SAINT-PIERRE.

TH 082   CLOUTIER, Eugène.

Studio 43, téléthéâtre, original, série *Quatuor* (22 septembre 1955 – 16 octobre 1959). Hebdomadaire. 30 min. Station CBFT. Réalisation : Jean FAUCHER. 21 et 28 janvier, 4 et 11 février 1958.

Distribution : Jean DAIGLE, Jean-Claude DERET, Diane GIGUÈRE, Roger LEBEL, Jacques LÉTOURNEAU, Albert MILLAIRE, Henri NORBERT, Gérard POIRIER, Bernard SICOTTE, Madeleine TOUCHETTE.

TH 083   CLOUTIER, Eugène.

Quand les chefs s'amusent, téléthéâtre, original, série *Théâtre populaire* (8 juillet 1956 – 13 juillet 1958). Hebdomadaire. 60 min. Station CBFT. Réalisation : Claude DÉSORCY. 9 février 1958.

Distribution : Guy FERRON, Georges GROULX, Dyne MOUSSO, Henri NORBERT, Guy PROVOST, Jean SCHELER.

TH 084   CLOUTIER, Eugène.

Le Bal des dieux, téléthéâtre, original, série *Théâtre populaire* (8 juillet 1956 – 13 juillet 1958). Hebdomadaire. 60 min. Station CBFT. Réalisation : Claude DÉSORCY. 8 juin 1958.

Distribution : Thérèse CADORETTE, Micheline GÉRIN, Guy GODIN, François GUILLIER, Lise LASALLE, José RODRIGUEZ, François TASSÉ, Lionel VILLENEUVE.

TH 085   CLOUTIER, Eugène.

La Vie de Chopin, téléthéâtre, original. 90 min. Station CBFT. Réalisation : Florent FORGET. 7 décembre 1958.

Distribution : Paul ALAIN, Yvette BRIND'AMOUR, Lucille COUSINEAU, Jean DALMAIN, Maude D'ARCY, Jean-Claude DERET, Denise DUBREUIL, Camille DUCHARME, Jacques GALIPEAU, Georges GROULX, Paul GURY, Guy HOFFMANN, Jacques KATAROWSKI, Marcelle LEFORT, Monique LEPAGE, Ginette LETONDAL, Yves LÉTOURNEAU, Gisèle MAURICET, Monique MERCURE, Nathalie NAUBERT, Henri NORBERT, Gérard POIRIER, Denise PROVOST, Rose REY DUZIL, Sacha TARRIDE, François TASSÉ, Claudine THIBAUDEAU, Marthe THIÉRY.

TH 086   CLOUTIER, Eugène.

Procès pour meurtre, téléthéâtre, original, série *Quatuor* (22 septembre 1955 – 16 octobre 1959). Hebdomadaire. 30 min. Station CBFT. Réalisation : Jean FAUCHER. 1er, 8, 15 et 22 juillet 1959.
Seconde version : 90 min. 12 octobre 1969.

Distribution : Andrée BOUCHER, Roger FLORENT, André FOUCHÉ, Georges GROULX, Michelle JU-

NEAU, Gaétan LABRÈCHE, Jean LAJEUNESSE, François LAVIGNE, Doris LUSSIER, Jacques PERRIN, Guy PROVOST, Claude RÉGENT, Jean-Louis ROUX.

1969 :

Sophie CLÉMENT, Léo ILIAL, Ian IRELAND, Isabelle JEAN, Jean LAJEUNESSE, Roger LEBEL, Ovila LÉGARÉ, Jean-Marie LEMIEUX, Doris LUSSIER, Jean-Louis PARIS, Jean PERRAUD, Guy PROVOST, Édouard WOOLEY.

TH 087   CLOUTIER, Eugène.

Préméditation, téléthéâtre, original, série *Trio* (5 juillet 1960 – 27 septembre 1960). Hebdomadaire. 30 min. Station CBFT. Réalisation : Paul BLOUIN. 6, 13 et 20 septembre 1960.

Distribution : Monique AUBRY, Jean DUCEPPE, Paul HÉBERT, Monique LEYRAC, Gilles PELLETIER, Jacques ZOUVI.

TH 088   CLOUTIER, Eugène.

D'abord l'amour, comédie musicale, original. 120 min. Station CBFT. Musique : André GAGNON. Réalisation : Jean FAUCHER. 29 décembre 1974.

Distribution : Diane ARCAND, Jean BESRÉ, Marie-Louise DION, Micheline GIARD, Georges GROULX, Andrée LACHAPELLE, Yvonne MOISAN, Louise RINFRET, François TASSÉ.

TH 089   COMTOIS, Gilbert.

Le Temps qu'il fait, téléthéâtre, original, série *Théâtre du dimanche* (20 novembre 1960 – 29 avril 1962). Aux 2 semaines. 60 min. Station CBFT. Réalisation : Louis BÉDARD, 11 mars 1962.

Distribution : Maurice BEAUPRÉ, Rolland BÉDARD, André BERTRAND, Jacques BILODEAU, Georges BOUVIER, Yvan CANUEL, Gilbert COMTOIS, Michel DESAUTELS, Pat GAGNON, Germaine GIROUX, Roger GUERTIN, Paul GUÉVREMONT, Guy L'ÉCUYER, Yvon LEROUX, Hélène LOISELLE, Sophie SÉNÉCAL.

TH 090 COUPAL, Odette.

 L'Île-aux-goélands, téléthéâtre, original, série *Corridor sans issue* (19 septembre 1953 – 21 novembre 1953). Hebdomadaire. 30 min. Station CBFT. Réalisation : Jean BOISVERT. 3 octobre 1953.

 Distribution : inconnue.

TH 091 DAGENAIS, Pierre.

 Lie de vin. téléthéâtre, original. 90 min. Station CBFT. Réalisation : Pierre DAGENAIS. 9 janvier 1955.

 Distribution : Jacques AUGER, Rolland D'AMOUR, Henry DEYGLUN, Serge DEYGLUN, Jean DUCEPPE, Ernest GUIMOND, Jean-Paul KINGSLEY, François LAVIGNE, Guy MAUFFETTE, Robert RIVARD.

TH 092 DAGENAIS, Pierre.

 Un brave homme, téléthéâtre, original, série *Théâtre d'été* (20 juillet 1958 – 31 août 1958). Hebdomadaire. 30 min. Station CBFT. Réalisation : Jean-Pierre SÉNÉCAL. 3 août 1958.

 Distribution : André CAILLOUX, Louise CARON, Louis CUSSON, Jean FAUBERT, Vallon LEGENDRE, Louise RÉMY.

TH 093 DAGENAIS, Pierre.

 Noël d'hier, téléthéâtre, original. 30 min. Station CBFT. Réalisation : Gérard ROBERT. 25 décembre 1958.

 Distribution : Juliette BÉLIVEAU, Paul BERVAL, Andrée LACHAPELLE, Clément LATOUR, Yves LÉTOURNEAU, Georges TOUPIN.

TH 094 DAGENAIS, Pierre.

 La Piastre, téléthéâtre, original, série *Théâtre du dimanche* (20 novembre 1960 – 29 avril 1962). Aux 2 semaines. 90 min. Station CBFT. Réalisation : Fernand QUIRION. 26 février 1961.
 Reprise : 28 janvier 1962.

 Distribution : Hélène BAILLARGEON, Georges BOUVIER, René CARON, Jean DUCEPPE, Denise FILIATRAULT, Janine FLUET, Marie FRESNIÈRE, Bertrand GAGNON, Paul GUÉVREMONT, Jacques LORAIN, Louise RÉMY, Yolande ROY.

TH 095   DAGENAIS, Pierre.

    Le Témoin, téléthéâtre, original, série *Scénario* (2 juillet 1960 – 22 octobre 1961). Aux 2 semaines. 30 min. Stations CBOFT, CBFT. Réalisation : Aurèle LACOSTE. 1er octobre 1961.

    Distribution : Colette DEVLIN, Gérard GRAVELLE, Claude MERCIER, Pierre OLIVIER, André PIERRE.

TH 096   DAGENAIS, Pierre.

    Isabelle, téléthéâtre, original, série *Théâtre du dimanche* (20 novembre 1960 – 29 avril 1962). Aux 2 semaines. 75 min. Station CBFT. Réalisation : Jean DUMAS. 12 novembre 1961.

    Distribution : Paul BERVAL, Yves LÉTOURNEAU, Gilles PELLETIER.

TH 097   DAGENAIS, Pierre.

    Atout... meurtre, téléthéâtre, original, série *Jeudi-théâtre* (1er novembre 1962 – 14 mars 1963). Hebdomadaire. 60 min. Station CBFT. Réalisation : Jean FAUCHER. 3 et 10 janvier 1963.
Reprise : 12 et 19 juillet 1964.

    Distribution : Don ARRÈS, Geneviève BUJOLD, André CAILLOUX, Pierre DAGENAIS, Nini DURAND, Roger GARCEAU, Monique JOLY, Jean LAJEUNESSE, Françoise LEMIEUX, Patricia NOLIN, Jean-Pierre MASSON, Henri POITRAS, José RODRIGUEZ, André VALMY.

TH 098   DAGENAIS, Pierre.

    Le Saut périlleux, téléthéâtre, original, série *Jeudi-théâtre* (1er novembre 1962 – 14 mars 1963). Hebdomadaire. 90 min. Station CBFT. Réalisation : Aimé FORGET. 7 mars 1963.

    Distribution : Paul ALAIN, Michèle BISAILLON, Aline CARON, Roland CHENAIL, Mimi D'ESTÉE, Nini DURAND, Jacques GODIN, Jean LAJEUNESSE, Réjean LEFRANÇOIS, Lise LESCAUT, Hélène LOISELLE, Yves MASSICOTTE, Denise MORELLE, Gilles PELLETIER, Pascale PERRAULT, Percy RODRIGUEZ.

TH 099   DAGENAIS, Pierre.

Cas de conscience, téléthéâtre, original, série *Théâtre d'une heure* (29 septembre 1963 – 3 avril 1966). 60 min. Station CBFT. Réalisation : Fernand QUIRION. 5 janvier 1964. Reprise : 6 septembre 1964.

Distribution : Margot CAMPBELL, Jean DUCEPPE, Nini DURAND, Yves LÉTOURNEAU, Hubert LOISELLE, Nathalie NAUBERT, Guy PROVOST.

TH 100   DAGENAIS, Pierre.

Drôle de meurtre, téléthéâtre, original, série *Suivez cet homme* (** décembre 1966 – 13 mai 1967). Hebdomadaire. 30 min. Station CBFT. Réalisation : Pierre CASTONGUAY, Maurice FALARDEAU. ** janvier 1967.

Distribution : Pierre BOUCHER, Paul DUPUIS, Robert GADOUAS.

TH 101   DAGENAIS, Pierre.

Voyage de noces, téléthéâtre, original. 90 min. Station CBFT. Réalisation : Jean FAUCHER. 3 janvier 1971. Reprise : 25 juillet 1971.

Distribution : Catherine BÉGIN, Pierre DAGENAIS, Roger GARCEAU, Léo ILIAL, France LAVERDIÈRE, Michèle MAGNY, Diane PILON, Gérard POIRIER.

TH 102   DAGENAIS, Pierre.

Au prochain crime... j'espère, téléthéâtre, original. 90 min. Station CBFT. Réalisation : Jean FAUCHER. 2 janvier 1972.

Distribution : Suzanne AREL, Marie-France BEAULIEU, Catherine BÉGIN, Élizabeth BRIAND, Marie-France FAY, Roger GARCEAU, Michel GEORGES, Yvon LEBLANC, Julien LIPPÉ, Suzanne MARIER, Frédérique MICHEL, Jean-Louis MILLETTE, Lucie MITCHELL, Patricia NOLIN, Huguette OLIGNY, Gilbert RICHARDS, Suzanne VERTEY.

TH 103   DAGENAIS, Pierre.

Papa, téléthéâtre, original. 150 min. Station CBFT. Réalisation : Bruno PARADIS. 15 avril 1973.

Distribution : Marie-France BEAULIEU, Paul BERVAL, Michèle BISAILLON, Monique CHABOT, Gisèle DUFOUR, Nini DURAND, Roger GARCEAU, Huguette OLIGNY, Pierre THÉRIAULT, Suzanne VERTEY.

TH 104   DAIGLE, Jean.

> *La Grand'demande,* téléthéâtre, original, série *Festival du théâtre d'amateurs* (12 juin 1966 – 11 septembre 1966). Hebdomadaire. 30 min. Station CBFT. Réalisation : Jean VALADE. 26 juin 1966.
>
> Distribution : TROUPE DU THÉÂTRE DE L'AIREL d'Alma.

TH 105   D'ALLEMAGNE, André.

> *Poissons rouges et timbres-poste,* téléthéâtre, original, série *Théâtre d'été* (20 juillet 1958 – 31 août 1958). Hebdomadaire. 30 min. Station CBFT. Collaboration : Jacques GODBOUT. Réalisation : Jacques GAUTHIER. 17 août 1958.
>
> Distribution : André CAILLOUX, Marc FAVREAU, Tania FÉDOR, Hubert LOISELLE, Monic NORMANDIN.

TH 106   DEROME, Gilles.

> *La lune était au rendez-vous,* téléthéâtre, original, série *Première* (5 juillet 1959 – 19 juin 1960). Hebdomadaire. 60 min. Station CBFT. Réalisation : Charles DUMAS. 6 mars 1960.
>
> Distribution : Victor DÉSY, J.-Léo GAGNON, Jacques GALIPEAU, Roger GARCEAU, Micheline GÉRIN, Benoît GIRARD, Paul HÉBERT, Henri NORBERT, Jean-Louis PARIS.

***   DESPREZ, Jean.

> *Le Pont de Montreuil.*
>
> *Voir* SCHULL, Joseph. TH 298.

TH 107   DESRAMEAUX, Réjane.

> *Le Mystère des deux Joseph,* téléthéâtre, original, série *Théâtre d'été* (5 juillet 1961 – 4 octobre 1961). Hebdomadaire. 30 min. Station CBFT. Réalisation : Jean DUMAS. 30 août 1961.
>
> Distribution : Gilbert COMTOIS, Liliane COUTON, Mimi D'ESTÉE, Camille DUCHARME, Edgar FRUITIER, Paul HÉBERT, Jean LAJEUNESSE, Janine MIGNOLET, Marthe NADEAU, Henri NORBERT, Madeleine SICOTTE, Norman TAVISS.

TH 108 DEYGLUN, Henry.

La Belle du Nord, comédie musicale, original. 60 min. Station CBFT. Musique J. Art MORROW. Réalisation : Noël GAUVIN. 8 janvier 1956.

Distribution : Rolland D'AMOUR, Pierre DUFRESNE, Denise FILIATRAULT, Émile GENEST, Ovila LÉGARÉ, Ginette LETONDAL, Jacques LORAIN, Gilles PELLERIN, Gilles PELLETIER, Janine SUTTO, Claudine THIBAUDEAU.

*** DOR, Georges.

Ô voyageurs.

Voir DUBÉ, Marcel. TH 131.

TH 109 DORÉ, Fernand.

Rue de la Friponne, téléthéâtre, original. 90 min. Station CBFT. Réalisation : Jean-Paul LADOUCEUR. 25 septembre 1953.

Distribution : Jacques AUGER, Jean DUCEPPE, Nini DURAND, Marc FAVREAU, Armand LEGUET, Gilles PELLETIER.

TH 110 DORÉ, Fernand.

L'Enfant dormira bientôt ou *La Noël des grands-parents,* téléthéâtre, original. 30 min. Station CBFT. Réalisation : Fernand DORÉ. 25 décembre 1953.

Distribution : André CAILLOUX, Blanche GAUTHIER, Fernande LARIVIÈRE.

TH 111 DUBÉ, Marcel.

La Lettre, téléthéâtre, original. 30 min. Station CBFT. Réalisation : Roger RACINE. 14 septembre 1952. Reprise : 17 septembre 1952.

Distribution : Jean DUCEPPE, Robert GADOUAS, Béatrice PICARD, Robert RIVARD, Suzanne RIVARD.

TH 112 DUBÉ, Marcel.

Le Printemps par la fenêtre, téléthéâtre, original. 30 min. Station CBFT. Réalisation : Roger RACINE. 12 octobre 1952.

Distribution : inconnue.

TH 113 DUBÉ, Marcel.

Zone, téléthéâtre, original. 90 min. Station CBFT. Réalisation : Jean BOISVERT. 16 mai 1953.

Distribution : Marcel DUBÉ, Jean DUCEPPE, Guy GODIN, Yves LÉTOURNEAU, Raymond LÉVESQUE, Hubert LOISELLE, Monique MILLER, Jean-Louis PARIS, Robert RIVARD.

TH 114 DUBÉ, Marcel.

Retour, téléthéâtre, original, série *Théâtre d'été* (2 juin 1954 – 13 octobre 1954). Hebdomadaire. 30 min. Station CBFT. Réalisation : Jean LÉONARD. 30 juin 1954.

Distribution : inconnue.

TH 115 DUBÉ, Marcel.

La Bicyclette, téléthéâtre, original, série *Théâtre d'été* (2 juin 1954 – 13 octobre 1954). Hebdomadaire. 30 min. Station CBFT. Réalisation : Jean LÉONARD. 11 août 1954.

Distribution : Blanche GAUTHIER, Guy GODIN, Paul GUÉVREMONT, Yolande ROY.

TH 116 DUBÉ, Marcel.

Chambre à louer, téléthéâtre, original. 90 min. Station CBFT. Réalisation : Louis-Georges CARRIER. 21 novembre 1954.

Distribution : Jean DUCEPPE, Edgar FRUITIER, Blanche GAUTHIER, Guy GODIN, Jean LAJEUNESSE, Yves LÉTOURNEAU, Hubert LOISELLE, Monique MILLER, Jean-Louis PARIS, Jean SAINT-DENIS, Janine SUTTO.

TH 117 DUBÉ, Marcel.

La nuit se lève, téléthéâtre, original. 90 min. Station CBFT. Réalisation : Louis-Georges CARRIER. 29 janvier 1956.

Distribution : Paul BERVAL, Jean BROUSSEAU, Pierre DAGENAIS, Jean DUCEPPE, Mariette DUVAL, Paul HÉBERT, Guy HOFFMANN, Andrée LACHAPELLE, Denise PROVOST, Guy PROVOST, Jean SAINT-DENIS.

TH 118   DUBÉ, Marcel.

> *Pour cinq sous d'amour,* téléthéâtre, original. 45 min. Station CBFT. Collaboration : Louis-Georges CARRIER. Réalisation : Louis-Georges CARRIER. 11 octobre 1956.
>
> Distribution : Colette COURTOIS, Rolland D'AMOUR, Mariette DUVAL, Guy FERRON, Marjolaine HÉBERT, Yvon LEROUX, Yves LÉTOURNEAU, Hubert LOISELLE, Guy PROVOST, Robert RIVARD.

TH 119   DUBÉ, Marcel.

> *Florence,* téléthéâtre, original. 60 min. Station CBFT. Réalisation : Jean-Paul FUGÈRE. 14 mars 1957.
> Seconde version : série *Le Monde de Marcel Dubé* (4 juin 1968 – 1er septembre 1969). Hebdomadaire. 30 min. Station CBFT. Réalisation : Jean FAUCHER. 7, 14, 21 et 28 juillet 1969.
> Reprise : série *Le Monde de Marcel Dubé*. 11, 18 et 25 juillet, 1er août 1972.
>
> Distribution : Élaine BÉDARD, Hervé BROUSSEAU, Paul DUPUIS, Mariette DUVAL, Jean FONTAINE, Guy GODIN, Paul GUÉVREMONT, Fernande LARIVIÈRE, Hubert LOISELLE, Monique MILLER.
> Seconde version :
> Jean DUCEPPE, Hubert LOISELLE, Yolande MICHOT, Danielle OUIMET, Ghislaine PARADIS, Denise PELLETIER, Guy PROVOST, Robert TOUPIN.

TH 120   DUBÉ, Marcel.

> *La Fin du rêve,* téléthéâtre, original, série *Théâtre populaire* (8 juillet 1956 – 13 juillet 1958). Hebdomadaire. 60 min. Station CBFT. Réalisation : Claude DÉSORCY. 16 juin 1957.
>
> Distribution : Jean DUCEPPE, Guy GODIN, Ernest GUIMOND, Yvon LEROUX, Hubert LOISELLE, Jean-Pierre MASSON, Monique MILLER, Robert RIVARD, Lionel VILLENEUVE.

TH 121   DUBÉ, Marcel.

> *Un simple soldat,* téléthéâtre, original. 105 min. Station CBFT. Réalisation : Jean-Paul FUGÈRE. 10 décembre 1957.
> Seconde version : 165 min. Station CBFT. Réalisation : Florent FORGET. 4 novembre 1973.
> Reprise : 14 juillet 1974.

Distribution : Gilbert COMTOIS, Denis DROUIN, Roger GARCEAU, Juliette HUOT, Ovila LÉGARÉ, Gilles PELLETIER, Béatrice PICARD, Robert RIVARD, Michelle ROSSIGNOL.
Seconde version :
Lina CHÉNIER, Louise CUERRIER, Mario DESMARAIS, Anne-Marie DUCHARME, Louise GAMACHE, Paul GAUTHIER, Suzanne LANGLOIS, Yves LÉTOURNEAU, Jean-Louis MILLETTE, Éric PAUL-HUS, Jean PERRAUD, Robert RIVARD.

TH 122   DUBÉ, Marcel.

Médée, téléthéâtre, original. 90 min. Station CBFT. Réalisation : Louis-Georges CARRIER. 18 février 1958.
Seconde version : série *Le Monde de Marcel Dubé* (4 juin 1968 – 1er septembre 1969). Hebdomadaire. 30 min. Station CBFT. Réalisation : André BOUSQUET. 9, 16, 23 et 30 juillet 1968.
Reprise : 24 et 31 décembre 1970, 7 et 14 janvier 1971.

Distribution : Paul BERVAL, Margot CAMPBELL, Jean DUCEPPE, Yvon DUFOUR, Mariette DUVAL, Guy GODIN, Juliette HUOT, Fernande LARIVIÈRE, Yves LÉTOURNEAU, Raymond LÉVESQUE, Julien LIPPÉ, Hubert LOISELLE, Béatrice PICARD, Janine SUTTO, Georges TOUPIN.
Seconde version :
Jacques BILODEAU, Michèle BISAILLON, Pierre BOUCHER, Georges BOUVIER, Alain GÉLINAS, Raymond LÉVESQUE, Hubert LOISELLE, Michèle MAGNY, Béatrice PICARD, Robert RIVARD, Janine SUTTO.

TH 123   DUBÉ, Marcel.

Paradis perdu, téléthéâtre, original, (partie d'une trilogie intitulée « Une maison dans la ville »). 30 min. Station CBFT. Réalisation : Louis-Georges CARRIER. 18 mars 1958.
Seconde version : 90 min. Station CBFT. Réalisation : Jean-Paul FUGÈRE. 19 décembre 1971.

Distribution : Charlotte BOISJOLI, Jean COUTU, Yvon DUFOUR, Marc GÉLINAS, Nathalie NAUBERT.
Seconde version :
Louis AUBERT, André BERNIER, André BERTRAND, Jean-Pierre CHARTRAND, Denis DROUIN, Micheline GÉRIN, Pierre LÉTOURNEAU, Monique MERCURE, Louise PORTAL, Yvan SAINT-ONGE.

TH 124   DUBÉ, Marcel.

La Cellule, téléthéâtre, original, série *Quatuor* (22 septembre 1955 – 16 octobre 1959). Hebdomadaire. 30 min. Station CBFT. Réalisation : Paul BLOUIN. 29 juillet, 5, 12 et 19 août 1959.
Seconde version : série *Le Monde de Marcel Dubé* (4 juin 1968 – 1er septembre 1969). Hebdomadaire. 30 min. Station CBFT. Réalisation : Louis-Georges CARRIER. 9, 16, 23 et 30 juin 1969.
Reprise : série *Le Monde de Marcel Dubé*, 13, 20 et 27 juin, 4 juillet 1972.

Distribution : Jean DUCEPPE, Benoît GIRARD, Antoinette GIROUX, Georges GROULX, Yves LÉTOURNEAU, Jean-Louis MILLETTE, Louise RÉMY, Mia RIDDEZ, Yolande ROY, François TASSÉ.
Seconde version :
André CARTIER, Jean DUCEPPE, Paul GUÉVREMONT, Juliette HUOT, Jean LAJEUNESSE, Monique MERCURE, Jean-Louis MILLETTE, Marie-Claire NOLIN, Denise PELLETIER, Réjean ROY.

TH 125   DUBÉ, Marcel.

Équation à deux inconnus, téléthéâtre, original, série *Première* (5 juillet 1959 – 19 juin 1960). Hebdomadaire. 60 min. Station CBFT. Réalisation : Charles DUMAS. 20 septembre 1959.

Distribution : Lucille GAUTHIER, Jacques GODIN.

TH 126   DUBÉ, Marcel.

L'Échéance du vendredi, téléthéâtre, original. 60 min. Station CBFT. Réalisation : Paul BLOUIN. 14 février 1960.
Seconde version : 90 min. 7 novembre 1971.
Reprise : 6 août 1972.

Distribution : Jacques BILODEAU, Monique CHABOT, Jean DUCEPPE, Marc FAVREAU, Denise FILIATRAULT, Roger GARAND, Benoît GIRARD, Nicole GOYETTE, Paul GUÉVREMONT, Suzanne LABERGE-DUFRESNE, Laurent LAROUCHE, Roger LEBEL, Guy L'ÉCUYER, Yves LÉTOURNEAU, Hubert LOISELLE, Gilles PELLETIER.
Seconde version :
René CARON, Jean DUCEPPE, Denise FILIATRAULT, Hubert GAGNON, Claude GAI, Ro-

ger GARAND, Lizette GERVAIS, Benoît GIRARD, Yvon LEROUX, Yves LÉTOURNEAU, Marie-Claire NOLIN, Gérard POIRIER, Louise RÉMY.

TH 127   DUBÉ, Marcel.

Les Frères ennemis, téléthéâtre, original, série *Première* (5 juillet 1959 – 19 juin 1960). Hebdomadaire. 60 min. Station CBFT. Réalisation : Charles DUMAS. 19 juin 1960.

Distribution : Camille DUCHARME, Rita IMBEAULT, Yves MASSICOTTE, Nathalie NAUBERT, Mia RIDDEZ, Robert RIVARD.

TH 128   DUBÉ, Marcel.

Fin d'été, téléthéâtre, original, série *Scénario* (2 juillet 1960 – 22 octobre 1961). Aux 2 semaines. 30 min. Stations CBOFT, CBFT. Réalisation : Aurèle LACOSTE. 30 juillet 1960.

Distribution : Diane BOUGIE, Lise CHENAUX, Gérard GRAVEL, Réal GUÉVREMONT, Anne JENSEN, Jean LEFEBVRE.

TH 129   DUBÉ, Marcel.

Bilan, téléthéâtre, original. 105 min. Station CBFT. Réalisation : Paul BLOUIN. 1er décembre 1960.
Seconde version : série *Le Monde de Marcel Dubé* (4 juin 1968 – 1er septembre 1969). Hebdomadaire. 30 min. Station CBFT. Réalisation Paul BLOUIN. 4, 11, 18 et 25 août 1969.
Reprise : série *Le Monde de Marcel Dubé.* 5, 12, 19 et 26 septembre 1972.

Distribution : Jean DUCEPPE, Pierre DUFRESNE, Benoît GIRARD, Paul GUÉVREMONT, Juliette HUOT, Andrée LACHAPELLE, Yves LÉTOURNEAU, Hubert LOISELLE, Monique MILLER, Jocelyne ROCH, Janine SUTTO, Jacques ZOUVI.
Seconde version :
Dominique BRIAND, Paul DESMARTEAUX, Jean DUCEPPE, Pierre DUFRESNE, Benoît GIRARD, Paul GUÉVREMONT, Juliette HUOT, Andrée LACHAPELLE, Yves LÉTOURNEAU, Hubert LOISELLE, Suzanne MARIER, Monique MILLER, Jean-Louis PARIS, Janine SUTTO.

TH 130   DUBÉ, Marcel.

Le Temps des lilas, téléthéâtre, original. 105 min. Station CBFT. Réalisation : Paul BLOUIN. 8 février 1962.
Seconde version : série *Le Monde de Marcel Dubé* (7 septembre 1971 – 21 décembre 1971). Hebdomadaire. 30 min. Station CBFT. Réalisation : Florent FORGET. 30 novembre, 7, 14 et 21 décembre 1971.
Reprise : série *Le Monde de Marcel Dubé*, 8, 15, 22 et 29 janvier 1973.

Distribution : Pierre BOUCHER, Jean DUCEPPE, Benoît GIRARD, Georges GROULX, Yves LÉTOURNEAU, Louise MARLEAU, Jean-Louis PARIS, Denise PELLETIER, Janine SUTTO.
Seconde version :
Charlotte BOISJOLI, Jacques GALIPEAU, Benoît GIRARD, Huguette OLIGNY, Christine OLIVIER, Serge L'ITALIEN, Jean-Pierre MASSON.

TH 131   DUBÉ, Marcel.

Ô Voyageurs, téléthéâtre, original, série *Jeudi-théâtre* (1er novembre 1962 – 14 mars 1963). Hebdomadaire. 60 min. Station : CBFT. Collaboration : Georges DOR. Réalisation : Jean-Paul FUGÈRE. 13 décembre 1962.

Distribution : Yvon DUFOUR, Pierre DUFRESNE, Bertrand GAGNON, Guy L'ÉCUYER, Jean-Pierre MASSON, Huguette OLIGNY, Gilles PELLETIER, Michelle ROSSIGNOL, François TASSÉ.

TH 132   DUBÉ, Marcel.

Virginie, téléthéâtre, original, série *Le Monde de Marcel Dubé* (4 juin 1968 – 1er septembre 1969). Hebdomadaire. 30 min. Station CBFT. Réalisation : Louis-Georges CARRIER. 4, 11 et 18 juin, 2 juillet 1968.
Reprise : série *Le Monde de Marcel Dubé*. 8, 15, 22 et 29 août 1972.

Distribution : Pierre BOUCHER, Jean DUCEPPE, Marjolaine HÉBERT, Denise PELLETIER, François ROZET.

TH 133   DUBÉ, Marcel.

Manuel, téléthéâtre, original, série *Le Monde de Marcel Dubé* (4 juin 1968 – 1er septembre 1969). Hebdomadaire. 30 min. Station CBFT. Réalisation Jean DUMAS. 6, 13, 20 et 27 août 1968.

Reprise : série *Le Monde de Marcel Dubé.* 16, 23 et 30 mai, 6 juin 1972.

Distribution : Jacques BILODEAU, Roland CHENAIL, Jean DUCEPPE, Benoît GIRARD, Monique JOLY, Nathalie NAUBERT, Denise PELLETIER, François TASSÉ.

TH 134 DUBÉ, Marcel.

Pauvre amour, téléthéâtre, original. 120 min. Station CBFT. Réalisation : Louis-Georges CARRIER. 14 septembre 1969.

Distribution : Jean DUCEPPE, Benoît GIRARD, Marjolaine HÉBERT, Louise MARLEAU, Guy SANCHE.

*** DUBÉ, Marcel.

Hold-up.

Voir CARRIER, Louis-Georges. TH 051.

TH 135 DUBÉ, Marcel.

Au retour des oies blanches, téléthéâtre, original. 120 min. Station CBFT. Réalisation : Louis-Georges CARRIER. 7 février 1971.
Reprise : 27 août 1972.

Distribution : Catherine BÉGIN, Guy BOUCHER, Georges GROULX, Marjolaine HÉBERT, Suzanne MARIER, Louise MARLEAU, Marthe THIÉRY, Serge TURGEON.

TH 136 DUBÉ, Marcel.

Le Naufragé, téléthéâtre, original, série *Le Monde de Marcel Dubé* (7 septembre 1971 – 21 décembre 1971). Hebdomadaire. 30 min. Station CBFT. Réalisation : Florent FORGET. 7, 14, 21 et 28 septembre 1971.
Reprise : série *Le Monde de Marcel Dubé.* 4, 11, 18 et 25 décembre 1972.

Distribution : Yvon LEROUX, Élizabeth LE SIEUR, Jean-Pierre MASSON, Jacques MORIN, Jean PERRAUD, Gilles RENAUD.

TH 137 DUBÉ, Marcel.

Entre midi et soir, téléthéâtre, original, série *Le Monde de Marcel Dubé* (7 septembre 1971 – 21 décembre 1971). Hebdomadaire. 30 min. Station CBFT. Réalisation : Florent

FORGET. 5, 12, 19 et 26 octobre, 2, 9, 16 et 23 novembre 1971.

Reprise : série *Le Monde de Marcel Dubé*. 2, 9, 16 et 23 octobre, 6, 13, 20 et 27 novembre 1972.

Distribution : Dominique BRIAND, Daniel GADOUAS, Georges GROULX, Andrée LACHAPELLE, Marie-Claire NOLIN, Guy PROVOST.

TH 138   DUBÉ, Marcel.

Le Père idéal, téléthéâtre, original, série *Témoignages* (3 octobre 1972 – 29 mai 1973). Hebdomadaire. 30 min. Station CBFT. Réalisation : Mireille DANSEREAU. 3 avril 1973.

Distribution : Dorothée BERRYMAN, Reynald BOUCHARD, Andrée LACHAPELLE, Huguette OLIGNY, Gilles PELLETIER, Marcel SABOURIN.

TH 139   DUBÉ, Marcel.

Il est une saison, comédie musicale, original. 120 min. Station CBFT. Collaboration : Louis-Georges CARRIER. Musique : Claude LÉVEILLÉE. Réalisation : Louis-Georges CARRIER. 29 septembre 1974.

Distribution : Dorothée BERRYMAN, Jean BESRÉ, Denyse CHARTIER, Gaétan LABRÈCHE, Andrée LACHAPELLE, Albert MILLAIRE, Jean-Louis MILLETTE, Denise PELLETIER.

TH 140   DUBÉ, Marcel.

C'était le fil de la vie, téléthéâtre, original. 60 min. Station CBFT. Réalisation : Paul BLOUIN. 30 novembre 1975.

Distribution : Benoît GIRARD, Louise MARLEAU, Gérard POIRIER.

TH 141   DUBÉ, Marcel.

Octobre, téléthéâtre, original. 60 min. Station CBFT. Réalisation : Paul BLOUIN. 8 février 1976.

Distribution : Denise DAUDELIN, Jean LECLERC, Monique MILLER, Andrée SAINT-LAURENT

TH 142   DUBUC, Carl.

Caïn a-t-il tué Abel ?, téléthéâtre, original, série *Témoignages* (3 octobre 1972 – 29 mai 1973). Hebdomadaire. 30 min. Station CBFT. Réalisation : Jacques GAGNÉ. 11 avril 1973.

Distribution : Jean-Pierre CHARTRAND, Roger GARAND, Marc LEGAULT, Michèle MAGNY, Denise PELLETIER.

TH 143   DUBUC, Carl.

La Reconstitution, téléthéâtre, original, série *Témoignages* (3 octobre 1972 – 29 mai 1973). Hebdomadaire. 30 min. Station CBFT. Réalisation : Yves HÉBERT. 25 avril 1973.

Distribution : Paul GAUTHIER, France LAVERDIÈRE, Guy L'ÉCUYER, Yvon LEROUX, Madeleine PAGEAU.

TH 144   DU COUDRAY, Anne. (pseud. de Nini Durand)

Le Palier, téléthéâtre, original, série *Théâtre d'été* (2 juin 1954 – 13 octobre 1954). Hebdomadaire. 30 min. Station CBFT. Réalisation : Pierre DAGENAIS. 29 septembre 1954.

Distribution : Boudha BRADON, Nini DURAND, Edgar FRUITIER, Ernest GUIMOND, Estelle MAUFFETTE, Jean-Louis PARIS, Gilles PELLETIER.

TH 145   DUFRESNE, Guy.

L'Île-aux-pommes ou *La Hongroise,* téléthéâtre, original. 45 min. Station CBFT. Réalisation : Georges GROULX. 26 octobre 1952.

Distribution : Boudha BRADON, Thérèse CADORETTE, Denise PELLETIER, Gilles PELLETIER.

TH 146   DUFRESNE, Guy.

Nicolas Dumets, téléthéâtre, original, série *Théâtre d'été* (2 juin 1954 – 13 octobre 1954). Hebdomadaire. 30 min. Station CBFT. Réalisation : Jean-Paul FUGÈRE. 1er septembre 1954.

Distribution : Paul ALAIN, Marc FAVREAU, Germaine GIROUX, Monique JOLY, Gilles PELLETIER.

TH 147   DUFRESNE, Guy.

La Veilleuse, téléthéâtre, original, série *Trente secondes* (19 novembre 1954 – 24 juin 1955). Hebdomadaire. 30 min. Station CBFT. Réalisation : Fernand DORÉ. 24 décembre 1954.

Distribution : Lucille COUSINEAU, Gabriel GASCON, Gisèle GASCON, Françoise GRATON, Claude JASMIN, Monique MILLER, Gilles PELLETIER, Lionel VILLENEUVE.

TH 148   DUFRESNE, Guy.

Marie Hurdouil s'est noyée, téléthéâtre, original, série *Été 55* (8 juin 1955 – 5 octobre 1955). Hebdomadaire. 30 min. Station CBFT. Réalisation : Jean-Paul FUGÈRE. 17 août 1955.

Distribution : Jean-Claude DERET, Germaine GIROUX, Marjolaine HÉBERT, Paul HÉBERT, Denise PELLETIER, Gilles PELLETIER.

TH 149   DUFRESNE, Guy.

Kébec, téléthéâtre, original. 90 min. Station CBFT. Réalisation : Jean-Paul FUGÈRE. 2 novembre 1958.

Distribution : Charlotte BOISJOLI, André CAILLOUX, Roland CHENAIL, Marc FAVREAU, Yves LÉTOURNEAU, Albert MILLAIRE, Monique MILLER, Henri NORBERT, Monic NORMANDIN, Lionel VILLENEUVE.

TH 150   DUFRESNE, Guy.

Mesure de guerre, téléthéâtre, original, série *Première* (5 juillet 1959 – 19 juin 1960). Hebdomadaire. 60 min. Station CBFT. Réalisation : Paul BLOUIN. 1er mai 1960.

Distribution : Jean GASCON, Yves LÉTOURNEAU, Hélène LOISELLE, Gilles PELLETIER, Janine SUTTO, Lionel VILLENEUVE.

TH 151   DUFRESNE, Guy.

Chemin privé, téléthéâtre, original. 105 min. Station CBFT. Réalisation : Jean-Paul FUGÈRE. 17 novembre 1960.

Distribution : Georges BOUVIER, Denis DROUIN, Pierre DUFRESNE, Jocelyne FRANCE, Nicole GOYETTE, Paul HÉBERT, Monique JOLY, Ovila LÉGARÉ, Hélène LOISELLE, Denise MORELLE, Gilles PELLETIER, Gisèle SCHMIDT.

TH 152   DUFRESNE, Guy.

Les Traitants, téléthéâtre, original, série *Théâtre du dimanche* (20 novembre 1960 – 29 avril 1962). Aux 2 semaines. 60 min. Station CBFT. Réalisation : Jean DUMAS. 15 janvier 1961.

Distribution : Paul BERVAL, Maurice DALLAIRE, Victor DÉSY, Marc FAVREAU, Nicole FILION, Paul GAUTHIER, Françoise GRATON, Georges

GROULX, Guy L'ÉCUYER, André MAJOR, Jean-Louis PARIS, Denise PELLETIER, Gilles PELLETIER, Claude PRÉFONTAINE, François ROZET, Lionel VILLENEUVE.

TH 153   DUFRESNE, Guy.

Johanne et ses vieux, téléthéâtre, original. 90 min. Station CBFT. Réalisation : Jean-Paul FUGÈRE. 24 octobre 1976.

Distribution : Paule BAILLARGEON, Marcel GIRARD, Marthe MERCURE, Claude MICHAUD, Robert RIVARD.

TH 154   DULIANI, Mario.

La Folle Nuit, téléthéâtre, original, série *Théâtre populaire* (8 juillet 1956 – 13 juillet 1958). Hebdomadaire. 60 min. Station CBFT. Réalisation : Georges DELANOË. 15 juillet 1956.

Distribution : Julien BESSETTE, Georges BOUVIER, Michèle DERNY, Robert DESROCHES, Pierre DUFRESNE, Clément LATOUR, Annette LECLERC, Jean-Pierre MASSON, Béatrice PICARD.

TH 155   ÉLIE, Robert.

L'Étrangère, téléthéâtre, original, série *Théâtre d'une heure* (29 septembre 1963 – 3 avril 1966). 60 min. Station CBFT. Réalisation : Jean-Paul FUGÈRE. 13 septembre 1964.

Distribution : Geneviève BUJOLD, Jacques GODIN, Gérard POIRIER, Kim YAROSHEVSKAYA.

TH 156   FAURE, Michel.

Le Bon Monde : n'écrivez jamais au facteur, suivi de *Le Diable en été,* téléthéâtre, original. 90 min. Station CBFT. Réalisation : Jean-Paul FUGÈRE. 21 janvier 1973.

Distribution : Yvon DUFOUR, Amulette GARNEAU, Yvon LEROUX.

TH 157   FAURE, Michel.

Millionnaire à froid, téléthéâtre, original, série *Prix Louis-Philippe Kammans* (3 mai 1974 – 24 mai 1974). Hebdomadaire. 120 min. Station CBFT. Réalisation : Louis-Georges CARRIER. 3 mai 1974.

Distribution : Catherine BÉGIN, Jean DUCEPPE, Ronald FRANCE, Benoît GIRARD, Benoît MARLEAU, Jean-Louis MILLETTE, Harvey MORGAN, Pascal ROLLIN, Serge TURGEON.

TH 158   FILIATRAULT, Jean.

    Le Roi David, téléthéâtre, original. 60 min. Station CBFT. Réalisation : Roger RACINE. 25 avril 1954.

    Distribution : Jean GAUMONT, Yves LÉTOURNEAU, Aimé MAJOR, Huguette OLIGNY, Jean-Louis PARIS, Gilles PELLETIER, Yolande ROY.

TH 159   FILIATRAULT, Jean.

    La Succession Dupont-Durant, téléthéâtre, original, série *Théâtre populaire* (8 juillet 1956 – 13 juillet 1958). Hebdomadaire. 60 min. Station CBFT. Réalisation : Guy BEAULNE. 2 mars 1958.

    Distribution : Georges CARRÈRE, René Salvator CATTA, Mariette DUVAL, J.-Léo GAGNON, Monique JOLY, Julien LIPPÉ.

TH 160   FILIATRAULT, Jean.

    Le Refuge impossible, téléthéâtre, original, d'après le roman du même auteur, série *Théâtre populaire* (8 juillet 1956 – 13 juillet 1958). Hebdomadaire. 60 min. Station CBFT. Réalisation : Florent FORGET. 18 mai 1958.

    Distribution : Monique CHABOT, Yvon DUFOUR, Nini DURAND, Paul HÉBERT, Gisèle SCHMIDT.

TH 161   FILION, Jean-Paul.

    La Grand-gigue, téléthéâtre, original, série *Théâtre du dimanche* (20 novembre 1960 – 29 avril 1962). Aux 2 semaines. 60 min. Station CBFT. Réalisation : Louis BÉDARD. 31 décembre 1961.

    Distribution : Catherine BÉGIN, Julien BESSETTE, Thérèse CADORETTE, Margot CAMPBELL, Christiane DELISLE, Michèle DERNY, Pierre DURAND, Bertrand GAGNON, Jacques GALIPEAU, Yves GÉLINAS, Yvon LEROUX, Jean-Pierre MASSON, Benoît MARLEAU, Madeleine SICOTTE, Louis TURENNE.

TH 162   FILION, Jean-Paul.

    Une marche au soleil, téléthéâtre, original, série *Théâtre d'une heure* (29 septembre 1963 – 3 avril 1966). 60 min. Station CBFT. Réalisation : Louis-Georges CARRIER. 2 février 1964.

    Distribution : Jean DUCEPPE, Benoît GIRARD, Monique MILLER.

TH 163   FOURNIER, Claude.

       Bonne nuit, mademoiselle Hélène, téléthéâtre, original, série *Première* (5 juillet 1959 – 19 juin 1960). Hebdomadaire. 60 min. Station CBFT. Réalisation : Paul BLOUIN. 4 octobre 1959.

       Distribution : Thérèse ARBIC, Madeleine DAVIS, Guy FERRON, Roger GARCEAU, Benoît GIRARD, Nicole GOYETTE, Michelle JUNEAU, Ovila LÉGARÉ, Lucie MITCHELL, Francine MONTPETIT, Henri NORBERT, Janine SUTTO, Marthe THIÉRY.

TH 164   FOURNIER, Claude.

       La Formule Couturier, téléthéâtre, original, série *Scénario* (2 juillet 1960 – 22 octobre 1961). Aux 2 semaines. 30 min. Stations CBOFT, CBFT. Réalisation : Aurèle LACOSTE. 10 septembre 1960.

       Distribution : Huguette BEAUCAIRE-WHITE, Jean BELLEAU, Gilbert CHÉNIER, Charles GRAVELLE, Jean HÉBERT, François MARTINEAU, Georges SOUTIF.

TH 165   FOURNIER, Guy.

       Cyborg, téléthéâtre, original, série *Théâtre d'une heure* (29 septembre 1963 – 3 avril 1966). 60 min. Station CBFT. Réalisation : Jean-Paul FUGÈRE. 8 mars 1964.
Reprise : série *En reprise* (14 juin 1964 – 4 octobre 1964). Hebdomadaire. 60 min. Réalisation : Jean-Paul FUGÈRE. 21 juin 1964.

       Distribution : Pierre BOUCHER, Ronald FRANCE, Paul GAUTHIER, Julien GENAY, Benoît GIRARD, Paul HÉBERT, Louise LATRAVERSE, Huguette OLIGNY, Percy RODRIGUEZ, Kim YAROSHEVSKAYA.

TH 166   FOURNIER, Guy.

       La Saignée, téléthéâtre, original. 75 min. Station CBFT. Réalisation : Jean-Paul FUGÈRE. 15 décembre 1968.

       Distribution : Nicole CARON, Lucille COUSINEAU, Gilles PELLETIER, François TASSÉ.

TH 167   FOURNIER, Roger.

Hangar 54, comédie musicale, original. 60 min. Station CBFT. Scénario: Dominique MICHEL, Jack KETCHUM. Musique: Paul de MARGERIE. Paroles: Stéphane VENNE. Réalisation: Roger FOURNIER. 29 octobre 1967.

Distribution: Pierre BOUCHER, Robert DEMONTIGNY, Denise MORELLE, Leila SAVIKOVIC.

TH 168   FREY, Jeanne.

M. David a disparu, téléthéâtre, original, d'après une nouvelle de William Irish, série *Théâtre populaire* (8 juillet 1956 – 13 juillet 1958). Hebdomadaire. 60 min. Station CBFT. Réalisation: Louis BÉDARD. 22 septembre 1957.

Distribution: Jacques BILODEAU, Adjutor BOURÉ, Raymond BOYER, Camille DUCHARME, Paul GAUTHIER, François LAVIGNE, Ovila LÉGARÉ, Yves LÉTOURNEAU, Jean-Claude ROBILLARD, Marthe THIÉRY.

TH 169   GAGNON-MAHONY, Madeleine.

Les Nuits d'arabesque, téléthéâtre, original. 30 min. Station CBFT. Réalisation: Jean-Paul FUGÈRE. 21 février 1971.

Distribution: Jean DUCEPPE, France LAVERDIÈRE, Hélène LOISELLE, Christine OLIVIER, Gilles RENAUD.

TH 170   GAGNON, Maurice.

Dernier combat, téléthéâtre, original, série *Quatuor* (22 septembre 1955 – 16 octobre 1959). Hebdomadaire. 30 min. Station CBFT. Réalisation: Jean FAUCHER. 22 et 29 octobre, 5 et 12 novembre 1957.

Distribution: François CARTIER, Louis CUSSON, Jacques GALIPEAU, Roger GARAND, Micheline GÉRIN, Benoît GIRARD, Paul HÉBERT, Monique LEPAGE, François ROZET.

TH 171   GAGNON, Maurice.

Profondeur 300, téléthéâtre, original, série *Théâtre populaire* (8 juillet 1956 – 13 juillet 1958). Hebdomadaire. 60 min. Station CBFT. Réalisation: René VERNE. 4 mai 1958.

Distribution: Aline CARON, Paul DUPUIS, Bertrand GAGNON, Roger GUERTIN, Jean LAJEUNESSE, François LAVIGNE, Yves LÉTOURNEAU, Guy PROVOST, Jean SCHELER, José RETTINO.

TH 172   GAGNON, Maurice.

Les Héritiers, téléthéâtre, original, série *Quatuor* (22 septembre 1955 – 16 octobre 1959). Hebdomadaire. 30 min. Station CBFT. Réalisation : Louis-Philippe BEAUDOIN. 13, 20 et 27 août, 3 septembre 1958.

Distribution : Jacques AUGER, Nini DURAND, François LAVIGNE, Guy PROVOST.

TH 173   GAGNON, Maurice.

Ombres sur le sable, téléthéâtre, original, série *En première* (7 septembre 1958 – 7 juin 1959). Hebdomadaire. 60 min. Station CBFT. Réalisation : René VERNE. 21 septembre 1958.

Distribution : René CARON, Jean LAJEUNESSE, Albert MILLAIRE, Monique MILLER.

TH 174   GAGNON, Maurice.

L'Enjeu, téléthéâtre, original, série *Première* (5 juillet 1959 – 19 juin 1960). Hebdomadaire. 60 min. Station CBFT. Réalisation : Louis-Philippe BEAUDOIN. 8 novembre 1959.

Distribution : Jacques AUGER, Yvette BRIND'AMOUR, Guy FERRON, Bertrand GAGNON, Jacques GODIN, Guy PROVOST, Jean-Louis ROUX.

TH 175   GAGNON, Maurice.

L'Escale, téléthéâtre, original, série *Trio* (5 juillet 1960 – 27 septembre 1960). Hebdomadaire. 30 min. Station CBFT. Réalisation : Louis-Philippe BEAUDOIN. 26 juillet, 2 et 9 août 1960.

Distribution : Janine FLUET, Bertrand GAGNON, Jacques GODIN, Paul HÉBERT, Guy HOFFMANN, André PAGÉ, Gérard POIRIER, Lionel VILLENEUVE.

TH 176   GAGNON, Maurice.

La Porte close, téléthéâtre, original, série *Théâtre du dimanche* (20 novembre 1960 – 29 avril 1962). Aux 2 semaines. 60 min. Station CBFT. Réalisation : Jean DUMAS. 9 avril 1961.

Distribution : Dyne MOUSSO, Jean-Louis ROUX.

TH 177 GAGNON, Maurice.

L'Embuscade, téléthéâtre, original, série *Scénario* (2 juillet 1960 – 22 octobre 1961). Aux 2 semaines. 30 min. Stations CBOFT, CBFT. Réalisation : Aurèle LACOSTE. 6 août 1961.

Distribution : Lise CHENAUX, Marcel COSSALS, Jean GHISTE, Eugène LAURIN, Jeanne SABOURIN, Claude THIVIERGE.

TH 178 GAGNON, Maurice.

Meurtre à l'étude, téléthéâtre, original, série *Théâtre d'une heure* (29 septembre 1963 – 3 avril 1966). 60 min. Station CBFT. Réalisation : Aimé FORGET. 25 octobre 1964.

Distribution : Jean BROUSSEAU, Michèle DERNY, Denise DUBREUIL, Jean LAJEUNESSE, Denise PELLETIER, Gilles PELLETIER, Béatrice PICARD.

TH 179 GAUVREAU, Pierre.

Vendredi, 16h45, téléthéâtre, original. 90 min. Station CBFT. Réalisation : Jean FAUCHER. 30 janvier 1977.

Distribution : Jean-Pierre BÉLANGER, Jacques BLANCHET, Andrée BOUCHER, Élizabeth BRIAND, Mireille DAOUST, Pierre GOBEIL, Louis LAROCQUE, France LAVERDIÈRE, Roger LEBEL, Normand LÉVESQUE, Alain MONTPETIT, Estelle PICARD, Jean RICARD, Pascal ROLLIN, Jacques THISDALE, Libbi VAN DRÜNEN, Marc WALKER.

TH 180 GÉLINAS, Gratien.

Bousille et les justes, téléthéâtre, original. 120 min. Station CBFT. Réalisation : Paul BLOUIN. 29 avril 1962.

Distribution : Thérèse ARBIC, Jean DUCEPPE, Gratien GÉLINAS, Yves GÉLINAS, Juliette HUOT, Jean LAJEUNESSE, Gilles LATULIPPE, Yves LÉTOURNEAU, Hélène LOISELLE, Béatrice PICARD.

TH 181 GÉLINAS, Marc F.

Margo, téléthéâtre, original. 30 min. Station CBFT. Réalisation : Jean-Paul FUGÈRE. 21 février 1971.

Distribution : Luce GUILBEAULT.

TH 182　　　GENEST, Bernard.

La Porte ouverte, téléthéâtre, original, série *Festival du théâtre d'amateurs* (12 juin 1966 – 11 septembre 1966). Hebdomadaire. 30 min. Station CBFT. Réalisation : Florent FORGET. 10 juillet 1966.

Distribution : TROUPE DES TREIZE de l'Université Laval, Québec.

TH 183　　　GÉRARD, Raymond. (pseud. de Raymond Tanghe)

Le Masque, téléthéâtre, original. 90 min. Stations CBFT, CBOFT. Réalisation : Fernand QUIRION. 21 février 1954.

Distribution : Suzanne AVON, Julien BESSETTE, Paul BLOUIN, Rolland D'AMOUR, Gaston DAURIAC, Robert DESROCHES, Jean DUCEPPE, Ginette LETONDAL, Yves LÉTOURNEAU, Robert RIVARD, René VERNE.

TH 184　　　GOBEIL, Jules.

Les Trois d'Orient, téléthéâtre, original, série *Théâtre populaire* (8 juillet 1956 – 13 juillet 1958). Hebdomadaire. 60 min. Station CBFT. Réalisation : René VERNE. 6 janvier 1957.

Distribution : Jacques AUGER, Andrée CHAMPAGNE, Jean-Paul DUGAS, Bertrand GAGNON, Benoît GIRARD, Solange HARBEAU, Paul HÉBERT, Bernard LAPLANTE, Michel MAILLOT, Jean-Louis PARIS, Denise PROVOST, Robert RIVARD, François ROZET.

TH 185　　　GOBEIL, Jules.

Échec au roi, téléthéâtre, original, série *Première* (5 juillet 1959 – 19 juin 1960). Hebdomadaire. 60 min. Station CBFT. Réalisation : Louis-Philippe BEAUDOIN. 7 février 1960.

Distribution : Benoît GIRARD, Paul HÉBERT, Nathalie NAUBERT, Guy PROVOST, Mia RIDDEZ.

***　　　GODBOUT, Jacques.

Poissons rouges et timbres-poste.

Voir D'ALLEMAGNE, André. TH 105.

TH 186   GODIN, Marcel.

Partie remise, téléthéâtre, original. 30 min. Station CBFT. Réalisation : Jean-Paul FUGÈRE. 3 novembre 1968.

Distribution : Catherine BÉGIN, Jean BESRÉ, Andrée COUSINEAU, Andrée LACHAPELLE, Lise LASALLE, Gérard POIRIER, Guy SANCHE.

TH 187   GOUIN, Lomer.

L'Imbécile, téléthéâtre, original, série *Festival du théâtre d'amateurs* (12 juin 1966 – 11 septembre 1966). Hebdomadaire. 30 min. Station CBFT. Réalisation : Florent FORGET. 19 juin 1966.

Distribution : TROUPE DU THÉÂTRE DU PONT NEUF d'Ottawa.

TH 188   GRANDMONT, Éloi de.

Je te tuerais, téléthéâtre, original, série *Théâtre d'été* (2 juin 1954 – 13 octobre 1954). Hebdomadaire. 30 min. Station CBFT. Réalisation : Louis BÉDARD. 22 septembre 1954.

Distribution : Jean DUCEPPE, Jean LAJEUNESSE, Ginette LETONDAL.

TH 189   GRANDMONT, Éloi de.

L'Anse pleureuse, téléthéâtre, original, série *Contes gaspésiens* (8 octobre 1954 – 22 octobre 1954). Hebdomadaire. 30 min. Station CBFT. Réalisation : Guy DUMAIS. 8 octobre 1954.

Distribution : inconnue.

TH 190   GRANDMONT, Éloi de.

Le Rocher de la belle, téléthéâtre, original, série *Contes gaspésiens* (8 octobre 1954 – 22 octobre 1954). Hebdomadaire. 30 min. Station CBFT. Réalisation : Guy DUMAIS. 15 octobre 1954.

Distribution : inconnue.

TH 191   GRANDMONT, Éloi de.

(Conte gaspésien), téléthéâtre, original, série *Contes gaspésiens* (8 octobre 1954 – 22 octobre 1954). Hebdomadaire. 30 min. Station CBFT. Réalisation : Guy DUMAIS. 22 octobre 1954.

Distribution : inconnue.

TH 192   GRANDMONT, Éloi de.

Mesure à cinq temps, téléthéâtre, original, série *Été 55* (8 juin 1955 – 19 octobre 1955). Hebdomadaire. 30 min. Station CBFT. Réalisation : inconnue. 14 septembre 1955.

Distribution : inconnue.

TH 193   GRANDMONT, Éloi de.

L'Enfant de Noël, téléthéâtre, original, série *Théâtre populaire* (8 juillet 1956 – 13 juillet 1958). Hebdomadaire. 60 min. Station CBFT. Réalisation : Bruno PARADIS. 23 décembre 1956.

Distribution : Rolland D'AMOUR, Paul GAUTHIER, Roland LAROCHE, Lucie MITCHELL, Béatrice PICARD, Yolande ROY.

TH 194   GRANDMONT, Éloi de.

Les Fiançailles, téléthéâtre, original. 60 min. Station CBFT. Réalisation : Gérard ROBERT. 24 décembre 1957.

Distribution : Pierre BOUCHER, Élizabeth BRIAND, Guy HOFFMANN, Mirielle LACHANCE, Ginette LETONDAL, Guy PROVOST, Janine SUTTO.

TH 195   GRANDMONT, Éloi de.

Comme je vous aimais, téléthéâtre, original, série *Théâtre d'été* (5 juillet 1961 – 4 octobre 1961). Hebdomadaire. 30 min. Station CBFT. Réalisation : Louis BÉDARD. 23 août 1961.

Distribution : Paul ALAIN, Claudette DELORIMIER, André FOUCHÉ, Louise MARLEAU, Gisèle SCHMIDT.

TH 196   GRÉCO, Michel.

Les Veuves, téléthéâtre, original. 90 min. Station CBFT. Réalisation : Georges GROULX. 20 novembre 1953.

Distribution : Jacques AUGER, Antoinette GIROUX, Françoise GRATON, François LAVIGNE, Michèle LEHARDY, Gilles PELLETIER, Janine SUTTO.

TH 197   GRÉCO, Michel.

La Clé de l'énigme, téléthéâtre, original. 90 min. Station CBFT. Réalisation : Fernand QUIRION. 27 février 1955.

Distribution : Andrée BASILIÈRES, Juliette BÉLIVEAU, Maurice DALLAIRE, Rolland D'AMOUR, Gaston DAURIAC, Camille DUCHARME, Roger GARCEAU, Michèle LEHARDY, Marie-Ève LIÉNARD, Marcel SABOURIN.

TH 198   GRIGNON, Claude-Henri.

L'Écrivain public, téléthéâtre, original, série *Théâtre d'été* (2 juin 1954 – 13 octobre 1954). Hebdomadaire. 30 min. Station CBFT. Réalisation : Jean LÉONARD. 16 juin 1954.

Distribution : Eugène DAIGNEAULT, Camille DUCHARME, Antoinette GIROUX, Gilles PELLETIER.

TH 199   GUÈVREMONT, Germaine.

Une grosse nouvelle, téléthéâtre, original, série *Théâtre d'été* (2 juin 1954 – 13 octobre 1954). Hebdomadaire. 30 min. Station CBFT. Réalisation : Jean LÉONARD. 23 juin 1954.

Distribution : Rolland BÉDARD, Jean DUCEPPE, Jean GASCON, Marjolaine HÉBERT, Denise PELLETIER.

TH 200   HÉBERT, Anne.

La Mercière assassinée, téléthéâtre, original, série *Quatuor* (22 septembre 1955 – 16 octobre 1959). Hebdomadaire. 30 min. Station CBFT. Réalisation : Jean FAUCHER. 16, 23 et 30 juillet, 6 août 1958.

Distribution : Pierre BOUCHER, Jean-Claude DERET, Colette DEVLIN, Benoît GIRARD, Gaétane LANIEL, Henri NORBERT, Lucie de VIENNE.

TH 201   HÉBERT, Louis-Philippe.

L'Héritière de Pierre Maurac, téléthéâtre, original, série *Première* (5 juillet 1959 – 19 juin 1960). Hebdomadaire. 60 min. Station CBFT. Réalisation : Fernand QUIRION. 22 novembre 1959.

Distribution : Bertrand GAGNON, Roger GARCEAU, Nathalie NAUBERT, Gérard POIRIER, Denise PROVOST.

TH 202   HERBIET, Hedwidge.

        Obsession, téléthéâtre, original, série *Scénario* (2 juillet 1960 – 22 octobre 1961). Aux 2 semaines. 30 min. Stations CBOFT, CBFT. Réalisation : Aurèle LACOSTE. 27 août 1960.

        Distribution : Diane BOUGIE, Victor DÉSY, Claude MERCIER, René PROVOST.

TH 203   HERBIET, Hedwidge.

        Crescendo, téléthéâtre, original, série *Scénario* (2 juillet 1960 – 22 octobre 1961). Aux 2 semaines. 30 min. Stations CBOFT, CBFT. Réalisation : Aurèle LACOSTE. 20 août 1961.

        Distribution : Simone BÉDARD, Diane BOUGIE, Gilbert CHÉNIER, Raymond GRENIER, Colette LAMOUREUX, Carole LAROCQUE, Thérèse MAY, Jacques PILOTTE, Paul ROBYN.

TH 204   JASMIN, Claude.

        La Rue de la liberté, téléthéâtre, original, série *Première* (5 juillet 1959 – 19 juin 1960). Hebdomadaire. 60 min. Station CBFT. Réalisation : René VERNE. 31 janvier 1960.

        Distribution : Georges CARRÈRE, Georges GROULX, François LAVIGNE, Monic NORMANDIN.

TH 205   JASMIN, Claude.

        La Mort dans l'âme, téléthéâtre, original, série *Jeudi-théâtre* (1er novembre 1962 – 14 mars 1963). Hebdomadaire. 60 min. Station CBFT. Réalisation : Jean-Paul FUGÈRE. 6 décembre 1962.
Reprise : série *En reprise* (14 juin 1964 – 4 octobre 1964). Hebdomadaire. 60 min. Station CBFT. Réalisation : Jean-Paul FUGÈRE. 14 juin 1964.

        Distribution : Catherine BÉGIN, Pierre BOUCHER, Bertrand GAGNON, Pierre GIBOYAU, Paul GUÉVREMONT, Paul HÉBERT, Gilles PELLETIER, Gérard POIRIER, François TASSÉ.

TH 206   JASMIN, Claude.

        Les Mains vides, téléthéâtre, original, série *Théâtre d'une heure* (29 septembre 1963 – 3 avril 1966). 60 min. Station CBFT. Réalisation : Jean DUMAS. 29 septembre 1963.

        Distribution : Georges ALEXANDER, Georges BOUVIER, Georges CARRÈRE, Bertrand GAGNON, Maurice GAUVIN, Alain GÉLINAS, Paul GUÉ-

VREMONT, Paul HÉBERT, Ovila LÉGARÉ, Hélène LOISELLE, Monique MILLER, Marthe NADEAU, Jean-Louis PARIS, Guy PROVOST, Percy RODRIGUEZ.

TH 207   JASMIN, Claude.

Blues pour un homme averti, téléthéâtre, original, série *Théâtre d'une heure* (29 septembre 1963 – 3 avril 1966). 60 min. Station CBFT. Réalisation : Paul BLOUIN. 12 janvier 1964.

Distribution : Pierre DUFRESNE, Roger GARCEAU, Jacques GODIN, Ernest GUIMOND, Paul HÉBERT, Juliette HUOT, Yves LÉTOURNEAU, Monique MERCURE, Jean-Louis PARIS, Claude MICHAUD, Diane PINARD.

TH 208   JASMIN, Claude.

Tuez le veau gras, téléthéâtre, original. 75 min. Station CBFT. Réalisation : Louis-Georges CARRIER. 17 janvier 1965.

Distribution : Jean BESRÉ, Jacques BILODEAU, Jean BROUSSEAU, Jean-Pierre COMPAIN, Nicole FILION, Benoît GIRARD, Jacques GODIN, Georges GROULX, Luce GUILBEAULT, Jean LAJEUNESSE, Yves LÉTOURNEAU, Claude LÉVEILLÉE, Denise PELLETIER, Diane PINARD, Guy PROVOST, Janine SUTTO.

TH 209   JASMIN, Claude.

La Cabane du skieur, téléthéâtre, original, d'après un argument de Louis-Georges CARRIER. 60 min. Station CBFT. Réalisation : Louis-Georges CARRIER. 16 avril 1972.

Distribution : Madeleine ARSENAULT, Marie BÉGIN, Gilbert CHÉNIER, Jean DUCEPPE, Lucienne GALLANT, Louise GODIN, André LAWRENCE, Roger LEBEL, Hélène LOISELLE, Bondfield MARCOUX, Jean-Louis MILLETTE, Denise MORELLE, Claude PRÉFONTAINE, Joseph SAINT-GELAIS, Serge TURGEON, Gérard VERMETTE.

TH 209.1 JASMIN, Claude.

Procès devant juge seul, téléthéâtre, original. 135 min. Station CBFT. Réalisation : Richard MARTIN. 13 mars 1977.

Distribution : Michel DUMONT, Pierre GOBEIL, Georges GROULX, Robert MALLETTE, Jean-Claude MEUNIER, Alain MONTPETIT.

TH 210 JUTRAS, Claude.

L'École de la peur, téléthéâtre, original 90 min. Station CBFT. Réalisation : Jean BOISVERT. 3 juillet 1953.

Distribution : Fernand DORÉ, Jean DUCEPPE, Roger GARCEAU, Claude JUTRAS, Armand LEGUET, Ginette LETONDAL, Jacques LÉTOURNEAU, Yves LÉTOURNEAU, Rose REY DUZIL.

TH 211 LABROQUERIE, Jean.

Les Pissenlits, téléthéâtre, original, série *Festival du théâtre d'amateurs* (12 juin 1966 – 11 septembre 1966). Hebdomadaire. 30 min. Station CBFT. Réalisation : Jean VALADE. 14 août 1966.

Distribution : LA TROUPE LES COPAINS de Grand-Mère.

TH 212 LAFOREST, Jean.

Le Coup de foudre, téléthéâtre, original, série *Théâtre d'été* (2 juin 1954 – 13 octobre 1954). Hebdomadaire. 30 min. Station CBFT. Réalisation : Jean LÉONARD. 9 juin 1954.

Distribution : Roland CHENAIL, Yves LÉTOURNEAU, Huguette OLIGNY.

TH 213 LAFOREST, Jean.

Le Vent sur la falaise, téléthéâtre, original. 90 min. Station CBFT. Réalisation : Fernand QUIRION. 18 mars 1956.

Distribution : Margot CAMPBELL, Guy GODIN, Jacques GODIN, Juliette HUOT, Ovila LÉGARÉ, Armand LEGUET, Michèle LEHARDY, Lionel VILLENEUVE.

TH 214   LAFOREST, Jean.

La Dette, téléthéâtre, original, série *Théâtre populaire* (8 juillet 1956 – 13 juillet 1958). Hebdomadaire. 60 min. Station CBFT. Réalisation : Jacques GAUTHIER. 12 mai 1957.

Distribution : Camille DUCHARME, Yvon DUFOUR, Marc FORREZ, Jean GASCON, Jean GAUMONT, François LAVIGNE, Yvon LEROUX, René MATHIEU, Noël MOISAN, André PAGÉ, Lucie POITRAS, Édouard WOOLEY.

TH 215   LANGEVIN, André.

La Neige en octobre, téléthéâtre, original. 90 min. Station CBFT. Réalisation : Jean FAUCHER. 20 octobre 1968.

Distribution : Dominique BOISVERT, Françoise FAUCHER, Luc HÉBERT, Gilles PELLETIER, Hubert PIUZE, Louis POPIEL, Guy PROVOST, Jo-Ann QUÉREL, Vicki RELIC, Gilles RENAUD, Carole ROY, Gisèle SCHMIDT, Guy THAUVETTE, Kay TREMBLAY.

TH 216   LANGEVIN, André.

Les Semelles de vent, téléthéâtre, original. 120 min. Station CBFT. Réalisation : Paul BLOUIN. 5 novembre 1972.

Distribution : Mario DESMARAIS, Jean-Pierre MASSON, Monique MILLER, Christiane PASQUIER, Gérard POIRIER, José RETTINO.

TH 217   L'ANGLAIS, Simon.

Je vous ai tant aimé, téléthéâtre, original, série *Quatuor* (22 septembre 1955 – 16 octobre 1959). Hebdomadaire. 30 min. Station CBFT. Réalisation : Maurice LEROUX. 18 et 25 mars, 1er et 8 avril 1958.

Distribution : Monique CHAILLER, Mariette DUVAL, Guy FERRON, Bertrand GAGNON, J.-Léo GAGNON, Louis-Philippe HÉBERT, Marjolaine HÉBERT, Juliette HUOT, Ovila LÉGARÉ, Monique MILLER, Jean-Louis PARIS, Béatrice PICARD, Estelle PICARD, François ROZET.

TH 218   LANGUIRAND, Jacques.

Hamlet, téléthéâtre, original, d'après une œuvre de Thomas Kyd. 90 min. Station CBFT. Réalisation : Louis-Georges CARRIER. 22 novembre 1956.

Distribution : Marcel CABAY, Georges CARRÈRE, Roland CHARETTE, Jean DAIGLE, Jean-Claude DERET, Jean-Paul DUGAS, Guy FERRON, Jean FONTAINE, Gilbert FOURNIER, Roger GARCEAU, Andrée LACHAPELLE, Roland LAROCHE, Laurent LAROUCHE, Jacques LÉTOURNEAU, Jean-Louis PARIS, Jani PASCAL, Guy PROVOST, Marie-Thérèse RENAUD, François ROZET, Gisèle SCHMIDT.

TH 219   LANGUIRAND, Jacques.

Les Grands Départs, téléthéâtre, original. 90 min. Station CBFT. Réalisation : Louis-Georges CARRIER. 1ᵉʳ octobre 1957.

Distribution : Charlotte BOISJOLI, Roger GARCEAU, Georges GROULX, Nathalie NAUBERT, Gisèle SCHMIDT, Georges TOUPIN.

TH 220   LANGUIRAND, Jacques.

Mon ami Pierrot, téléthéâtre, original, série *Scénario* (2 juillet 1960 – 22 octobre 1961). Aux 2 semaines. 30 min. Stations CBOFT, CBFT. Réalisation : Aurèle LACOSTE. 16 juillet 1960.

Distribution : Gilbert CHÉNIER, Gérard GRAVELLE, Allyson TACHÉ.

TH 221   LAROUCHE-THIBAULT, Monique.

La Porte, téléthéâtre, original, série *Théâtre du dimanche* (20 novembre 1960 – 29 avril 1962). Aux 2 semaines. 60 min. Station CBFT. Réalisation : Jean DUMAS. 18 mars 1962.

Distribution : Jean COUTU, Lilian DORSENN, Yvon DUFOUR, Suzanne LANGLOIS, Dyne MOUSSO, Jean-Louis ROUX.

TH 222   LAURENDEAU, André.

La Vertu des chattes, téléthéâtre, original, série *Théâtre populaire* (8 juillet 1956 – 13 juillet 1958). Hebdomadaire. 60 min. Station CBFT. Réalisation : Jean-Paul FUGÈRE. 30 juin 1957.

Distribution : Ovila LÉGARÉ, Huguette OLIGNY, Jean-Louis ROUX.

TH 223 LAURENDEAU, André.

> *Marie-Emma*, téléthéâtre, original. 90 min. Station CBFT. Réalisation : Jean-Paul FUGÈRE. 21 janvier 1958.
> Reprise : 29 novembre 1970.
>
> Distribution : Andrée BASILIÈRES, Charlotte BOISJOLI, Yvon DUFOUR, Paul DUPUIS, Robert GADOUAS, Roger GARAND, Roger GARCEAU, Paul GUÉVREMONT, Yves LÉTOURNEAU, Aimé MAJOR, François ROZET.
> 1970 :
> Rolland BÉDARD, Dominique BRIAND, André CAILLOUX, Sophie CLÉMENT, Ronald FRANCE, Roger GARAND, Ovila LÉGARÉ, Jean-Marie LEMIEUX, Monique LEMIEUX, Roger MICHAEL, Jean-Louis MILLETTE, Léo RIVEST, François TASSÉ.

TH 224 LAURENDEAU, André.

> *Deux valses*, téléthéâtre, original (partie d'une trilogie intitulée : « Une maison dans la ville »). 30 min. Station CBFT. Réalisation : Jean-Paul FUGÈRE. 18 mars 1958.
> Reprise : 19 septembre 1971.
>
> Distribution : Juliette BÉLIVEAU, Clémence DESROCHERS, Jean DUCEPPE, Charlotte FIELDEN, Paul GUÉVREMONT, Gaétan LABRÈCHE, Yves LÉTOURNEAU, Monic NORMANDIN, Olivette THIBAULT.
> 1971 :
> Jean-Pierre BERGERON, Yvon DUFOUR, Paul GUÉVREMONT, Nicole KERJEAN, Armand LABELLE, Line LAMARCHE, Rose OUELLETTE, Denise PROULX, Robert RIVARD, Francine VÉZINA.

TH 225 LAUZON, Adèle.

> *Le Condamné à mort*, téléthéâtre, original, d'après une nouvelle de Guy de MAUPASSANT, série *Théâtre populaire* (8 juillet 1956 – 13 juillet 1958). Hebdomadaire. 60 min. Station CBFT. Réalisation : Guy PARENT. 7 juillet 1957.
>
> Distribution : Jacques AUGER, Pierre DAGENAIS, Louis DE SANTIS, Edgar FRUITIER, Guy HOFFMANN.

TH 226 LAUZON, Adèle.

> *Les Malheurs de Tchen*, téléthéâtre, original, série *En première* (7 septembre 1958 – 7 juin 1959). Hebdomadaire. 60 min. Station CBFT. Réalisation : Maurice LEROUX. 19 octobre 1958.

Distribution : Jacques AUGER, Rita BIBEAU, Andrée BOUCHER, Pierre BOUCHER, Marcel CABAY, Louis CUSSON, Gaston DAURIAC, Serge DEYGLUN, William LEE, Uriel LUFT, Marthe MERCURE, Jean-Louis MILLETTE.

TH 227 LAVALLÉE, Lise.

Avantage pour..., téléthéâtre, original, série *Théâtre populaire* (8 juillet 1956 – 13 juillet 1958). Hebdomadaire. 60 min. Station CBFT. Réalisation : Paul BLOUIN. 28 juillet 1957.

Distribution : Gaston DAURIAC, Edgar FRUITIER, Monique LEPAGE, Hubert LOISELLE, Nathalie NAUBERT, André PAGÉ, Gilles PELLETIER, Madeleine SICOTTE.

TH 228 LAVALLÉE, Lise.

Madame Maura, téléthéâtre, original. 90 min. Station CBFT. Réalisation : Jean FAUCHER. 31 janvier 1965.

Distribution : Paul BERVAL, Colette DEVLIN, Abla FARHOOD, Nicole FILION, Roger GARCEAU, Jacques GODIN, Suzanne LANGLOIS, Hélène LOISELLE, André MONTMORENCY, Michel NOËL, Anne PAUZÉ, Jacques THIBAULT, Gabriel VIGNAULT.

TH 229 LAZARE, Jean.

Manoir à vendre, téléthéâtre, original. 30 min. Station CBFT. Réalisation : Georges GROULX. 5 octobre 1952. Reprise : 8 octobre 1952.

Distribution : inconnue.

TH 230 LECLERC, Félix.

La Geneviève, téléthéâtre, original. 30 min. Station CBFT. Réalisation : Jean-Yves BIGRAS. 25 septembre 1952.

Distribution : Julien LIPPÉ, Jean-Pierre MASSON, Huguette OLIGNY.

TH 231 LECLERC, Félix.

Le P'tit Vieux, téléthéâtre, original. 30 min. Station CBFT. Réalisation : Jean-Yves BIGRAS. 9 octobre 1952.

Distribution : inconnue.

TH 232   LECLERC, Félix.

> *La Bouteille à lait,* téléthéâtre, original. 30 min. Station CBFT. Réalisation : Jean-Yves BIGRAS. 23 octobre 1952.
>
> Distribution : Juliette HUOT, Julien LIPPÉ.

TH 233   LECLERC, Félix.

> *Voyage de noces,* téléthéâtre, original. 30 min. Station CBFT. Réalisation : Jean-Yves BIGRAS. 20 novembre 1952.
>
> Distribution : Juliette HUOT, Clément LATOUR, Julien LIPPÉ.

TH 234   LECLERC, Félix.

> *Les Malheurs d'un sellier,* téléthéâtre, original. 90 min. Station CBFT. Réalisation : Jean-Yves BIGRAS. 30 mai 1954.
>
> Distribution : Paul ALAIN, Marcel CABAY, Lucille COUSINEAU, Denis DROUIN, Jean DUCEPPE, Camille DUCHARME, Jean LAJEUNESSE, Jean-Pierre MASSON, Lise ROY, François ROZET, Jean SAINT-DENIS.

TH 235   LECLERC, Félix.

> *Le Village du refus,* téléthéâtre, original. 90 min. Station CBFT. Réalisation : Claude DÉSORCY. 19 avril 1957.
>
> Distribution : Jacques BILODEAU, Pierre BOUCHER, André CAILLOUX, Lionel DAUNAIS, Yvon DUFOUR, Edgar FRUITIER, Guy GODIN, Georges GROULX, Yves LÉTOURNEAU, Guy MAUFFETTE, Henri NORBERT, Huguette OLIGNY, Jean-Louis PARIS, François ROZET.

TH 236   LECLERC, Félix.

> *Le Roi viendra demain,* téléthéâtre, original. 90 min. Station CBFT. Réalisation : Claude DÉSORCY. 22 décembre 1963.
>
> Distribution : Louis DE SANTIS, Guy GODIN, Georges GROULX, Paul HÉBERT, Guy HOFFMANN, Roland LAROCHE, Guy L'ÉCUYER, Yves MASSICOTTE, Patricia NOLIN, Huguette OLIGNY, Jacques ZOUVI.

TH 237   LEGENDRE, Paul.

La Mouette, téléthéâtre, original, série *Été 55* (8 juin 1955 – 5 octobre 1955). Hebdomadaire. 30 min. Station CBFT. Réalisation : Maurice LEROUX. 20 juillet 1955.

Distribution : Ovila LÉGARÉ, Gilles PELLETIER, Marjolaine HÉBERT, Ginette LETONDAL, Monique MILLER.

TH 238   LEHIR, Gaston.

Le Père Jules, téléthéâtre, original, série *En première* (7 septembre 1958 – 7 juin 1959). Hebdomadaire. 60 min. Station CBFT. Réalisation : René VERNE. 26 octobre 1958.

Distribution : Julien BESSETTE, Henry DEYGLUN, Bertrand GAGNON, Hélène LOISELLE, Hubert LOISELLE, Aimé MAJOR, Henri NORBERT, Sacha TARRIDE.

TH 239   LEHIR, Gaston.

Le Toubib, téléthéâtre, original, série *En première* (7 septembre 1958 – 7 juin 1959). Hebdomadaire. 60 min. Station CBFT. Réalisation : René VERNE. 24 mai 1959.

Distribution : Henry DEYGLUN, Mariette DUVAL, Françoise FAUCHER, Jacques GALIPEAU, Jean LAJEUNESSE, Guy PROVOST, Jean RAFA, Mia RIDDEZ.

TH 240   LEMAL, François.

Dernier acte, téléthéâtre, original, série *Première* (5 juillet 1959 – 19 juin 1960). Hebdomadaire. 60 min. Station CBFT. Réalisation : Jean FAUCHER. 29 mai 1960.

Distribution : Louis ADAMS, Laurette BERGERON, Georges LAFLÈCHE, Marie LAURENCELLE, Jacques OUVRARD, Léo RÉMILLARD, Robert SÉGUIER, Robert TRUDEL.

TH 241   LEMELIN, Roger.

Le Petit Monde du Père Gédéon, (série de 6 dramatiques, d'après le téléroman *La Famille Plouffe*), original. 60 min. Station CBFT. Réalisation : Claude DÉSORCY. 25 octobre, 22 novembre et 20 décembre 1962, 24 janvier, 28 mars et 6 juin 1963.

Distribution : Amanda ALARIE, Jean COUTU, Jean DUCEPPE, Paul GUÉVREMONT, Julien LIPPÉ, Doris LUSSIER, Dominique MICHEL, Juliette PÉTRIE, Béatrice PICARD, Guy PROVOST, Pierre VALCOURT.

TH 242 LÉTOURNEAU, Jacques.

Papiers dangereux, téléthéâtre, original série *Corridor sans issue* (19 septembre 1953 – 21 novembre 1953). Hebdomadaire. 30 min. Station CBFT. Réalisation : Jean BOISVERT. 31 octobre 1953.

Distribution : Rolland D'AMOUR, Blanche GAUTHIER, Jean-Pierre MASSON, Béatrice PICARD.

TH 243 LÉTOURNEAU, Yves.

Valentin le chat, téléthéâtre, original, série *Témoignages* (3 octobre 1972 – 29 mai 1973). Hebdomadaire. 30 min. Station CBFT. Réalisation : Francis MANKLEWICZ. 22 mai 1973.

Distribution : Frédérique COLLIN, Anne-Marie DUCHARME, Olivier L'ÉCUYER, Ovila LÉGARÉ.

TH 243.1 LORAIN, Richard.

Les Consolations, téléthéâtre, original, série *Scénario* (1er octobre 1976 – 22 avril 1977). Hebdomadaire. 30 min. Station CBFT. Réalisation : Guy HOFFMANN. 25 février, 4, 11 et 18 mars 1977.

Distribution : Jean GASCON, Gaétan GIRARD, Léo ILIAL, Élizabeth LE SIEUR, Frédérique LORAIN, RAFAELE.

TH 244 LORANGER, Françoise.

Madame la présidente, téléthéâtre, original. 90 min. Station CBFT. Réalisation : Gérard ROBERT. 11 mars 1956.

Distribution : Thérèse CADORETTE, Lucille COUSINEAU, Jean DUCEPPE, Paul DUPUIS, Mariette DUVAL, Laurette FOURNIER, Gabriel GASCON, Ginette LETONDAL, Reynald LONGPRÉ, Estelle MAUFFETTE, Denise PELLETIER.

TH 245 LORANGER, Françoise.

La Santé des autres, téléthéâtre, original. 30 min. Station CBFT. Réalisation : Paul LEDUC. 31 mai 1956.

Distribution : inconnue.

TH 246 LORANGER, Françoise.

C. Q. F. D., téléthéâtre, original, série *Quatuor* (22 septembre 1955 – 16 octobre 1959). Hebdomadaire. 30 min. Station CBFT. Réalisation : Maurice LEROUX. 17, 24 et 31 décembre 1957, 7 janvier 1958.

Distribution : Hervé BROUSSEAU, Jean BROUSSEAU, Jacques GALIPEAU, Georges GROULX, Marie-Louise HOLTZ, Dyne MOUSSO, Jean-Louis PARIS, Gisèle SCHMIDT.

TH 247   LORANGER, Françoise.

Jour après jour, téléthéâtre, original (partie d'une trilogie intitulée : « Une maison dans la ville »). 30 min. Station CBFT. Réalisation : Gérard ROBERT. 18 mars 1958.
Reprise : réalisation : Jean-Paul FUGÈRE.   19 septembre 1971.

Distribution : Pierre BOUCHER, Colette COURTOIS, Dyne MOUSSO, Janine SUTTO, Lucie de VIENNE.
1971 :
Catherine BÉGIN, Nicole LEBLANC, Monique LEMIEUX, Jean-Louis MILLETTE, Huguette OLIGNY.

TH 248   LORANGER, Françoise.

Un cri qui vient de loin, téléthéâtre, original. 90 min. Station CBFT. Réalisation : Louis-Georges CARRIER. 28 novembre 1965.

Distribution : Christian BENOÎT, Jean-Pierre COMPAIN, Yvon DUFOUR, Benoît GIRARD, Georges GROULX, Olivier GUIMOND, Andrée LACHAPELLE, Albert MILLAIRE, Denise PELLETIER, Yvette THUOT.

TH 249   LORANGER, Françoise.

Une maison... un jour, téléthéâtre, original 120 min. Station CBFT. Réalisation : Paul BLOUIN. 4 octobre 1970.

Distribution : Yvette BRIND'AMOUR, André CAILLOUX, Yolande MICHOT, Monique MILLER, Gérard POIRIER, Claude PRÉFONTAINE, Guy PROVOST.

TH 250   LORANGER, Françoise.

Encore cinq minutes, téléthéâtre, original. 120 min. Station CBFT. Réalisation : Louis-Georges CARRIER. 4 avril 1971.

Distribution : Guy BOUCHER, Jean DUCEPPE, Marjolaine HÉBERT, Marie-Claire NOLIN.

TH 251   MAHEUX-FORCIER, Louise.

Un arbre chargé d'oiseaux, téléthéâtre, original, série *Prix Louis-Philippe Kammans* (11 mai 1975 – 30 mai 1975). Hebdomadaire. 150 min. Station CBFT. Réalisation : Jean FAUCHER. 30 mai 1975.

Distribution : Françoise FAUCHER, Élizabeth LE SIEUR, Anne-Marie PROVENCHER, Guy PROVOST, Jacques TOURANGEAU.

TH 252   (Annulé)

TH 253   MAILLET, Andrée.

Souvenirs en accords brisés, téléthéâtre, original. 60 min. Station CBFT. Réalisation : Jean FAUCHER. 13 novembre 1966.

Distribution : Paul DUPUIS, Françoise FAUCHER, Roger GARCEAU.

TH 254   MAILLET, Andrée.

La Perdrière, téléthéâtre, original, d'après le roman *Bois pourri* du même auteur. 120 min. Station CBFT. Réalisation : Jean FAUCHER. 26 mars 1972.

Distribution : Yvon DUFOUR, Claude LÉVEILLÉE, Louise MARLEAU, Huguette OLIGNY, Guy PROVOST, Marthe THIÉRY.

TH 255   MAJOR, André.

Doux sauvage, téléthéâtre, original. 60 min. Station CBFT. Réalisation : Paul BLOUIN. 7 janvier 1968.

Distribution : Yvette BRIND'AMOUR, Robert CHARLEBOIS, Yves CORBEIL, Angèle COUTU, Paul GUÉVREMONT, Gérard POIRIER.

TH 256   MARCOTTE, Gilles.

Au milieu de la course de notre vie (3 sketches : *Hamlet II, Une soirée à la maison, La Journée du curé Bergevin*), original. 60 min. Station CBFT. Réalisation : Jean-Paul FUGÈRE. 22 octobre 1967.

Distribution : *Hamlet II* : Jean-Pierre COMPAIN, Hubert LOISELLE, Louise MARLEAU, Gilles PELLETIER.
Une soirée à la maison : Luc DURAND, Lise LASALLE, Ovila LÉGARÉ, Gilles PELLETIER, Juliette PÉTRIE.
La Journée du curé Bergevin : Jean FAUBERT, Paul HÉBERT, Huguette OLIGNY, Gilles PELLETIER.

TH 257   McGIBBON, Marcelle.

Le feu qui couve, téléthéâtre, original, série *Théâtre d'une heure* (29 septembre 1963 – 3 avril 1966). 60 min. Station CBFT. Réalisation : Florent FORGET. 15 mars 1964. Reprise : 5 juillet 1964.

Distribution : Gisèle SCHMIDT, François TASSÉ, Marthe THIÉRY.

TH 258   MOREAU, François.

Les Hommes libres, téléthéâtre, original, série *Théâtre populaire* (8 juillet 1956 – 13 juillet 1958). Hebdomadaire. 60 min. Station CBFT. Réalisation : Claude DÉSORCY. 1er décembre 1957.

Distribution : André DOSTEL, Pierre DUFRESNE, Marc FAVREAU, Jacques GODIN, Yves MASSICOTTE, Allan MILLS.

TH 259   MOREAU, François.

Cargaison dangereuse, téléthéâtre, original, série *Théâtre populaire* (8 juillet 1956 – 13 juillet 1958). Hebdomadaire. 60 min. Station CBFT. Réalisation : Guy BEAULNE. 26 janvier 1958.

Distribution : Jacques BILODEAU, Jean COUTU, Gabriel GASCON, Georges GROULX, Guy HOFFMANN, François LAVIGNE, Yves MASSICOTTE, Albert MILLAIRE, Guy PROVOST, Robert RIVARD.

TH 260   MORISSET, Louis.

Le Cabotin, téléthéâtre, original, série *Théâtre d'été* (2 juin 1954 – 13 octobre 1954). Hebdomadaire. 30 min. Station CBFT. Réalisation : Jean LÉONARD. 7 juillet 1954.

Distribution : Jacques AUGER, Roger GARCEAU, Paul GUÉVREMONT, Juliette HUOT, Janine MIGNOLET, Marthe THIÉRY.

TH 261   MORISSET, Louis.

Confidences, téléthéâtre, original, série *Été 55* (8 juin 1955 – 5 octobre 1955). Hebdomadaire. 30 min. Station CBFT. Réalisation : Fernand QUIRION. 13 juillet 1955.

Distribution : Jean DUCEPPE, Paul DUPUIS, Mariette DUVAL, Denise FILIATRAULT, Monique LEPAGE.

TH 262 OUELLETTE, Marcelle.

Nécropole, téléthéâtre, original, série *Festival du théâtre d'amateurs* (12 juin 1966 – 11 septembre 1966). Hebdomadaire. 30 min. Station CBFT. Réalisation : Jean VALADE. 28 août 1966.

Distribution : TROUPE DE LA MARMITE de Jonquière.

TH 263 PARENT, Guy.

Après-coup, téléthéâtre, original. série *Trente secondes* (19 novembre 1954 – 24 juin 1955). Hebdomadaire. 30 min. Station CBFT. Réalisation : Guy PARENT, Andrée GINGRAS. 17 juin 1955.
Pièce expérimentale sans texte ni comédiens.

*** PASQUALE, Dominique de.

Plus ça change, moins c'est pareil.

Voir PRÉGENT, Ronald. TH 278.

TH 264 PELLAND, Louis.

Le Véridique Procès de Barbe-Bleue, téléthéâtre, original, série *Théâtre d'été* (8 juin 1955 – 5 octobre 1955). Hebdomadaire. 30 min. Station CBFT. Réalisation : Pierre DAGENAIS. 8 juin 1955.
Reprise : série *Festival du théâtre d'amateurs* (12 juin 1966 – 11 septembre 1966). Réalisation : Florent FORGET. 24 juillet 1966.

Distribution : Jacques AUGER, André BASILIÈRES, Nini DURAND, Edgar FRUITIER, Germaine GIROUX, Guy HOFFMANN, Claudine THIBAUDEAU.
1966 :
LA TROUPE DE L'UNION THÉÂTRALE de Sherbrooke.

TH 265 PELLAND, Louis.

Faux départ, téléthéâtre, original, série *Théâtre populaire* (8 juillet 1956 – 13 juillet 1958). Hebdomadaire. 60 min. Station CBFT. Réalisation : Florent FORGET. 16 décembre 1956.

Distribution : Marcel CABAY, Claude DAUPHIN, Lilian DORSENN, Georges GROULX, Roger JOUBERT, Andrée LACHAPELLE, Hubert LOISELLE, Gisèle SCHMIDT, Sacha TARRIDE.

TH 266 PELLAND, Louis.

> *Le Mariage blanc d'Armandine,* téléthéâtre, original, d'après un conte de Berthelot BRUNET, série *Théâtre populaire* (8 juillet 1956 – 13 juillet 1958). Hebdomadaire. 60 min. Station CBFT. Réalisation : Guy BEAULNE. 18 août 1957.
>
> Distribution : René Salvator CATTA, Monique CHAMPAGNE, Rolland D'AMOUR, Victor DÉSY, Pierrette DOYON, Ernest GUIMOND, Nicole KERJEAN, Fernande LARIVIÈRE, Jean-Louis PARIS, Yolande ROY, J.-R. TREMBLAY.

TH 267 PELLERIN, Jean.

> *L'Escroc prodigue,* téléthéâtre, original, série *Théâtre populaire* (8 juillet 1956 – 13 juillet 1958). Hebdomadaire. 60 min. Station CBFT. Réalisation : Claude DÉSORCY. 27 octobre 1957.
>
> Distribution : Paul BERVAL, Rolland D'AMOUR, Louis DE SANTIS, Yvon DUFOUR, Janine FLUET, Gabriel GASCON, Georges GROULX, Raymond GUILBAULT, Roger JOUBERT, Guy L'ÉCUYER, Yves MASSICOTTE, Jean-Louis MILLETTE, Raymond ROGER.

TH 268 PELLERIN, Jean.

> *Les Oiseaux de nuit,* téléthéâtre, original, série *En première* (7 septembre 1958 – 7 juin 1959). Hebdomadaire. 60 min. Station CBFT. Réalisation : Gérard ROBERT. 31 mai 1959.
>
> Distribution : Yvon DUFOUR, Georges GROULX, Guy HOFFMANN, Yves LÉTOURNEAU, Huguette OLIGNY.

TH 269 PERRAULT, Pierre.

> *L'Anse-aux-huards,* téléthéâtre, original, série *Théâtre d'été* (20 juillet 1958 – 31 août 1958). Hebdomadaire. 30 min. Station CBFT. Réalisation : Paul BLOUIN. 20 juillet 1958.
>
> Distribution : Yves LÉTOURNEAU, Hélène LOISELLE, Jean-Pierre MASSON, Albert MILLAIRE.

TH 270   PERRAULT, Pierre.

Au cœur de la rose, téléthéâtre, original, série *En première* (7 septembre 1958 – 7 juin 1959). Hebdomadaire. 60 min. Station CBFT. Réalisation : Paul BLOUIN. 30 novembre 1958.

Distribution : Edmond BEAUCHAMP, Marcel CABAY, François GUILLIER, Albert MILLAIRE, Monique MILLER, Marthe THIÉRY.

TH 271   PERRAULT, Pierre.

Vent d'Es, téléthéâtre, original, série *Première* (5 juillet 1959 – 19 juin 1960). Hebdomadaire. 60 min. Station CBFT. Réalisation : Paul BLOUIN. 12 juin 1960.

Distribution : André CAILLOUX, Colette COURTOIS, Lucille COUSINEAU, Benoît GIRARD, Jacques GODIN, François GUILLIER, Guy HOFFMANN, Andrée LACHAPELLE, Monique MILLER, Rose REY DUZIL, Madeleine SICOTTE.

TH 272   PÉTEL, Pierre.

Le Seigneur de Brinqueville, téléthéâtre, original. 30 min. Station CBFT. Réalisation : Pierre PÉTEL. 3 août 1952.
Reprise : 7 août 1952.

Distribution : Charlotte BOISJOLI, Jeanne DEMONS, Jean DUCEPPE, Camille DUCHARME, Guy HOFFMANN.

TH 273   PÉTEL, Pierre.

Noël sous la neige, téléthéâtre, original. 60 min. Station CBFT. Réalisation : Pierre PÉTEL. 25 décembre 1953.

Distribution : Fred BARRY, Jean DUCEPPE, Jean GASCON, Ovila LÉGARÉ, Monique MILLER.

TH 274   PÉTEL, Pierre.

Ressac, téléthéâtre, original. 90 min. Station CBFT. Réalisation : Pierre PÉTEL. 31 janvier 1954.

Distribution : Georges BOUVIER, Thérèse CADORETTE, René Salvator CATTA, Eugène DAIGNEAULT, Camille DUCHARME, Jean-Paul DUGAS, Antoinette GIROUX, Ernest GUIMOND, Paul HÉBERT, Gaétan LABRÈCHE, Jean LAJEUNESSE, Ovila LÉGARÉ, Armand LEGUET, Yves LÉTOURNEAU, Henri POITRAS, José RETTINO, Denyse SAINT-PIERRE.

TH 275   PETROWSKI, Minou.

Le Portrait, téléthéâtre, original, série *Scénario* (2 juillet 1960 – 22 octobre 1961). Aux 2 semaines. 30 min. Stations CBOFT, CBFT. Réalisation : Aurèle LACOSTE. 3 septembre 1961.

Distribution : Marie-France BÉDARD, Victor DÉSY, Colette DEVLIN, Jean GARNEAU, Jean HERBIET, Nicole TRUDEL.

TH 276   PETROWSKI, Minou.

Départ, téléthéâtre, original, série *Scénario* (2 juillet 1960 – 22 octobre 1961). Aux 2 semaines. 30 min. Stations CBOFT, CBFT. Réalisation : Aurèle LACOSTE. 17 septembre 1961.

Distribution : Simone BÉDARD, Guy LAGACÉ.

TH 277   PINSONNEAULT, Jean-Paul.

L'Impasse, téléthéâtre, original. 90 min. Station CBFT. Réalisation : Florent FORGET. 27 mars 1955.

Distribution : inconnue.

TH 278   PRÉGENT, Ronald.

Plus ça change, moins c'est pareil, téléthéâtre, original, série *Scénario* (1er octobre 1976 – 22 avril 1977). Hebdomadaire. 30 min. Station CBFT. Collaboration : Dominique de PASQUALE. Réalisation : Gilles SÉNÉCAL. 14, 21 et 28 janvier, 4 février 1977.

Distribution : Michelle LÉGER, Monique MERCURE, Gilles RENAUD, Lionel VILLENEUVE.

TH 279   PROVENCHER, Jean.

Québec, printemps 1918, téléthéâtre, original, d'après des documents historiques. 120 min. Station CBFT. Collaboration : Raymond BARRETTE, Gilles LACHANCE. Réalisation : Jean-Paul FUGÈRE. 16 novembre 1975.

Distribution : Rolland BÉDARD, Roger BLAY, Charlotte BOISJOLI, François CARTIER, Pierre DUFRESNE, Michel FORGET, Ronald FRANCE, Louise GAMACHE, Éric GAUDRY, Paul HÉBERT, Louise LADOUCEUR, Jean LAJEUNESSE, Roger LEBEL, Yves MASSICOTTE, Jean-Pierre MASSON, Marthe MERCURE, Aubert PALLASCIO, Claude PRÉFONTAINE, Guy PROVOST, Marc WALKER.

TH 280   RÉMILLARD, Jean-Robert.

Le printemps ne fleurit pas le tramway, téléthéâtre, original, série *Théâtre populaire* (8 juillet 1956 – 13 juillet 1958). Hebdomadaire. 60 min. Station CBFT. Réalisation : Claude DÉSORCY. 5 août 1956.

Distribution : Janine FLUET, Bertrand GAGNON, Jean LAJEUNESSE, Yves MASSICOTTE, Jean-Pierre MASSON, Béatrice PICARD, Olivette THIBAULT.

TH 281   RÉMILLARD, Jean-Robert.

L'Orme de mes yeux, téléthéâtre, original. 90 min. Station CBFT. Réalisation : Louis-Georges CARRIER. 14 février 1957.

Distribution : Jean DUCEPPE, Monique JOLY, Fernande LARIVIÈRE, Yves LÉTOURNEAU, Jani PASCAL, Guy PROVOST, Georges TOUPIN, Jacques ZOUVI.

TH 282   RÉMILLARD, Jean-Robert.

Quand nous serons à la Manouan, téléthéâtre, original, série *Quatuor* (22 septembre 1955 – 16 octobre 1959). Hebdomadaire. 30 min. Station CBFT. Réalisation : Jean FAUCHER. 13, 20 et 27 mai, 3 juin 1958.

Distribution : Lucille GAUTHIER, Ovila LÉGARÉ, Aimé MAJOR, Albert MILLAIRE, Lucie POITRAS.

TH 283   RÉMILLARD, Jean-Robert.

Le dimanche, j'attends, téléthéâtre, original, série *En première* (7 septembre 1958 – 7 juin 1959). Hebdomadaire. 60 min. Station CBFT. Réalisation : Jean FAUCHER. 14 septembre 1958.

Distribution : Pierre BOUCHER, Margot CAMPBELL, Lucille COUSINEAU, Mimi D'ESTÉE, Jacques GALIPEAU, Georges GROULX, Fernande LARIVIÈRE, Ovila LÉGARÉ, Uriel LUFT.

TH 284   RÉMILLARD, Jean-Robert.

Il neigera sur l'île, téléthéâtre, original, série *Première* (5 juillet 1959 – 19 juin 1960). Hebdomadaire. 60 min. Station CBFT. Réalisation : Paul BLOUIN. 29 novembre 1959.

Distribution : Monique CHABOT, Rolland D'AMOUR, Camille DUCHARME, Marcel GAGNON, Jacques GODIN, Paul GUÉVREMONT, Jean-Pierre MASSON, Janine SUTTO, Marthe THIÉRY.

TH 285   RÉMILLARD, Jean-Robert.

Absalon, mon père !, téléthéâtre, original, série *Première* (5 juillet 1959 – 19 juin 1960). Hebdomadaire. 60 min. Station CBFT. Réalisation : Charles DUMAS. 15 mai 1960.

Distribution : Nini DURAND, Maurice GAGNON, Jacques GODIN, Marjolaine HÉBERT, Ovila LÉGARÉ.

TH 286   RÉMILLARD, Jean-Robert.

L'Été de la dernière enfance, téléthéâtre, original, série *Trio* (5 juillet 1960 – 27 septembre 1960). Hebdomadaire. 30 min. Station CBFT. Réalisation : André BOUSQUET. 16, 23 et 30 août 1960.

Distribution : Margot CAMPBELL, Monique CHABOT, Rita IMBEAULT, Jean-Pierre MASSON, Albert MILLAIRE, Françoise MILLETTE, Claude PRÉFONTAINE, Mia RIDDEZ, Pascal ROLLIN, Reynald ROMPRÉ, Marthe THIÉRY.

TH 287   RÉMILLARD, Jean-Robert.

Par-delà les âges, téléthéâtre, original. 90 min. Station CBFT. Réalisation : Jean FAUCHER. 1er mars 1962.

Distribution : Charlotte BOISJOLI, Paul GUÉVREMONT, Marie-France LÉPINE, Claude LÉVEILLÉE, Monique MILLER, Louise RÉMY, Percy RODRIGUEZ, Martine SIMON.

TH 288   RÉMILLARD, Jean-Robert.

L'Amour des deux orphelines, téléthéâtre, original, série *Théâtre d'une heure* (29 septembre 1963 – 3 avril 1966). 60 min. Station CBFT. Réalisation : Jean DUMAS. 10 novembre 1963.

Distribution : Jean BESRÉ, Geneviève BUJOLD, Margot CAMPBELL, Yves GÉLINAS, Réjean LEFRANÇOIS, André MONTMORENCY, Jean PERRAUD, Reynald ROMPRÉ.

TH 289   RÉMILLARD, Jean-Robert.

L'Homme aux faux diamants de braise, téléthéâtre, original. 90 min. Station CBFT. Réalisation : Florent FORGET. 7 octobre 1973.

Distribution : Vincent BILODEAU, Anne CAMIRAND, Louis DE SANTIS, Victor DÉSY, Jacques GALIPEAU, April JOHNSON, Guy L'ÉCUYER, Walter MASSEY, Jean-Pierre MASSON, Denise

MORELLE, Aubert PALLASCIO, Éric PAULHUS, Gilles PELLETIER, Jean PERRAUD, Jo-Ann QUÉREL, Yolande ROY, François TASSÉ, Marthe TURGEON.

TH 290 RICHARD, Claire.

Un jour ils eurent l'idée de s'acheter une maison à la campagne, téléthéâtre, original, série *Scénario* (1er octobre 1976 – 22 avril 1977). Hebdomadaire. 30 min. Station CBFT. Réalisation : Jean GAUMONT. 29 octobre, 26 novembre, 3 et 10 décembre 1976.

Distribution : Michel FORGET, Luc GINGRAS, Guy L'ÉCUYER, Benoît MARLEAU, Louise RÉMY, José RETTINO, Yolande ROY, Daniel TREMBLAY, Marthe TURGEON.

TH 291 RIVEMALE, Alexandre.

Le Ciel des oiseaux, téléthéâtre, original. 90 min. Station CBFT. Réalisation : Georges GROULX. 22 avril 1956.

Distribution : Marcel CABAY, Georges CARRÈRE, Jean-Claude DERET, Guy HOFFMANN, Monique JOLY, Ovila LÉGARÉ, Jacques LORAIN, Jean-Pierre MASSON, Guy PROVOST, Rose REY DUZIL.

TH 292 SABOURIN, Marcel.

Les Cuisines, téléthéâtre, original. 30 min. Station CBFT. Réalisation : Jean-Paul FUGÈRE. 21 février 1971.

Distribution : Rolland BÉDARD, Roland JETTÉ, Nicole LEBLANC, Marcel PAYER, Béatrice PICARD, Denise PROULX, Gilles RENAUD, Marcel SABOURIN.

TH 293 SAVARY, Charlotte.

La Promesse, téléthéâtre, original, série *Théâtre d'été* (2 juin 1954 – 13 octobre 1954). Hebdomadaire. 30 min. Station CBFT. Réalisation : Jean LÉONARD. 4 août 1954.

Distribution : inconnue.

TH 294 SAVARY, Charlotte.

Thérèse Erickson, téléthéâtre, original, série *Été 55* (8 juin 1955 – 5 octobre 1955). Hebdomadaire. 30 min. Station CBFT. Réalisation : Florent FORGET. 31 août 1955.

Distribution : Yvette BRIND'AMOUR, Lise LASALLE, Pierrette PICARD, Jean SAINT-DENIS.

TH 295   SAVARY, Charlotte.

Marguerite d'Youville, la plus belle de céans, téléthéâtre, original. 90 min. Station CBFT. Réalisation : Charles DUMAS. 3 mai 1959.

Distribution : Paul ALAIN, Guy BÉLANGER, Rita BIBEAU, Yvan CANUEL, René CARON, Nicole CARVEN, Maurice DALLAIRE, Gaston DAURIAC, Paul DAVIS, Nini DURAND, Tania FÉDOR, Edgar FRUITIER, Roger GARCEAU, Paul GAUTHIER, Benoît GIRARD, Antoinette GIROUX, Jacques GODIN, Constance HOGEN, Jacques KANTOROWSKI, Gaétan LABRÈCHE, Andrée LACHAPELLE, Marthe LAPOINTE, Aimé MAJOR, Yves MASSICOTTE, Francine MONTPETIT, Dyne MOUSSO, Jean-Louis PARIS, Jacques PERRIN, Claude PRÉFONTAINE, Denise PROVOST, Jean RAFA, Rose REY DUZIL, Sita RIDDEZ, Solange ROBERT, François ROZET, Marthe THIÉRY, Édouard WOOLEY.

TH 296   SAVARY, Charlotte.

Une nuit, téléthéâtre, original, série *Théâtre du dimanche* (20 novembre 1960 – 29 avril 1962). Aux 2 semaines. 60 min. Station CBFT. Réalisation : Louis BÉDARD. 26 novembre 1961.

Distribution : Maurice BEAUPRÉ, Lucille COUSINEAU, Françoise FAUCHER, Janine FLUET, Huguette GUILBAUT, François LAVIGNE, Bernadette MORIN, Denise PROVOST, Guy PROVOST, Sita RIDDEZ.

TH 297   SCHULL, Joseph.

La Onzième Heure, téléthéâtre, original. 30 min. Station CBFT. Réalisation : Jean BOISVERT. 24 août 1952. Reprise : 28 août 1952.

Distribution : inconnue.

TH 298   SCHULL, Joseph.

Le Pont de Montreuil, téléthéâtre, original, série *Théâtre populaire* (8 juillet 1956 – 13 juillet 1958). Hebdomadaire. 60 min. Station CBFT. Collaboration : Jean DESPREZ. Réalisation : Paul LEDUC. 2 septembre 1956.

Distribution : Rolland BÉDARD, Camille DUCHARME, Pierre-André LACHAPELLE, Allan MILLS, Adolphe MULLER, Guy PROVOST, Rose REY DUZIL, Janine SUTTO.

TH 299 SCHOUB, Mac.

Appel de nuit, téléthéâtre, original, série *Théâtre d'été* (5 juillet 1961 – 4 octobre 1961). Hebdomadaire. 30 min. Station CBFT. Réalisation : René VERNE. 16 août 1961.

Distribution : Roland CHENAIL, Janine SUTTO.

TH 300 SENÉCAL, Jacques.

La Fausse Représentation, téléthéâtre, original, série *Scénario* (1er octobre 1976 – 22 avril 1977). Hebdomadaire. 30 min. Station CBFT. Réalisation : Claude DÉSORCY. 11 février 1977.

Distribution : Jean BESRÉ, Jacinthe CHAUSSÉ, Gaétan LABRÈCHE.

TH 301 SIMARD, Roger.

Le Temps à tuer, téléthéâtre, original, série *Corridor sans issue* (19 septembre 1953 – 21 novembre 1953). Hebdomadaire. 30 min. Station CBFT. Réalisation : Jean BOISVERT. 17 octobre 1953.

Distribution : Michèle LEHARDY, Robert RIVARD.

TH 302 SINCLAIR, Roger.

Quand la moisson sera courbée, téléthéâtre, original, série *Théâtre du dimanche* (20 novembre 1960 – 29 avril 1962). Aux 2 semaines. 60 min. Station CBFT. Réalisation : René VERNE. 29 janvier 1961.

Distribution : Hervé BROUSSEAU, Monique CHABOT, Mariette DUVAL, Hélène LOISELLE, Monique MILLER, Mia RIDDEZ, Andrée SAINT-LAURENT.

TH 303 SIROIS, Serge.

Aujourd'hui peut-être, téléthéâtre, original. 90 min. Station CBFT. Réalisation : Paul BLOUIN. 17 mars 1974.

Distribution : Michèle CRAIG, Benoît GIRARD, Monique JOLY, Suzanne LANGLOIS, Michèle MAGNY, Claude MAHER.

TH 304 SURZUR, Roland.

Lili, téléthéâtre, original, série *Théâtre du dimanche* (20 novembre 1960 – 29 avril 1962). Aux 2 semaines. 60 min. Station CBFT. Réalisation : René VERNE. 18 février 1962.

Distribution : René CARON, Georges CARRÈRE, Roland CHENAIL, Gilbert COMTOIS, Rosemary CURY, Lilian DORSENN, Bertrand GAGNON, Guy GODIN, Yvon LEROUX, Yves LÉTOURNEAU, Robert RIVARD, Roger SINCLAIR.

TH 305   TASSÉ, Gérald.

Le Surveillant, téléthéâtre, original, série *Été 55* (8 juin 1955 – 5 octobre 1955). Hebdomadaire. 30 min. Station CBFT. Réalisation : Louis-Georges CARRIER. 24 août 1955.

Distribution : Jean-Paul DUGAS, Antoinette GIROUX, Pierrette PICARD, Sacha TARRIDE.

TH 306   TESSIER, J.-Rudel.

Adam, Éva et le pensionnaire, téléthéâtre, original, série *Théâtre d'été* (5 juillet 1961 – 4 octobre 1961). Hebdomadaire. 30 min. Station CBFT. Réalisation : Jean DUMAS. 9 août 1961.

Distribution : Pierre THÉRIAULT. Autres comédiens inconnus.

TH 307   THÉRIAULT, Yves.

Tant va la cruche, téléthéâtre, original, série *Théâtre d'été* (2 juin 1954 – 13 octobre 1954). Hebdomadaire. 30 min. Station CBFT. Réalisation : Jean LÉONARD. 28 juillet 1954.

Distribution : inconnue.

TH 308   THÉRIAULT, Yves.

Illusions, téléthéâtre, original, série *Théâtre d'été* (2 juin 1954 – 13 octobre 1954). Hebdomadaire. 30 min. Station CBFT. Réalisation : Florent FORGET. 6 octobre 1954.

Distribution : Guy GODIN, Lucienne LETONDAL, Guy PROVOST.

TH 309   THÉRIAULT, Yves.

La Marque dans la peau, téléthéâtre, original, série *Trente secondes* (19 novembre 1954 – 24 juin 1955). Hebdomadaire. 30 min. Station CBFT. Réalisation : Denys GAGNON. 11 mars 1955.

Distribution : Jean DALMAIN, Huguette GARNEAU, Gabriel GASCON.

TH 310   THÉRIAULT, Yves.

Luigi, téléthéâtre, original, série *Théâtre d'été* (8 juin 1955 – 5 octobre 1955). Hebdomadaire. 30 min. Station CBFT. Réalisation : Florent FORGET. 17 juin 1955.

Distribution : Rita BIBEAU, Guy GODIN, Jean LAJEUNESSE, Yves LÉTOURNEAU, Sacha TARRIDE.

TH 311   THÉRIAULT, Yves.

Le Marcheur, téléthéâtre, original. 90 min. Station CBFT. Réalisation : Jean SAINT-JACQUES. 15 janvier 1956.

Distribution : Robert BOULANGER, Jean DUCEPPE, Denise PELLETIER, Robert RIVARD, Marthe THIÉRY.

TH 312   THÉRIAULT, Yves.

La Doutance, téléthéâtre, original, série *Théâtre populaire* (8 juillet 1956 – 13 juillet 1958). Hebdomadaire. 60 min. Station CBFT. Réalisation : René VERNE. 7 avril 1957.

Distribution : Georges BOUVIER, Monique CHABOT, Laure COMTOIS, Mariette DUVAL, Blanche GAUTHIER, Louis-Philippe HÉBERT, France JOHNSON, Yvon LEROUX, Jean-Louis PARIS, Jean YALE.

TH 313   THÉRIAULT, Yves.

Fabienne, téléthéâtre, original, série *Théâtre populaire* (8 juillet 1956 – 13 juillet 1958). Hebdomadaire. 60 min. Station CBFT. Réalisation : Jacques GAUTHIER. 6 octobre 1957.

Distribution : Thérèse ARBIC, Rita ÉMOND, Marc FAVREAU, Céline LÉGER, Jani PASCAL, Gérard POIRIER.

TH 314   THÉRIAULT, Yves.

La Sauterelle, téléthéâtre, original, série *Théâtre populaire* (8 juillet 1956 – 13 juillet 1958). Hebdomadaire. 60 min. Station CBFT. Réalisation : Bruno PARADIS. 29 décembre 1957.

Distribution : Janine FLUET, Yves LÉTOURNEAU, Gérard PARADIS, Claude PRÉFONTAINE, Louise RÉMY.

TH 315   THÉRIAULT, Yves.

                Le Léviathan, téléthéâtre, original, série *Quatuor* (22 septembre 1955 – 16 octobre 1959). Hebdomadaire. 30 min. Station CBFT. Réalisation : Jean FAUCHER. 18 et 25 février, 4 et 11 mars 1958.

                Distribution : Yvette BRIND'AMOUR, André CAILLOUX, Rolland D'AMOUR, Roger GARCEAU, Georges GROULX, Andrée LACHAPELLE, Roger LEBEL, Marc OLIVIER.

TH 316   THÉRIAULT, Yves.

                Aaron, téléthéâtre, original, série *Théâtre populaire* (8 juillet 1956 – 13 juillet 1958). Hebdomadaire. 60 min. Station CBFT. Réalisation : Guy BEAULNE. 13 avril 1958.

                Distribution : Marcel CABAY, Jean-Claude DERET, Kevin FENLON, Robert GADOUAS, Huguette GARNEAU, François GUILLIER, Mirielle LACHANCE.

TH 317   THÉRIAULT, Yves.

                Le Cheval de Troie, téléthéâtre, original, série *Quatuor* (22 septembre 1955 – 16 octobre 1959). Hebdomadaire. 30 min. Station CBFT. Réalisation : Denys GAGNON. 10, 17 et 24 juin, 1er juillet 1958.

                Distribution : Colette COURTOIS, Yvon DUFOUR, Marc FAVREAU, Roger GARAND, Guy GODIN, Olivier GUIMOND, Guy L'ÉCUYER, Jani PASCAL, Solange ROBERT, Madeleine SICOTTE.

TH 318   THÉRIAULT, Yves.

                Celui que l'on attendait, téléthéâtre, original, série *Théâtre populaire* (8 juillet 1956 – 13 juillet 1958). Hebdomadaire. 60 min. Station CBFT. Réalisation : Jacques GAUTHIER. 22 juin 1958.

                Distribution : Jacques AUGER, Margot CAMPBELL, René CARON, Maurice DALLAIRE, Yvon DUFOUR, Yvon LEROUX, Yves LÉTOURNEAU, Monique MILLER, Claude PRÉFONTAINE.

TH 319   THÉRIAULT, Yves.

                Dieudonné et l'abus de biens, téléthéâtre, original, série *En première* (7 septembre 1958 – 7 juin 1959). Hebdomadaire. 60 min. Station CBFT. Réalisation : Bruno PARADIS. 28 septembre 1958.

Distribution : Lucille COUSINEAU, Jean DUCEPPE, Janine FLUET, Germaine GIROUX, Jacques LÉTOURNEAU, Gérard PARADIS, Béatrice PICARD.

TH 320   THÉRIAULT, Yves.

Déclin, téléthéâtre, original, série *En première* (7 septembre 1958 – 7 juin 1959). Hebdomadaire. 60 min. Station CBFT. Réalisation : René VERNE. 14 décembre 1958.

Distribution : Georges BOUVIER, Jean LAJEUNESSE, Ovila LÉGARÉ, Henri POITRAS, Yolande ROY.

TH 321   THÉRIAULT, Yves.

La Marque du dieu, téléthéâtre, original, série *Quatuor* (22 septembre 1955 – 16 octobre 1959). Hebdomadaire. 30 min. Station CBFT. Réalisation : Louis-Philippe BEAUDOIN. 26 août, 2, 9 et 24 septembre 1959.

Distribution : Roger LEBEL, Huguette OLIGNY, Gisèle SCHMIDT.

TH 322   THÉRIAULT, Yves.

Antoine et sa montagne, téléthéâtre, original, série *Première* (5 juillet 1959 – 19 juin 1960). Hebdomadaire. 60 min. Station CBFT. Réalisation : Louis-Philippe BEAUDOIN. 20 mars 1960.

Distribution : Monique AUBRY, Monique CHABOT, Yvon DUFOUR, Janine FLUET, Jacques GODIN, Paul GUÉVREMONT, Ovila LÉGARÉ, Madeleine SICOTTE.

TH 323   THIBAULT, Andrée.

Élisabeth, téléthéâtre, original, série *Jeudi-théâtre* (1er novembre 1962 – 14 mars 1963). Hebdomadaire. 60 min. Station CBFT. Réalisation : Jean-Paul FUGÈRE. 21 février 1963.
Reprise : 26 juillet 1964.

Distribution : Pierre BOUCHER, Monique CHABOT, Jean DOYON, Benoît GIRARD, Anne de GUISE, Dyne MOUSSO, Gérard POIRIER, Marthe THIÉRY.

TH 324   TOUPIN, Paul.

Chacun son amour, téléthéâtre, original, série *Théâtre d'une heure* (29 septembre 1963 – 3 avril 1966). 60 min. Station CBFT. Réalisation : Jean FAUCHER. 13 février 1966.

Distribution : Dominique BRIAND, Paul DUPUIS, Paul GURY, Isabelle JEAN, Jean PERRAUD, Lucie POITRAS, Yolande ROY.

TH 325   TREMBLAY, Michel.

Trois petits tours, téléthéâtre, original (triptyque : *Berthe, Johny Mangano and his astonishing dogs, Gloria Star*). 80 min. Station CBFT. Réalisation : Paul BLOUIN. 21 décembre 1969.
Reprise : 22 août 1971.

Distribution : *Berthe* : Denise PROULX.
Johny Mangano and his astonishing dogs : Jacques BILODEAU, Dominique BRIAND, Denise FILIATRAULT, Jacques GODIN.
Gloria Star : Dominique BRIAND, Sophie CLÉMENT, Claudette DELORIMIER, Luce GUILBEAULT, Yolande MICHOT, Marie-Claire NOLIN, Denise PELLETIER, Lise VENNE.

TH 326   TREMBLAY, Michel.

En pièces détachées, téléthéâtre, original. 105 min. Station CBFT. Réalisation : Paul BLOUIN. 7 mars 1971.
Reprise : 23 juillet 1972.

Distribution : Jean ARCHAMBAULT, Jacques BILODEAU, Sophie CLÉMENT, Colette COURTOIS, Colette DEVLIN, Jean DUCEPPE, Claude GAI, Roger GARAND, Micheline GÉRIN, Germaine GIROUX, Luce GUILBEAULT, Ernest GUIMOND, Sylvie HEPPEL, Monique JOLY, Rita LAFONTAINE, Suzanne LANGLOIS, Hélène LOISELLE, Monique MILLER, Christine OLIVIER, Micheline POMRENSKI, Yolande ROY.

TH 327   TREMBLAY, Michel.

Françoise Durocher, waitress, téléthéâtre, original. 30 min. Station CBFT. Réalisation : André BRASSARD. (Film : ONF). 8 octobre 1972.

Distribution : Ève GAGNIER, Amulette GARNEAU, Luce GUILBEAULT, Rita LAFONTAINE, Hélène LOISELLE, Monique MERCURE, Denise MORELLE, Katherine MOUSSEAU, Denise PROULX, Michelle ROSSIGNOL.

TH 327.1 TRUDELLE, Jean.

    Échec et mat, téléthéâtre, original, série *Scénario* (1er octobre 1976 – 22 avril 1977). Hebdomadaire. 30 min. Station CBFT. Réalisation : Jac SEGARD. 25 mars, 1er, 15 et 22 avril 1977.

    Distribution : Jacques GALIPEAU, Suzanne LANGLOIS, Denis MERCIER, Christine OLIVIER, Pascal ROLLIN.

TH 328 VAC, Bertrand.

    L'Assassin dans l'hôpital, téléthéâtre, original, série *Théâtre populaire* (8 juillet 1956 – 13 juillet 1958). Hebdomadaire. 60 min. Station CBFT. Réalisation : Guy PARENT. 4 août 1957.

    Distribution : Jacques AUGER, Lorenzo CAMPAGNA, Serge DEYGLUN, Pat GAGNON, Micheline GÉRIN, Juliette HUOT, Monique LEPAGE, Marthe NADEAU, Jean-Claude ROBILLARD, Raymond ROYER.

TH 329 VAÏS, Michel.

    Cui-cui, téléthéâtre, original, série *Festival du théâtre d'amateurs* (12 juin 1966 – 11 septembre 1966). Hebdomadaire. 30 min. Station CBFT. Réalisation : Jean VALADE. 31 juillet 1966.

    Distribution : LA TROUPE LES SALTIMBANQUES de Montréal.

TH 330 VALÈRE, François. (pseud. de Frank Varron)

    La Belle-mère de Don Demonio, téléthéâtre, original, série *Trente secondes* (19 novembre 1954 – 24 juin 1955). Hebdomadaire. 30 min. Station CBFT. Réalisation : Jean LÉONARD. 14 janvier 1955.

    Distribution : Brian MacDONALD, Olivia MacDONALD, Rose REY DUZIL.

TH 331 VILLON, Pierre.

    Vase clos, téléthéâtre, original, série *Théâtre populaire* (8 juillet 1956 – 13 juillet 1958). Hebdomadaire. 60 min. Station CBFT. Réalisation : Guy BEAULNE. 6 juillet 1958.

    Distribution : Jacques AUGER, Thérèse CADORETTE, Madeleine DAVIS, Paul DUPUIS, Tania FÉDOR, Bertrand GAGNON, Fernande LARIVIÈRE, Albert MILLAIRE, Janine SUTTO.

TH 332   WEIDELI, Walter.

Le Dossier de Chelsea street, téléthéâtre, original, série *Théâtre d'une heure* (29 septembre 1963 – 3 avril 1966). 60 min. Station CBFT. Réalisation : Jean FAUCHER. 19 janvier 1964.

Distribution : Robert GADOUAS, Gérard POIRIER, Guy PROVOST.

2. Chronologie des téléthéâtres

1952

3	août	*Le Seigneur de Brinqueville*	Pierre PÉTEL	TH 272
24	août	*La Onzième Heure*	Joseph SCHULL	TH 297
14	sept.	*La Lettre*	Marcel DUBÉ	TH 111
25	sept.	*La Geneviève*	Félix LECLERC	TH 230
5	oct.	*Manoir à vendre*	Jean LAZARE	TH 229
9	oct.	*Le P'tit Vieux*	Félix LECLERC	TH 231
12	oct.	*Le Printemps par la fenêtre*	Marcel DUBÉ	TH 112
23	oct.	*La Bouteille à lait*	Félix LECLERC	TH 233
26	oct.	*L'Île-aux-pommes*	Guy DUFRESNE	TH 145
20	nov.	*Voyage de noces*	Félix LECLERC	TH 233

1953

16	mai	*Zone*	Marcel DUBÉ	TH 113
3	juil.	*L'École de la peur*	Claude JUTRAS	TH 210
19	sept.	*Passeport*	Robert ARTHUR	TH 018
25	sept.	*Rue de la Friponne*	Fernand DORÉ	TH 109
26	sept.	*Le Poisson rouge*	Robert ARTHUR	TH 019
3	oct.	*L'Île-aux-goélands*	Odette COUPAL	TH 090
17	oct.	*Le Temps à tuer*	Roger SIMARD	TH 301
24	oct.	*Chambre 320*	Robert ARTHUR	TH 020
31	oct.	*Papiers dangereux*	Jacques LÉTOURNEAU	TH 242
20	nov.	*Les Veuves*	Michel GRÉCO	TH 196
25	déc.	*L'Enfant dormira bientôt* ou *La Noël des grands-parents*	Fernand DORÉ	TH 110
25	déc.	*Noël sous la neige*	Pierre PÉTEL	TH 273

1954

31	janv.	*Ressac*	Pierre PÉTEL	TH 274
21	fév.	*Le Masque*	Raymond GÉRARD	TH 183
5	mars	*Gros plan*	Eugène CLOUTIER	TH 080
25	avril	*Le Roi David*	Jean FILIATRAULT	TH 158
30	mai	*Les Malheurs d'un sellier*	Félix LECLERC	TH 234
2	juin	*Un timide*	Robert CHOQUETTE	TH 056

9 juin	*Le Coup de foudre*	Jean LAFOREST	TH 212
16 juin	*L'Écrivain public*	Claude-Henri GRIGNON	TH 198
23 juin	*Une grosse nouvelle*	Germaine GUÈVREMONT	TH 199
30 juin	*Retour*	Marcel DUBÉ	TH 114
7 juil.	*Le Cabotin*	Louis MORISSET	TH 260
14 juil.	*Hymne nuptial*	Aliette BRISSET-THIBAUDEAU	TH 039
21 juil.	*Fleur de mer*	Diane CAREL	TH 046
28 juil.	*Tant va la cruche*	Yves THÉRIAULT	TH 307
4 août	*La Promesse*	Charlotte SAVARY	TH 293
11 août	*La Bicyclette*	Marcel DUBÉ	TH 115
25 août	*Le Jeu de boules*	Louis-Georges CARRIER	TH 048
1er sept.	*Nicolas Dumets*	Guy DUFRESNE	TH 146
8 sept.	*Folie, douce folie*	Eugène CLOUTIER	TH 081
22 sept.	*Je te tuerais*	Éloi de GRANDMONT	TH 188
29 sept.	*Le Palier*	Anne DU COUDRAY	TH 144
6 oct.	*Illusions*	Yves THÉRIAULT	TH 308
8 oct.	*L'Anse pleureuse*	Éloi de GRANDMONT	TH 189
15 oct.	*Le Rocher de la belle*	Éloi de GRANDMONT	TH 190
22 oct.	*Conte gaspésien*	Éloi de GRANDMONT	TH 191
21 nov.	*Chambre à louer*	Marcel DUBÉ	TH 116
24 déc.	*La Veilleuse*	Guy DUFRESNE	TH 147

1955

9 janv.	*Lie de vin*	Pierre DAGENAIS	TH 091
14 janv.	*La Belle-mère de Don Demonio*	François VALÈRE	TH 330
27 fév.	*La Clé de l'énigme*	Michel GRÉCO	TH 197
11 mars	*La Marque dans la peau*	Yves THÉRIAULT	TH 309
27 mars	*L'Impasse*	Jean-P. PINSONNEAULT	TH 277
8 juin	*Le Véridique Procès de Barbe-Bleue*	Louis PELLAND	TH 264
17 juin	*Après-coup*	Guy PARENT	TH 263
17 juin	*Luigi*	Yves THÉRIAULT	TH 310
13 juil.	*Confidences*	Louis MORISSET	TH 261
20 juil.	*La Mouette*	Paul LEGENDRE	TH 237
27 juil.	*L'Assurance-vie*	Robert CHOQUETTE	TH 057
17 août	*Marie Hurdouil s'est noyée*	Guy DUFRESNE	TH 148
24 août	*Le Surveillant*	Gérald TASSÉ	TH 305
31 août	*Thérèse Erickson*	Charlotte SAVARY	TH 294
14 sept.	*Mesure à cinq temps*	Éloi de GRANDMONT	TH 192
21 sept.	*Coup d'état*	Roger CITERNE	TH 079
22 sept.	*Élisabeth*	Robert CHOQUETTE	TH 058
28 sept.	*Passé antérieur*	Hubert AQUIN	TH 009
20 oct.	*Née pour un petit pain*	Robert CHOQUETTE	TH 059
17 nov.	*La Robe couleur du temps* ou *Il était une robe*	Robert CHOQUETTE	TH 060
15 déc.	*Le Billet doux*	Robert CHOQUETTE	TH 061

1956

8 janv.	*La Belle du Nord*	Henry DEYGLUN	TH 108
15 janv.	*Le Marcheur*	Yves THÉRIAULT	TH 311
29 janv.	*La nuit se lève*	Marcel DUBÉ	TH 117
9 fév.	*Le Fils du bedeau*	Robert CHOQUETTE	TH 062
11 mars	*Madame la présidente*	Françoise LORANGER	TH 244
18 mars	*Le Vent sur la falaise*	Jean LAFOREST	TH 213
30 mars	*Le Chemin de la vie par le chemin de la croix*	Guy BOULIZON	TH 036
22 avril	*Le Ciel des oiseaux*	Alexandre RIVEMALE	TH 291
31 mai	*La Santé des autres*	Françoise LORANGER	TH 245
15 juil.	*La Folle nuit*	Mario DULIANI	TH 154
22 juil.	*Le Pèlerin de Kranine*	Marcel CABAY	TH 042
5 août	*Le Printemps ne fleurit pas le tramway*	Jean-Robert RÉMILLARD	TH 280
19 août	*Tant que nous vivrons*	Yvan BRUGGEMAN	TH 041
26 août	*Mon neveu Napoleone*	Paul ALAIN	TH 001
2 sept.	*Le Pont de Montreuil*	Joseph SCHULL, Jean DESPREZ	TH 298
16 sept.	*Le Secret de Catherine*	Claude AUBRY	TH 022
5 oct.	*L'Étrangleur*	Robert CHOQUETTE	TH 063
11 oct.	*Pour cinq sous d'amour*	Marcel DUBÉ, Louis-Georges CARRIER	TH 118
9 nov.	*De fil en aiguille*	Robert CHOQUETTE	TH 064
22 nov.	*Hamlet*	Jacques LANGUIRAND	TH 218
30 nov.	*La Chaise à pépère*	Robert CHOQUETTE	TH 065
16 déc.	*Faux départ*	Louis PELLAND	TH 265
23 déc.	*L'Enfant de Noël*	Éloi de GRANDMONT	TH 193

1957

6 janv.	*Les Trois D'Orient*	Jules GOBEIL	TH 184
25 janv.	*Brigitte*	Robert CHOQUETTE	TH 066
3 fév.	*L'Étoile rouge*	Aliette BRISSET-THIBAUDEAU	TH 040
14 fév.	*L'Orme de mes yeux*	Jean-Robert RÉMILLARD	TH 281
22 fév.	*Un beau Brummel*	Robert CHOQUETTE	TH 067
14 mars	*Florence*	Marcel DUBÉ	TH 119
22 mars	*Le Voyage à Rome*	Robert CHOQUETTE	TH 068
7 avril	*La Doutance*	Yves THÉRIAULT	TH 312
19 avril	*Le Village du refus*	Félix LECLERC	TH 235
26 avril	*Élise Velder*	Robert CHOQUETTE	TH 069
12 mai	*La Dette*	Jean LAFOREST	TH 214
24 mai	*Un homme à la fenêtre*	Robert CHOQUETTE	TH 070
16 juin	*La Fin du rêve*	Marcel DUBÉ	TH 120
21 juin	*Un roman-savon*	Robert CHOQUETTE	TH 071
30 juin	*La Vertu des chattes*	André LAURENDEAU	TH 222
7 juil.	*Le Condamné à mort*	Adèle LAUZON	TH 225
28 juil.	*Avantage pour...*	Lise LAVALLÉE	TH 227

4 août	L'Assassin dans l'hôpital	Bertrand VAC	TH 328
18 août	Le Mariage blanc d'Amandine	Louis PELLAND	TH 266
22 sept.	M. David a disparu	Jeanne FREY	TH 168
29 sept.	Les Hutto, père et fils	Michel CAILLOUX	TH 044
1er oct.	Les Grands Départs	Jacques LANGUIRAND	TH 219
6 oct.	Fabienne	Yves THÉRIAULT	TH 313
22 oct.	Dernier combat	Maurice GAGNON	TH 170
27 oct.	L'Escroc prodigue	Jean PELLERIN	TH 267
19 nov.	La Maison au bord de l'eau	Paul ALAIN	TH 002
1er déc.	Les Hommes libres	François MOREAU	TH 258
10 déc.	Un simple soldat	Marcel DUBÉ	TH 121
17 déc.	C. Q. F. D.	Françoise LORANGER	TH 246
22 déc.	Il faut marier Colombe	Michel CAILLOUX	TH 045
24 déc.	Les Fiançailles	Éloi de GRANDMONT	TH 194
29 déc.	La Sauterelle	Yves THÉRIAULT	TH 314

1958

5 janv.	Un instant de ta vie	Jean-Raymond BOUDOU	TH 035
21 janv.	Studio 43	Eugène CLOUTIER	TH 082
21 janv.	Marie-Emma	André LAURENDEAU	TH 223
26 janv.	Cargaison dangereuse	François MOREAU	TH 259
9 fév.	Quand les chefs s'amusent	Eugène CLOUTIER	TH 083
18 fév.	Le Léviathan	Yves THÉRIAULT	TH 315
18 fév.	Médée	Marcel DUBÉ	TH 122
2 mars	La Succession Dupont-Durant	Jean FILIATRAULT	TH 159
18 mars	Deux valses	André LAURENDEAU	TH 224
18 mars	Je vous ai tant aimé	Paul L'ANGLAIS	TH 217
18 mars	Jour après jour	Françoise LORANGER	TH 247
18 mars	Paradis perdu	Marcel DUBÉ	TH 224
13 avril	Aaron	Yves THÉRIAULT	TH 316
15 avril	La tenue de soirée est de rigueur	Paul ALAIN	TH 003
4 mai	Profondeur 300	Maurice GAGNON	TH 171
13 mai	Quand nous serons à la Manouan	Jean-Robert RÉMILLARD	TH 282
18 mai	Le Refuge impossible	Jean FILIATRAULT	TH 160
25 mai	Un génie sans talent	Jacques ANTOONS	TH 007
8 juin	Le Bal des dieux	Eugène CLOUTIER	TH 084
10 juin	Le Cheval de Troie	Yves THÉRIAULT	TH 317
22 juin	Celui que l'on attendait	Yves THÉRIAULT	TH 318
6 juil.	Vase clos	Pierre VILLON	TH 331
16 juil.	La Mercière assassinée	Anne HÉBERT	TH 200
18 juil.	À ceux qui viendront	André BERTHIAUME	TH 028
20 juil.	L'Anse-aux-huards	Pierre PERRAULT	TH 269
27 juil.	Le Réveil du passé	Luan ASLLANI	TH 021
3 août	Un brave homme	Pierre DAGENAIS	TH 092
10 août	Chambre 17	Paul ALAIN	TH 004
13 août	Les Héritiers	Maurice GAGNON	TH 172

17 août		*Poissons rouges et timbres-poste*	André D'ALLEMAGNE, Jacques GODBOUT	TH 105
7 sept.		*Tu lis trop, Anatole*	Robert CHOQUETTE	TH 072
14 sept.		*Le dimanche, j'attends*	Jean-Robert RÉMILLARD	TH 283
21 sept.		*Ombres sur le sable*	Maurice GAGNON	TH 173
28 sept.		*Dieudonné et l'abus de biens*	Yves THÉRIAULT	TH 319
19 oct.		*Les Malheurs de Tchen*	Adèle LAUZON	TH 226
26 oct.		*Le Père Jules*	Gaston LEHIR	TH 238
2 nov.		*Kébec*	Guy DUFRESNE	TH 149
9 nov.		*La Ligne du Nord*	Marcel CABAY	TH 043
16 nov.		*La Mariée d'un printemps*	Paul ALAIN	TH 005
23 nov.		*Le Renvoi*	Marc BEAULÉ	TH 024
30 nov.		*Au cœur de la rose*	Pierre PERRAULT	TH 270
7 déc.		*La Vie de Chopin*	Eugène CLOUTIER	TH 085
14 déc.		*Déclin*	Yves THÉRIAULT	TH 320
25 déc.		*Noël d'hier*	Pierre DAGENAIS	TH 093

1959

8 janv.		*Le Choix des armes*	Hubert AQUIN	TH 010
3 mai		*Marguerite d'Youville, la plus belle de céans*	Charlotte SAVARY	TH 295
24 mai		*Le Toubib*	Gaston LEHIR	TH 239
31 mai		*Les Oiseaux de nuit*	Jean PELLERIN	TH 268
1er juil.		*Procès pour meurtre*	Eugène CLOUTIER	TH 086
26 juil.		*Derrière la grille*	Paul ALAIN	TH 006
29 juil.		*La Cellule*	Marcel DUBÉ	TH 124
16 août		*Le Démon de midi et demi*	Robert CHOQUETTE	TH 073
26 août		*La Marque du dieu*	Yves THÉRIAULT	TH 321
20 sept.		*Équation à deux inconnus*	Marcel DUBÉ	TH 125
4 oct.		*Bonne nuit, mademoiselle Hélène*	Claude FOURNIER	TH 163
8 nov.		*L'Enjeu*	Maurice GAGNON	TH 174
22 nov.		*L'Héritière de Pierre Maurac*	Louis-Philippe HÉBERT	TH 201
29 nov.		*Il neigera sur l'île*	Jean-Robert RÉMILLARD	TH 284

1960

3 janv.		*Un cas de paresthénie*	Robert CHOQUETTE	TH 074
31 janv.		*La Rue de la liberté*	Claude JASMIN	TH 204
7 fév.		*Échec au roi*	Jules GOBEIL	TH 185
14 fév.		*L'Échéance du vendredi*	Marcel DUBÉ	TH 126
6 mars		*La lune était au rendez-vous*	Gilles DEROME	TH 106
20 mars		*Antoine et sa montagne*	Yves THÉRIAULT	TH 322
1er mai		*Mesure de guerre*	Guy DUFRESNE	TH 150
5 mai		*L'Exilé*	André BERTHIAUME	TH 029
15 mai		*Absalon, mon père*	Jean-Robert RÉMILLARD	TH 285
29 mai		*Dernier acte*	François LEMAL	TH 240

12 juin	*Vent d'Es*		Pierre PERRAULT	TH 271
19 juin	*Les Frères ennemis*		Marcel DUBÉ	TH 127
2 juil.	*Au diable les vacances*		Jacques ANTOONS	TH 008
5 juil.	*On ne meurt qu'une fois*		Hubert AQUIN	TH 011
16 juil.	*Mon ami Pierrot*		Jacques LANGUIRAND	TH 220
26 juil.	*L'Escale*		Maurice GAGNON	TH 175
30 juil.	*Fin d'été*		Marcel DUBÉ	TH 128
13 août	*Le Mouvement perpétuel*		Louis-Georges CARRIER	TH 049
16 août	*L'Été de la dernière enfance*		Jean-Robert RÉMILLARD	TH 286
27 août	*Obsession*		Hedwidge HERBIET	TH 202
6 sept.	*Préméditation*		Eugène CLOUTIER	TH 087
10 sept.	*La Formule Couturier*		Claude FOURNIER	TH 164
17 nov.	*Chemin privé*		Guy DUFRESNE	TH 151
1er déc.	*Bilan*		Marcel DUBÉ	TH 129

1961

15 janv.	*Les Traitants*		Guy DUFRESNE	TH 152
29 janv.	*Quand la moisson sera courbée*		Roger SINCLAIR	TH 302
26 fév.	*La Piastre*		Pierre DAGENAIS	TH 094
9 avril	*La Porte close*		Maurice GAGNON	TH 176
23 avril	*L'Affaire Rudolph*		Madame ÉLIE CARTIER	TH 052
6 août	*L'Embuscade*		Maurice GAGNON	TH 177
9 août	*Adam, Éva et le pensionnaire*		Rudel TESSIER	TH 306
16 août	*Appel de nuit*		Mac SHOUB	TH 299
20 août	*Crescendo*		Hedwidge HERBIET	TH 203
23 août	*Comme je vous aimais*		Éloi de GRANDMONT	TH 195
30 août	*Le Mystère des deux Joseph*		Réjane DESRAMEAUX	TH 107
3 sept.	*Le Portrait*		Minou PETROWSKI	TH 275
13 sept.	*Le Sursis*		André BERTHIAUME	TH 030
1er oct.	*Le Témoin*		Pierre DAGENAIS	TH 095
12 nov.	*Isabelle*		Pierre DAGENAIS	TH 096
26 nov.	*Une nuit*		Charlotte SAVARY	TH 296
31 déc.	*La Grand-gigue*		Jean-Paul FILION	TH 161
**	*Départ*		Minou PETROWSKI	TH 276

1962

8 fév.	*Le Temps des lilas*		Marcel DUBÉ	TH 130
18 fév.	*Lili*		Roland SURZUR	TH 304
1er mars	*Par delà les âges*		Jean-Robert RÉMILLARD	TH 287
11 mars	*Le temps qu'il fait*		Gilbert COMTOIS	TH 089
18 mars	*La Porte*		Monique LAROUCHE-THIBAULT	TH 221
29 avril	*Bousille et les justes*		Gratien GÉLINAS	TH 180
25 oct.	*Le Petit Monde du père Gédéon*		Roger LEMELIN	TH 241
8 nov.	*Oraison funèbre*		Hubert AQUIN	TH 012

6 déc.		*La Mort dans l'âme*	Claude JASMIN	TH 205
13 déc.		*Ô Voyageurs*	Marcel DUBÉ, Georges DOR	TH 131

1963

3	janv.	*Atout... meurtre*	Pierre DAGENAIS	TH 097
7	fév.	*Sous le règne d'Augusta*	Robert CHOQUETTE	TH 075
21	fév.	*Élisabeth*	Andrée THIBAULT	TH 323
7	mars	*Le Saut périlleux*	Pierre DAGENAIS	TH 098
29	sept.	*Les Mains vides*	Claude JASMIN	TH 206
20	oct.	*L'Indiscret*	Louis-Georges CARRIER	TH 050
10	nov.	*L'Amour des deux orphelines*	Jean-Robert RÉMILLARD	TH 288
22	déc.	*Le Roi viendra demain*	Félix LECLERC	TH 236

1964

5	janv.	*Cas de conscience*	Pierre DAGENAIS	TH 099
12	janv.	*Blues pour un homme averti*	Claude JASMIN	TH 207
19	janv.	*Le Dossier de Chelsea Street*	Walter WEIDELI	TH 332
2	fév.	*Une marche au soleil*	Jean-Paul FILION	TH 162
8	mars	*Cyborg*	Guy FOURNIER	TH 165
15	mars	*Le feu qui couve*	Marcelle McGIBBON	TH 257
13	sept.	*L'Étrangère*	Robert ÉLIE	TH 155
25	oct.	*Meurtre à l'étude*	Maurice GAGNON	TH 178

1965

17	janv.	*Tuez le veau gras*	Claude JASMIN	TH 208
31	janv.	*Madame Maura*	Lise LAVALLÉE	TH 228
14	mars	*Le Marin d'Athènes*	Réal BENOÎT	TH 025
28	nov.	*Un cri qui vient de loin*	Françoise LORANGER	TH 248

1966

13	fév.	*Chacun son amour*	Paul TOUPIN	TH 324
19	juin	*L'Imbécile*	Lomer GOUIN	TH 187
26	juin	*La Grand'demande*	Jean DAIGLE	TH 104
10	juil.	*La Porte ouverte*	Bernard GENEST	TH 182
31	juil.	*Cui-Cui*	Michel VAÏS	TH 329
14	août	*Les Pissenlits*	Jean LABROQUERIE	TH 211
28	août	*Nécropole*	Marcelle OUELLETTE	TH 262
2	oct.	*Au-dessus de tout*	Paul CHAMBERLAND	TH 053
13	nov.	*Souvenirs en accords brisés*	Andrée MAILLET	TH 253

1967

**	janv.	*Drôle de meurtre*	Pierre DAGENAIS	TH 100
22	janv.	*Faux bond*	Hubert AQUIN	TH 013

12 mars	*La Roulotte aux poupées*	Marie-Claire BLAIS	TH 031
22 oct.	*Au milieu de la course de notre vie*	Gilles MARCOTTE	TH 256
29 oct.	*Hangar 54*	Roger FOURNIER, collab.	TH 167

1968

7 janv.	*Doux sauvage*	André MAJOR	TH 255
31 mars	*La Morte Saison*	Jacques BRAULT	TH 037
4 juin	*Virginie*	Marcel DUBÉ	TH 132
6 août	*Manuel*	Marcel DUBÉ	TH 133
22 sept.	*Table tournante*	Hubert AQUIN	TH 014
20 oct.	*La Neige en octobre*	André LANGEVIN	TH 215
3 nov.	*Partie remise*	Marcel GODIN	TH 186
15 déc.	*La Saignée*	Guy FOURNIER	TH 166

1969

9 mars	*Vingt-quatre heures de trop*	Hubert AQUIN	TH 015
14 sept.	*Pauvre amour*	Marcel DUBÉ	TH 134
28 sept.	*Quand nous serons heureux*	Jacques BRAULT	TH 038
21 déc.	*Trois petits tours*	Michel TREMBLAY	TH 325

1970

6 sept.	*Ta nuit est ma lumière*	Robert CHOQUETE	TH 076
13 sept.	*Hold-up*	Louis-Georges CARRIER, Marcel DUBÉ	TH 051
4 oct.	*Une maison... un jour*	Françoise LORANGER	TH 249

1971

3 janv.	*Voyage de noces*	Pierre DAGENAIS	TH 101
7 fév.	*Au retour des oies blanches*	Marcel DUBÉ	TH 135
21 fév.	*Les Cuisines*	Marcel SABOURIN	TH 292
21 fév.	*Margo*	Marc-F. GÉLINAS	TH 181
21 fév.	*Les Nuits d'arabesque*	Madeleine GAGNON-MAHONY	TH 169
7 mars	*En pièces détachées*	Michel TREMBLAY	TH 326
4 avril	*Encore cinq minutes*	Françoise LORANGER	TH 250
7 sept.	*Le Naufragé*	Marcel DUBÉ	TH 136
5 oct.	*Entre midi et soir*	Marcel DUBÉ	TH 137

1972

2 janv.	*Au prochain crime... j'espère*	Pierre DAGENAIS	TH 102
30 janv.	*Double sens*	Hubert AQUIN	TH 016
26 mars	*La Perdrière*	Andrée MAILLET	TH 254

16 avril	*Cupidon sauvé par l'amour*	André-Pierre BOUCHER	TH 034
16 avril	*La Cabane du skieur*	Claude JASMIN	TH 209
8 oct.	*Françoise Durocher, waitress*	Michel TREMBLAY	TH 327
5 nov.	*Les Semelles de vent*	André LANGEVIN	TH 216

1973

21 janv.	*Le bon monde: n'écrivez jamais au facteur*	Michel FAURE	TH 156
25 fév.	*La Nuit de la Saint-Théodore*	Réal BENOÎT	TH 026
6 mars	*Sans adresse connue*	Réal BENOÎT	TH 027
13 mars	*Drôle de couple* ou *Du tac au tac*	Robert CHOQUETTE	TH 077
3 avril	*Le Père idéal*	Marcel DUBÉ	TH 138
11 avril	*Caïn a-t-il tué Abel ?*	Carl DUBUC	TH 142
15 avril	*Papa*	Pierre DAGENAIS	TH 103
25 avril	*La Reconstitution*	Carl DUBUC	TH 143
5 mai	*À chacun sa leçon*	Robert CHOQUETTE	TH 078
22 mai	*Valentin le chat*	Yves LÉTOURNEAU	TH 243
7 oct.	*L'Homme aux faux diamants de braise*	Jean-Robert RÉMILLARD	TH 289

1974

3 mars	*Goglu*	Jean BARBEAU	TH 023
17 mars	*Aujourd'hui peut-être*	Serge SIROIS	TH 303
24 mai	*Millionnaire à froid*	Michel FAURE	TH 157
29 sept.	*Il est une saison*	Marcel DUBÉ, Louis-Georges CARRIER	TH 139
29 déc.	*D'abord l'amour*	Eugène CLOUTIER	TH 088

1975

30 mai	*Un arbre chargé d'oiseaux*	Louise MAHEUX-FORCIER	TH 251
16 nov.	*Québec, printemps 1918*	Jean PROVENCHER, Gilles LACHANCE, Raymond BARRETTE	TH 279
30 nov.	*C'était le fil de la vie*	Marcel DUBÉ	TH 140

1976

8 fév.	*Octobre*	Marcel DUBÉ	TH 141
7 mars	*Edna ou la contradiction*	Guy BOUCHARD	TH 033
2 mai	*François*	Réjane CHARPENTIER	TH 054
28 mai	*L'Océan*	Marie-Claire BLAIS	TH 032
1er oct.	*Rose et Henri*	André CARON	TH 047
24 oct.	*Johanne et ses vieux*	Guy DUFRESNE	TH 153

29 oct.	*Un jour ils eurent l'idée de s'acheter une maison à la campagne*	Claire RICHARD	TH 290
17 déc.	*Le Temps devant soi*	Gilles ARCHAMBAULT	TH 017

1977

17 janv.	*Plus ça change moins c'est pareil*	Ronald PRÉGENT	TH 278
30 janv.	*Vendredi 16h45*	Pierre GAUVREAU	TH 179
11 fév.	*La Fausse Représentation*	Jacques SENÉCAL	TH 300
18 fév.	*Les Midis de Julie*	Françoise CHARTIER	TH 055
25 fév.	*Les Consolations*	Richard LORAIN	TH 243.1
13 mars	*Procès devant juge seul*	Claude JASMIN	TH 209.1
18 mars	*Échec et mat*	Jean TRUDELLE	TH 327.1

3. Tableau-synthèse des téléthéâtres

TÉLÉTHÉÂTRES 1 Saisons d'automne-hiver (octobre à mai)

TÉLÉTHÉÂTRES 2 Saisons d'été (juin à septembre)

TABLEAU CUMULATIF DES TÉLÉTHÉÂTRES

	automne hiver	été	total		automne hiver	été	total
1951-1952	0	4	4	1964-1965	4	0	4
1952-1953	7	4	11	1965-1966	2	6	8
1953-1954	12	16	28	1966-1967	5	0	5
1954-1955	11	13	24	1967-1968	4	3	7
1955-1956	12	7	19	1968-1969	4	2	6
1956-1957	19	9	28	1969-1970	1	2	3
1957-1958	29	16	45	1970-1971	8	1	9
1958-1959	14	6	20	1971-1972	6	0	6
1959-1960	14	12	26	1972-1973	12	0	12
1960-1961	7	8	15	1973-1974	4	1	5
1961-1962	11	0	11	1974-1975	2	0	2
1962-1963	8	1	9	1975-1976	6	0	6
1963-1964	9	1	10	1976-1977	11	—	11

Note : On notera que la saison estivale a une durée de 4 mois, de juin à la fin de septembre.

III
FEUILLETONS

1. *Répertoire catalographique*

(par ordre alphabétique des auteurs)

FE 401   ARCAND, Denis.

Minute, Papillon, téléroman, original. Hebdomadaire, 30 min. Station CBFT. Collaboration : Jacques BOBET. Réalisation : Georges GROULX. 29 novembre 1966 – 18 avril 1967.

Distribution : Paul BERVAL, Edgar FRUITIER, Monique JOLY, Andrée LACHAPELLE, Nana de VARENNES.

FE 402   BERTRAND, Janette.

Quelle famille !, téléroman, original. Hebdomadaire, 30 min. Station CBFT. Collaboration : Jean LAJEUNESSE. Réalisation : Aimé FORGET. 7 septembre 1969 – 19 mai 1974.
Reprise : 31 mai 1970 – 30 août 1970 ; 1er septembre 1975 – 9 mai 1976.

Distribution * : Janette BERTRAND, Clémence DESROCHERS, Jean LAJEUNESSE, Isabelle LAJEUNESSE, Martin LAJEUNESSE, Robert LALONDE, Ovila LÉGARÉ, Michel NOËL, Ghislaine PARADIS, Olivette THIBAULT, Robert TOUPIN, Nana de VARENNES, Johanne VERNE.

* Comédiens réguliers seulement.

FE 403   BERTRAND, Janette.

Grand-papa, téléroman, original. Hebdomadaire, 30 min. Station CBFT. Réalisation : Geneviève HOULE, Aimé FORGET. 14 septembre 1976 – en cours.

Distribution : Catherine BÉGIN, Monique CHABOT, Pierre DUFRESNE, Yves FORTIN, Ronald FRANCE, Amulette GARNEAU, Guy GODIN, Jocelyne GOYETTE, Alexandre GUITÉ, Rita LAFONTAINE, Jean LAJEUNESSE, Louise LATRAVERSE, Diane LAVALLÉE, Ovila LÉGARÉ, Germaine LE MYRE, Elsa LESSONINI, Jean-Pierre MASSON, Monique MERCURE, Albert MILLAIRE, Jean-Louis MILLETTE, Gérard PARADIS, Juliette PÉTRIE, Septimiu SÉVÈRE.

*** BOBET, Jacques.

Minute, Papillon.

Voir ARCAND, Denis FE 401.

FE 404 BOISVERT, Réginald.

La Force de l'âge, téléroman, original. Hebdomadaire, 30 min. Station CBFT. Réalisation : Jean VALADE. 2 novembre 1960 – 28 juin 1961.

Distribution : Danièle ALEXANDRE, Julien BESSETTE, Pierre BOUCHER, Georges BOUVIER, Aline CARON, Paul DAVIS, Jean DUCEPPE, Camille DUCHARME, Pierre DUFRESNE, Bertrand GAGNON, Émile GENEST, Jacques GODIN, Nicole GODIN, Paul GUÉVREMONT, Paul HÉBERT, Gaétan LABRÈCHE, Suzanne LANGLOIS, Christine LAROCQUE, Pierre LEGAULT, Françoise LEMIEUX, Jacques LÉTOURNEAU, Hélène LOISELLE, Line LUSSIER, Benoît MARLEAU, Yves MASSICOTTE, Janine MIGNOLET, Andrée MONTMORENCY, André PAGÉ, Jani PASCAL, Béatrice PICARD, Gérard POIRIER, Henri POITRAS, Claude PRÉFONTAINE, Serge PRIEUR, Claire RICHARD, Robert RIVARD, Raynald ROMPRÉ, Yolande ROY, Martine SIMON, Olivette THIBAULT, Marthe THIÉRY, Carmen TREMBLAY, Laurence VALLIER, Lionel VILLENEUVE.

FE 405 BOISVERT, Réginald.

Le Pain du jour, téléroman, original. Hebdomadaire, 30 min. Station CBFT. Réalisation : Jean VALADE. 10 octobre 1962 – 26 mai 1965.

Distribution : Juliette BÉLIVEAU, Julien BESSETTE, Yvon BOUCHARD, Georges BOUVIER, André BRASSARD, Yvan CANUEL, Aline CARON, Monique CHAMPAGNE, Roland CHENAIL,

Jacques CLICHE, Lucille COUSINEAU, Clémence DESROCHERS, Denis DROUIN, Yvon DUFOUR, Pierre DUFRESNE, Jocelyne FRANCE, Jacques GALIPEAU, Yves GÉLINAS, Paul GUÉVREMONT, Marjolaine HÉBERT, Paul HÉBERT, Micheline HERBAUD, Juliette HUOT, Jean LAJEUNESSE, Suzanne LANGLOIS, Yves LÉTOURNEAU, Jacques LÉVESQUE, Benoît MARLEAU, Jean PERRAUD, Serge PRIEUR, Béatrice PICARD, Gérard POIRIER, André RICHARD, Jean RICHARD, Serge ROGER, Martine SIMON, Olivette THIBAULT, Lionel VILLENEUVE.

FE 406   BOISVERT, Réginald.

Le Paradis terrestre, téléroman, original. Hebdomadaire, 60 min. Station CBFT. Réalisation : Denys GAGNON. 12 février 1968 – 27 mai 1968, et hebdomadaire, 30 min. 4 septembre 1968 – 19 mai 1969.

Distribution : Monique AUBRY, Yvon BOUCHARD, Pierre BOUCHER, Margot CAMPBELL, Georges CARRÈRE, Gilbert CHÉNIER, Élizabeth CHOUVALIDZÉ, Gilles CLOUTIER, Pierrette DELISLE, Jean DOYON, Gisèle DUFOUR, Nicole FILION, Bertrand GAGNON, Jacques GALIPEAU, Normand GÉLINAS, Julien GENAY, Paul GUÉVREMONT, Ernest GUIMOND, Paul HÉBERT, Léo ILIAL, Michèle JOURDAIN, Jean LAJEUNESSE, Carole LEMAIRE, Monique LEPAGE, Ginette LETONDAL, Marthe NADEAU, Gilles PELLETIER, Béatrice PICARD, Gérard POIRIER, Guy PROVOST, Pascal ROLLIN, Réjean ROY, Gisèle SCHMIDT, Madeleine SICOTTE, Patricia SOLEIL, Lionel VILLENEUVE.

FE 407   BOISVERT, Réginald.

Mont-Joye, téléroman, original. Hebdomadaire, 30 min. Station CBFT. Réalisation : Denys GAGNON, Guy HOFFMANN. 7 septembre 1970 – 19 mai 1975.

Distribution : Marc BÉLIER, Julien BESSETTE, Andrée BOUCHER, Yvan CANUEL, Monique CHENTRIER, Yves CORBEIL, Victor DÉSY, Francine DIONNE, Yvon DUFOUR, Françoise FAUCHER, Jocelyne FRANCE, Hubert GAGNON, Jacques GALIPEAU, Jean-Maurice GÉLINAS, Benoît GIRARD, Jacques GODIN, Ian IRE-

LAND, Louise LADOUCEUR, Ovila LÉGARÉ, Marc LEGAULT, Françoise LEMAÎTRE-AUGER, Ginette LETONDAL, Michelle MAGNY, Doris MALCOLM, Bondfield MARCOUX, Yolande MICHOT, Jean-Louis PARIS, Gilles PELLERIN, Denise PELLETIER, Marc PELLETIER, Patrick PEUVION, Guy PROVOST, Rose REY DUZIL, Claire RICHARD, Jean-Louis ROUX, Yolande ROY, Pierre THÉRIAULT, Jacques THISDALE, Gisèle TRÉPANIER, Richard VIGNEAULT, Lionel VILLENEUVE.

FE 408   BOISVERT, Réginald.

Y a pas de problème, téléroman, original. Hebdomadaire, 30 min. Station CBFT. Réalisation : René VERNE, Guy HOFFMANN. 1ᵉʳ septembre 1975 – en cours.

Distribution : Jacques ALLARD, Pierre BEAUDRY, Réal BÉLAND, Guy BÉLANGER, Monique BÉLISLE, Julien BESSETTE, François BLAKE, Alpha BOUCHER, Serge BRADET, Élizabeth CHOUVALIDZÉ, Gilbert COMTOIS, Louis DE SANTIS, Sébastien DHAVERNAS, Marie-Louise DION, Camille DUCHARME, Gisèle DUFOUR, Pierre DUFRESNE, Gaston DUMAS, Nini DURAND, FABIOLA (Mme Roger Trouve), Jacques FAMERY, Alain FOURNIER, Edgar FRUITIER, Bertrand GAGNON, Denis GAGNON, J.-Léo GAGNON, Roger GARCEAU, Luc GINGRAS, Benoît GIRARD, Gaétan GIRARD, Blaise GOUIN, Roger GUERTIN, Ronald GUÉVREMONT, Luce GUILBAULT, Ernest GUIMOND, Armand LABELLE, Gaétan LABRÈCHE, Carmen LAROSE, Roger LEBEL, Réjean LEFRANÇOIS, Marc LEGAULT, Anne LÉTOURNEAU, Ninon LÉVESQUE, Jacques L'HEUREUX, Raymond L'HEUREUX, Benoît MARLEAU, Jean-Pierre MASSON, Claude MICHAUD, Alain MICHEL, Jean-Marie MONCELET, Jean-Luc MONTMINY, Gilles MORIN, Ginette MORIN, Richard NIQUETTE, Judith OUIMET, Marcelle PALLASCIO, Jean-Louis PARIS, Patrick PEUVION, Marc PICARD, Jacques PIPERNI, Louis POIRIER, Yvan PONTON, Louise PORTAL, Brigitte PUCKHARDT, Claude RÉGENT, José RETTINO, Philippe ROBERT, Alain SAINT-LOUIS, Diane SAINT-

ONGE, Madeleine SICOTTE, Janine SUTTO, Daniel TREMBLAY, Roger TURCOTTE, Francine VERNAC, Johanne VERNE, Lucie VÉZINA, Anne VILLENEUVE, Lionel VILLENEUVE, Michel VIMONT, Alain VLEMINCK, Jacques ZOUVI.

FE 409   CHOQUETTE, Robert.

La Pension Velder, téléroman, original. Hebdomadaire, 30 min. Station CBFT. Réalisation : Jean-Pierre SÉNÉCAL, Louis BÉDARD. 9 octobre 1957 – 10 juillet 1961.

Distribution : Juliette BÉLIVEAU, Rita BIBEAU, Christiane BRETON, José DELAQUERRIÈRE, Victor DÉSY, Colette DEVLIN, Françoise FAUCHER, Robert GADOUAS, Gaétan LABRÈCHE, Gaétane LANIEL, Fernande LARIVIÈRE, Ovila LÉGARÉ, Michel NOËL, André PAGÉ, Jani PASCAL, Gilles PELLERIN, Jacqueline PLOUFFE, Gérard POIRIER, Jeanne QUINTAL, Claire RICHARD, Lucie de VIENNE, Jacques ZOUVI.

FE 410   CHOQUETTE, Robert.

Quinze ans plus tard, téléroman, original. Hebdomadaire, 30 min. Station CBFT. Réalisation : Louis BÉDARD, André BOUSQUET. 12 septembre 1976 – 29 mai 1977.

Distribution : Diane ARCAND, Rolland BÉDARD, Rita BIBEAU, Yvan CANUEL, Jacinthe CHAUSSÉ, Gilles CLOUTIER, Andrée COUSINEAU, Christiane DELISLE, Robert DESROCHES, Denis DROUIN, Françoise FAUCHER, Bertrand GAGNON, Pat GAGNON, Marcel GAUTHIER, Juliette HUOT, Monique JOLY, André LACOSTE, Robert LALONDE, Ovila LÉGARÉ, Jean-Marie LEMIEUX, Bondfield MARCOUX, Katerine MOUSSEAU, Michel NOËL, Jean-René OUELLET, Gilles PELLERIN, Jean PERRAUD, Jacqueline PLOUFFE, Gérard POIRIER, Anne-Marie PROVENCHER, Jeanne QUINTAL, Olivette THIBAULT.

FE 411   CLOUTIER, Eugène.

Anne-Marie, téléroman, original. Hebdomadaire, 30 min. Station CBFT. Réalisation : Jean FAUCHER. 12 novembre 1954 – 26 mai 1955.

Distribution : Roland CHENAIL, Robert GADOUAS, Monique LEYRAC, Huguette OLIGNY.

FE 412   CLOUTIER, Eugène.

> *Le Colombier,* téléroman, original. Hebdomadaire, 30 min. Station CBFT. Réalisation : Gérard CHAPDELAINE. 11 avril 1957 – 4 juillet 1957.
>
> Distribution : Charlotte BOISJOLI, Jean-Paul DUGAS, Edgar FRUITIER, Jean GASCON, Lucille GAUTHIER, Guy HOFFMANN, Roger JOUBERT, Madeleine LANGLOIS, Dyne MOUSSO.

FE 413   DAGENAIS, Pierre.

> *Le Feu sacré,* téléroman, original. Hebdomadaire, 30 min. Station CBFT. Réalisation : Jean FAUCHER, Jean-Paul FUGÈRE. 27 juin 1963 – 26 septembre 1963.
>
> Distribution : Jean-Paul DUGAS, Luc DURAND, Nini DURAND, Françoise FAUCHER, Roger GARCEAU, Guy HOFFMANN, Fernande LARIVIÈRE, Gilles PELLETIER, Pascale PERREAULT, François ROZET.

FE 414   DESPREZ, Jean.

> *Joie de vivre,* téléroman, original. Hebdomadaire, 30 min. Station CBFT. Réalisation : Roger FOURNIER, Florent FORGET, Louis BÉDARD. 13 octobre 1959 – 2 juillet 1963.
>
> Distribution : Marie ANNIK, Paulette BEAUCHESNE, François CARTIER, Jean COUTU, Pierre DAGENAIS, Rolland D'AMOUR, Réjane DESRAMEAUX, Colette DORSAY, Jean DUCEPPE, Guy FERRON, Edgar FRUITIER, Bertrand GAGNON, J.-Léo GAGNON, Jean GASCON, Blanche GAUTHIER, Antoinette GIROUX, Guy GODIN, Françoise GRATON, Georges GROULX, Paul GUÉVREMONT, Juliette HUOT, Lise LASALLE, Raymond LÉVESQUE, Hubert LOISELLE, Louise MARLEAU, Monique MILLER, Nathalie NAUBERT, Huguette OLIGNY, Jean-Louis PARIS, Gérard POIRIER, Raymond POULIN, Robert RIVARD, Denyse SAINT-PIERRE, Gisèle SCHMIDT, Olivette THIBAULT, Nana de VARENNES, René-Philippe VIAU.

FE 415   DUBÉ, Marcel.

Côte de sable, téléroman, original. Hebdomadaire, 30 min. Station CBFT. Réalisation : Louis-Georges CARRIER. 1er novembre 1960 – 20 juin 1962.

Distribution : Catherine BÉGIN, Yvon BOUCHARD, Pierre BOURGAULT, Clémence DESROCHERS, Jean DOYON, Pierre DUFRESNE, Marc FAVREAU, Tania FÉDOR, Roger GARCEAU, Benoît GIRARD, Marjolaine HÉBERT, Monique JOLY, Jean LAJEUNESSE, Louise LATRAVERSE, Yves LÉTOURNEAU, Claude LÉVEILLÉE, Julien LIPPÉ, Louise MARLEAU, Richard MARTIN, Nathalie NAUBERT, Patricia NOLIN, Jean-Louis PARIS, Denise PELLETIER, Gilles PELLETIER, Henry RAMER, Mia RIDDEZ, François ROZET, Janine SUTTO, Laurence VALLIER.

FE 416   DUBÉ, Marcel.

De 9 à 5, téléroman, original. Hebdomadaire, 30 min. Station CBFT. Réalisation : Louis BÉDARD. 7 octobre 1963 – 24 mai 1966.

Distribution : Michèle BISAILLON, Pierre BOUCHER, Jean DUCEPPE, Mariette DUVAL, Julien GENAY, Benoît GIRARD, Georges GROULX, Marjolaine HÉBERT, Isabelle JEAN, Monique JOLY, Andrée LACHAPELLE, Réjean LEFRANÇOIS, Raymond LÉVESQUE, Marie-Josée LONGCHAMPS, Louise MARLEAU, Nathalie NAUBERT, Huguette OLIGNY, Jean-Louis PARIS, Pierre PATRY, Denise PELLETIER, Jean PERRAUD, Claude PRÉFONTAINE, Michèle PRÉVOST, Claire RICHARD, Mia RIDDEZ, Patricia SOLEIL, François TASSÉ.

FE 417   DUBOIS, André.

Du tac au tac, téléroman, original. Hebdomadaire, 30 min. Station CBFT. Collaboration : Raymond PLANTE. Réalisation : Maurice FALARDEAU. 6 octobre 1976 – en cours.

Distribution : Jean ARCHAMBAULT, Catherine BÉGIN, Véronique BÉLIVEAU, Dorothée BERRYMAN, François CARTIER, France CASTEL, Marthe CHOQUETTE, Normand CHOUINARD, Sophie CLÉMENT, Yves CORBEIL, Jean DAL-

MAIN, Yvon DESCHAMPS, Victor DÉSY, Michel DUMONT, Luc DURAND, Michel FORGET, Daniel GADOUAS, Bertrand GAGNON, Yoland GUÉRARD, Marc HÉBERT, Marjolaine HÉBERT, Léo ILIAL, Willie LAMOTHE, Louise LAPARÉ, Jean-Guy LATOUR, Roger LEBEL, Nicole LEBLANC, Yvon LEROUX, Élizabeth LE SIEUR, Jacques LORAIN, Jean MARCHAND, Bondfield MARCOUX, Monique MILLER, Christiane PASQUIER, Louise PORTAL, Anouk SIMARD, Pierre THÉRIAULT, Jacques TOURANGEAU, Louise TURCOT, Roger TURCOT, Huguette UGUAY, Francine VÉZINA, Lionel VILLENEUVE.

FE 418   DUFRESNE, Guy.

Cap-aux-sorciers, téléroman, original. Hebdomadaire, 30 min. Station CBFT. Réalisation : Maurice LEROUX, Paul BLOUIN. 7 juin 1955 – 12 juin 1958.

Distribution : Jacques AUGER, Adrien AVON, Hélène BAILLARGEON, Pierre BELZIL, Nicole BRAUNN, Aline CARON, Georges CARRÈRE, Rolland D'AMOUR, Pierre DUFRESNE, Jean FONTAINE, Jocelyne FRANCE, Jean GASCON, Paul GAUTHIER, Pierre GAUTHIER, Marcel GIGUÈRE, Jacques GODIN, Françoise GRATON, Monique JOLY, José LEDOUX, Hélène LOISELLE, Aimé MAJOR, Monique MILLER, Alan MILLS, Jean-René OUELLET, Jean-Louis PARIS, Gilles PELLETIER, Gérard POIRIER, Denise PROVOST, Louise RÉMY, Yolande ROY, Éléanor STUART, Janine SUTTO, Lionel VILLENEUVE.

FE 419   DUFRESNE, Guy.

Kahnawiio (La Rivière aux belles chutes), téléroman, original. Hebdomadaire, 30 min. Station CBFT. Réalisation : Aimé FORGET. 15 octobre 1961 – 8 juillet 1962.

Distribution : Paul BERVAL, Roland CHENAIL, Colette COURTOIS, Benoît GIRARD, Monique JOLY, Hélène LOISELLE, Aimé MAJOR, Benoît MARLEAU, Monique MILLER, Adolphe MUELLER, Gilles PELLETIER, Jean PERRAUD, Mathieu POULIN, Guy PROVOST, José RODRIGUEZ, Jean-Louis ROUX.

FE 420   DUFRESNE, Guy.

Septième Nord, téléroman, original. Hebdomadaire, 30 min. Station CBFT. Réalisation : André BOUSQUET. 29 septembre 1963 – 30 août 1967.

Distribution : Catherine BÉGIN, Guy BÉLANGER, Juliette BÉLIVEAU, Jacques BILODEAU, Ginette BLAIS, Charlotte BOISJOLI, Georges BOUVIER, Claude BRABANT, Élizabeth BRIAND, Jacques BROUILLET, Margot CAMPBELL, Roland CHENAIL, Claudette DELORIMIER, Nicole DERNY, Victor DÉSY, Denise DUBREUIL, Pierre DUFRESNE, Félixe FITZGERALD, Danièle FUGÈRE, Micheline GÉRIN, Pierre GERMAIN, Benoît GIRARD, Jacques GODIN, Georges GROULX, Juliette HUOT, Nicole KERJEAN, Andrée LAFLEUR, Suzanne LANGLOIS, Christine LAROCQUE, Anne LAURIAULT, Ovila LÉGARÉ, Monique LEMIEUX, Yves LÉTOURNEAU, Suzanne LÉVESQUE, Yvette MATHIEU, Roger MICHAEL, Alain MICHEL, Monique MILLER, Jean-Pierre MOREL, Denise MORELLE, Dyne MOUSSO, Adolphe MUELLER, Gilles NORMAND, Henri OVENCAMP, Lucille PAPINEAU, Gilles PELLETIER, Pascal PERREAULT, Diane PINARD, Madame POWNANSKA, Claude PRÉFONTAINE, Louise RÉMY, Rose REY DUZIL, Hélène ROLLAN, Jean-Louis ROUX, Louise ROUX, Roger SINCLAIR, Janine SUTTO, Véronique VILBERT.

FE 421   DUFRESNE, Guy.

Les Forges de Saint-Maurice, téléroman, original. Hebdomadaire, 30 min. Station CBFT. Réalisation : Louis BÉDARD, Richard MARTIN. 4 septembre 1972 – 19 mai 1975.

Distribution : Bernard ASSINIWI, France BERGER, Serge BOSSAC, Alpha BOUCHER, Jacques BROUILLET, Élizabeth CHOUVALIDZÉ, Colette COURTOIS, Anne DANDURAND, Jean DUCEPPE, Pierre DUFRESNE, Marc FAVREAU, Michel FORGET, Roger GARCEAU, Benoît GIRARD, Françoise GRATON, Jacques GODIN, Léo ILIAL, Jean LAJEUNESSE, Hélène LASNIER, Jean LECLERC, Réjean LEFRANÇOIS, Jean-Marie LEMIEUX, Élizabeth LESIEUR, Yves LÉTOURNEAU, Hélène LOISELLE, Jean-Pierre MASSON, Hubert NOËL,

Huguette OLIGNY, Béatrice PICARD, Pascal ROLLIN, Danielle ROY, Raymond ROYER, François ROZET, François TASSÉ, Yvon THIBOUTÔT, Yvette THUOT.

FE 422 FAURE, Michel.

La P'tite Semaine, téléroman, original. Hebdomadaire, 30 min. Station CBFT. Réalisation : Rolland GUAY, Claude DÉSORCY, Louis BÉDARD, Claude ROUTHIER. 29 janvier 1973 – 28 avril 1976.
Reprise : mai 1976 – en cours.

Distribution : Pierrette BEAUDOIN, Jean BESRÉ, Jacques BILODEAU, Anne CAMIRAND, Monique CHABOT, Gilbert COMTOIS, Yves CORBEIL, Louis DALLAIRE, Christiane DELISLE, Mario DESMARAIS, Clémence DESROCHERS, Michel DESROCHERS, Ousseynon DIOP, Daniel DO, Denis DROUIN, Anne-Marie DUCHARME, Yvon DUFOUR, Claude DUGUAY, Michel FORGET, Reine FRANCE, Ronald FRANCE, Edgar FRUITIER, Pat GAGNON, Roger GARAND, Amulette GARNEAU, Julien GENAY, Ernest GUIMOND, Marjolaine HÉBERT, Pierre LABELLE, France LABERGE, Gaétan LABRÈCHE, Tho LAM SHAM, Guy L'ÉCUYER, Sylvie LÉONARD, Yvon LEROUX, Robert MALTAIS, Dominique MICHEL, Francine MORAN, Jacques MORIN, Michel NOËL, Marcel PAYER, Gilles PELLERIN, Jean PERRAUD, Jean-Pierre PICHÉ, Gérard POIRIER, Louise PORTAL, Denise PROULX, André RICHARD, Pascal ROLLIN, Raymond ROYER, Louise SAINT-PIERRE, Danièle SCHNEIDER, Francine TOUGAS, Robert TOUPIN, Daniel TREMBLAY, Huguette UGUAY.

FE 423 FILIATRAULT, Jean.

La Balsamine, téléroman, original. Hebdomadaire, 30 min. Station CBFT. Réalisation : Florent FORGET. 5 octobre 1962 – 28 juin 1963.

Distribution : Charlotte BOISJOLI, François CARTIER, Roland CHENAIL, Colette COURTOIS, Tania FÉDOR, Paul HÉBERT, Mécastille JEAN, Françoise LEMIEUX, Béatrice PICARD, Denise PROVOST, Guy PROVOST, Marthe THIÉRY.

FE 424   FILIATRAULT, Jean.

Le Bonheur des autres, téléroman, original. Hebdomadaire, 30 min. Station CBFT. Réalisation : Denys GAGNON. 8 septembre 1965 – 5 juin 1967.

Distribution : Louis AUBERT, Pierrette BEAUDOIN, Janine BEAUPRÉ, Jean BESRÉ, Rita BIBEAU, Yvon BOUCHARD, Gilbert CHÉNIER, Élizabeth CHOUVALIDZÉ, Colette COURTOIS, Claudette DELORIMIER, Michèle DERAY, Michelle DERNY, Yvon DUFOUR, Jean-Paul DUGAS, Nini DURAND, Jean FAUBERT, Nicole FILION, Pierre GERMAIN, Ulric GUTTINGER, Paul HÉBERT, Léo ILIAL, Maria KRISHNA, Jean LAJEUNESSE, Gaétane LANIEL, Élise LAVOIE, Monique LEPAGE, Robert MAURAC, André MONTMORENCY, Denise MORELLE, Michelle NICOLET, Anthony PHELPS, Béatrice PICARD, Jacques PIPERNI, Gérard POIRIER, Denise PROULX, Marcel RAVARY, Odette RICHARD, Léo RIVET, Pascal ROLLIN, Réjean ROY, Gisèle SCHMIDT, Louise TURCOT, Line VERREAULT.

FE 425   FILIATRAULT, Jean.

Le Paradis terrestre, téléroman, original. Hebdomadaire, 30 min. Station CBFT. Réalisation : Denys GAGNON, Louis BÉDARD, Charles DUMAS. 1er septembre 1969 – 18 septembre 1972.

Distribution : Diane ARCAND, Catherine BÉGIN, Jacques BILODEAU, Serge BOSSAC, Alpha BOUCHER, Jean BROUSSEAU, Margot CAMPBELL, Georges CARRÈRE, Monique CHAILLER, Gilbert CHÉNIER, Élizabeth CHOUVALIDZÉ, Gilles CLOUTIER, Emmanuelle COLLIN, Yves CORBEIL, Pierrette DELISLE, Mario DESMARAIS, Jacques DESROSIERS, Francine DIONNE, Serge D'ORLÉANS, Denis DROUIN, Gisèle DUFOUR, Luc DURAND, Mariette DUVAL, Nicole FILION, Roger GARAND, Roger GARCEAU, Normand GÉLINAS, Robert GENDREAU, Émile GENEST, Marc GRÉGOIRE, Paul GUÉVREMONT, Ernest GUIMOND, Léo ILIAL, Gaétan LABRÈCHE, Jean LAJEUNESSE, Madeleine LANGLOIS, Roger LEBEL, Carole LEMAIRE, Monique LEMIEUX, Élizabeth LE SIEUR, Raymond LÉVESQUE, Bondfield MARCOUX, Nadine MARSAN, Jean-Pierre MASSON, Monique MERCURE, Katerine MOUSSEAU, Michel MORIN, Marthe NADEAU, Marie-Claire NOLIN, Jean-René OUELLET, Gilles PELLETIER, Patrick PEUVION, Béatrice PICARD, Gérard POIRIER, Denise PROULX, Pascal ROLLIN, Gilles RENAUD, Patricia SOLEIL, Marthe THIÉRY, Yvette THUOT, Huguette UGUAY, Francine VÉZINA, Lionel VILLENEUVE.

FE 426   FOURNIER, Guy.

D'Iberville, téléroman, original. Hebdomadaire, 30 min. Station CBFT. Scénario : Jacques LÉTOURNEAU. Dialogues : Jean PELLERIN. Réalisation : Pierre GAUVREAU, Rolland GUAY. 18 octobre 1967 – 6 juin 1970. Reprise : 4 septembre 1974 – 4 juin 1975.

Distribution : Jacques AUGER, Jean BESRÉ, Jean BROUSSEAU, Marcel CABAY, Jean-Pierre COMPAIN, Georges CARRÈRE, Jean DALMAIN, Yvon DESCHAMPS, Yvon DUFOUR, Pierre DUFRESNE, Jean-Paul DUGAS, Paul DUPUIS, Françoise FAUCHER, Marc FAVREAU, Paul HÉBERT, Guy HOFFMANN, Léo ILIAL, Roger JOUBERT, Monique LEPAGE, Jacques LÉTOURNEAU, Yves LÉTOURNEAU, Albert MILLAIRE, Jean-Louis MILLETTE, Jacques MONOD, Henri NORBERT, Gilles PELLETIER, Jean PERRAUD, Mia RIDDEZ, Alexandre RIGNEAULT, François ROZET, François TASSÉ, Lionel VILLENEUVE.

FE 427   GARAND, Roger.

Rosa, téléroman, original. Hebdomadaire, 30 min. Station CBFT. Réalisation : Louis BÉDARD. 2 juin 1975 – 25 août 1975.

Distribution : Yvan CANUEL, Denis DROUIN, Denise FILIATRAULT, Edgar FRUITIER, Pascale GUILBEAULT, Ernest GUIMOND, Guy L'ÉCUYER, Marc LEGAULT, Raymond LÉVESQUE, Béatrice PICARD, Denise PROULX, Louise RÉMY, François TASSÉ.

***   GARAND, Roger.

Moi et l'autre.

Voir RICHER, Gilles. FE 447.

FE 428   GÉLINAS, Normand.

Avec le temps, téléroman, original. Hebdomadaire, 30 min. Station CBFT. Collaboration : Louise MATTEAU. Réalisation : Jean PICARD, Maurice FALARDEAU, Jean-Yves LAFORCE. 3 janvier 1975 – 13 juin 1977.

Distribution : Jean ARCHAMBAULT, Catherine BÉGIN, Lucille BÉLAIR, Monique BÉLISLE, Marc BELLIER, France BERGER, Jean-Pierre BERGERON, Paul BERVAL, Vincent BILODEAU, Yvon BOUCHARD, Alpha BOUCHER, Marc BRIAND, Yvan CANUEL, Anne CARON, René CARON, Jean-Pierre CARTIER, Monique CHAMPAGNE, Carole CHATEL, Claude CHATEL, Marthe CHOQUETTE, Renée CLAUDE, Pierre CLAVEAU, Michel CÔTÉ, Colette COURTOIS, Lucille COUSINEAU, Josée CUSSON, Pierre DAIGNEAULT, Robert DAVIAU, Normand DESLOGES, Michèle DESLAURIERS, Mario DESMARAIS, Sébastien DHAVERNAS, Colette D'ORSAY, Anne-Marie DUCHARME, Diane DUFORT, Gisèle DUFOUR, Louise DUFRESNE, Pierre DUFRESNE, Jean-Paul DUGAS, Yvon DUMONT, Jacques FAMERY, Denise FILIATRAULT, Nicole FILION, Michel FIZZANO, Janine FLUET, Alain FOURNIER, Ronald FRANCE, Edgar FRUITIER, J.-Léo GAGNON, Pat GAGNON, Amulette GARNEAU, Johanne GARNEAU, Francine GÉLINAS, Normand GÉLINAS, Jocelyne GOYETTE, Francine GRIMALDI, Marie-Michèle GROLEAU, Réjean GUÉNETTE, Paul GUÉVREMONT, Geneviève GUITÉ, Marc HÉBERT, Sylvie HEPPEL, Juliette HUOT, Roland JETTÉ, Monique JOLY, Nicole KERJEAN, Marc LABRÈCHE, André LACOSTE, Yvonne LAFLAMME, Rita LAFONTAINE, Louis LALANDE, Louise LAMBERT, Diane LAVALLÉE, Jacques LAVALLÉE, Robert LAVOIE, Pierre LEBEAU, Nicole LECAVALIER, Véronique Le FLAGUAIS, Ovila LÉGARÉ, Françoise LEMAÎTRE-AUGER, Ninon LÉVESQUE, Normand LÉVESQUE, Julien LIPPÉ, Mario LIRETTE, Doris MALCOM, Pierre MALTAIS, Robert MALTAIS, Danielle MANSEAU, Jean-Pierre MASSON, Jean MATHIEU, Louise MATTEAU, Marc MESSIER, Roger MICHAEL, Jean-Luc MONTMINY, Denise MORELLE, Marthe NADEAU, Jean-René OUELLET, Jean-

Louis PARIS, Jani PASCAL, Éric PAULHUS, Gilles PELLETIER, Jean PERRAUD, Pietro PERTOLICI, Patrick PEUVION, Béatrice PICARD, Lorraine PINTAL, Denise PROULX, Évelyn RÉGIMBALD, Mireille ROCHON Martine ROUZIER, Yolande ROY, Raymond ROYER, Christian SAINT-GERMAIN, Michel SÉBASTIEN, Madeleine SICOTTE, Maruska STANKOVA, Janine SUTTO, François TASSÉ, Robert TOUPIN, Carmen TREMBLAY, Ghislain TREMBLAY, Jane WOODS.

FE 429   GIROUX, André.

14 rue de Galais, téléroman, original. Hebdomadaire, 30 min. Station CBFT. Réalisation : Jean BOISVERT, Denys GAGNON, Georges DELANOË. 23 février 1954 – 4 avril 1957.

Distribution : Thérèse ARBIC, Jacques AUGER, Jacques BILODEAU, Pierre BOUCHER, Yvette BRIND'AMOUR, Denise BROSSEAU, Monique CHAMPAGNE, Pierre DAGENAIS, Eugène DAIGNEAULT, Mimi D'ESTÉE, Tania FÉDOR, Janine FLUET, Edgar FRUITIER, Robert GADOUAS, Bertrand GAGNON, Maurice GAUVIN, Diane GIGUÈRE, Georges GROULX, Paul HÉBERT, Juliette HUOT, Andrée LACHAPELLE, Ginette LETONDAL, Roland LONGPRÉ, Jean-Pierre MASSON, Jean MATHIEU, Henri NORBERT, Christiane RANGER, Isabelle RICHARD, Jean SAINT-DENIS, Gisèle SCHMIDT, Claude SUTTON, Claudine THIBODEAU, Fanny TREMBLAY, J.-R. TREMBLAY.

FE 430   GRIGNON, Claude-Henri.

Les Belles Histoires des pays d'en haut, téléroman, original. Hebdomadaire, 30 min. Station CBFT. Réalisation : Fernand QUIRION, Bruno PARADIS, Yvon TRUDEL. 8 octobre 1956 – 1er juin 1970 ; hebdomadaire, 60 min. 4 septembre 1967 – 30 mars 1968.
Reprise : 12 septembre 1972 – 31 août 1973.

Distribution : Georges ALEXANDER, Thérèse ARBIC, Andrée BASILIÈRES, Maurice BEAUPRÉ, Juliette BÉLIVEAU, Julien BESSETTE, Andrée BOUCHER, Adjutor BOURRÉ, Jean BROUS-

SEAU, Marcel CABAY, Thérèse CADORETTE, René CARON, Andrée CHAMPAGNE, Hector CHARLAND, Roland CHENAIL, Eugène DAIGNEAULT, Pierre DAIGNEAULT, Rolland D'AMOUR, Suzanne DESLONGCHAMPS, Paul DESMARTEAUX, Réjane DESRAMEAUX, Camille DUCHARME, Paul DUPUIS, Luc DURAND, Denise FILIATRAULT, Janine FLUET, Paul FOUCREAU, Gabriel GASCON, Germaine GIROUX, Jacques GODIN, Ernest GUIMOND, Louis-Philippe HÉBERT, Paul HÉBERT, Roland JETTÉ, Élise LAVOIE, Jean LECLERC, Réjean LEFRANÇOIS, Armand LEGUET, Yvon LEROUX, Élizabeth LE SIEUR, Julien LIPPÉ, Jean-Pierre MASSON, Gisèle MAURICET, Gérard PARADIS, Denise PELLETIER, Jacqueline PLOUFFE, Henri POITRAS, Guy PROVENCHER, Guy PROVOST, Louise ROUX, Raymond ROYER, Janine SUTTO, Marthe THIÉRY, Serge TURGEON.

FE 431   GUÈVREMONT, Germaine.

Le Survenant, téléroman, original. Hebdomadaire, 30 min. Station CBFT. Réalisation : Maurice LEROUX, Denys GAGNON. 30 novembre 1954 – 9 juillet 1957 ; 1er octobre 1959 – 23 juin 1960.

Distribution : Charlotte BOISJOLI, Georges BOUVIER, Margot CAMPBELL, Colette COURTOIS, Lucille COUSINEAU, Jean COUTU, Pierre DAIGNEAULT, Yvon DUFOUR, Pierre DUFRESNE, Rolande DUMONT, Nini DURAND, Marc FAVREAU, J.-Léo GAGNON, Jacques GALIPEAU, Benoît GIRARD, Germaine GIROUX, Ernest GUIMOND, Louis-Philippe HÉBERT, Marjolaine HÉBERT, Suzanne LANGLOIS, Clément LATOUR, François LAVIGNE, Guy L'ÉCUYER, Ovila LÉGARÉ, Armand LEGUET, Monique LEPAGE, Yves LÉTOURNEAU, Aimé MAJOR, Suzanne MARCOUX, Marthe MERCURE, Jean-Louis MILLETTE, André MONTMORENCY, Dyne MOUSSO, Patricia NOLIN, Gérard PARADIS, Béatrice PICARD, Sylvaine PICARD, Mathieu POULIN, Robert RIVARD, Jean-Claude ROBILLARD, Michelle ROSSIGNOL, Georges TOUPIN, Nana de VARENNES.

FE 432   GUÈVREMONT, Germaine.

Au chenal du Moine, téléroman, original. Hebdomadaire, 30 min. Station CBFT. Réalisation : Jo MARTIN. 17 octobre 1957 – 10 juillet 1958.

Distribution : Pierre BOUCHER, Georges BOUVIER, Jules BUISSIÈRE, Lucille COUSINEAU, Yvon DUFOUR, Ève GAGNÉ, Germaine GIROUX, Ernest GUIMOND, Louis-Philippe HÉBERT, Marjolaine HÉBERT, Suzanne LANGLOIS, Lise LASALLE, Clément LATOUR, François LAVIGNE, Guy L'ÉCUYER, Ovila LÉGARÉ, Monique LEPAGE, Yves LÉTOURNEAU, Gérard PARADIS, Béatrice PICARD, Sylvaine PICARD, Lucie POITRAS, Henri POITRAS, Robert RIVARD, Jean-Claude ROBILLARD, Michelle ROSSIGNOL, Georges TOUPIN, Nana de VARENNES.

FE 433   GUÈVREMONT, Germaine.

Marie-Didace, téléroman, original. Hebdomadaire, 30 min. Station CBFT. Réalisation : Jo MARTIN. 25 septembre 1958 – 26 juin 1959.

Distribution : Georges BOUVIER, Colette COURTOIS, Camille DUCHARME, Yvon DUFOUR, Rolande DUMONT, Benoît GIRARD, Marjolaine HÉBERT, Suzanne LANGLOIS, Clément LATOUR, Ovila LÉGARÉ, Monique LEPAGE, Yves LÉTOURNEAU, Aimé MAJOR, Jean-Louis MILLETTE, Patricia NOLIN, Béatrice PICARD, Sylvaine PICARD, Mathieu POULIN.

FE 434   JASMIN, Claude.

La Petite Patrie, téléroman, original. Hebdomadaire, 30 min. Station CBFT. Réalisation : Florent FORGET. 1er septembre 1974 – 6 juin 1976.

Distribution * : Vincent BILODEAU, René CARON, Mariette DUVAL, Jacques GALIPEAU, Louise LAPARÉ, Marthe MERCURE, Michel NOËL, Christiane PASQUIER, Denise PROULX, Louise RINFRET, Gisèle SCHMIDT, Jacques THISDALE.

* Comédiens réguliers seulement.

***   LAJEUNESSE, Jean.

Quelle famille !

Voir BERTRAND, Janette.   FE 402.

FE 435   L'ANGLAIS, Simon.

Je vous ai tant aimé, téléroman, original. Hebdomadaire, 30 min. Station CBFT. Réalisation : Claude DÉSORCY. 21 octobre 1958 – 16 juin 1959.

Distribution : Monique CHAILLER, Jean COUTU, Mariette DUVAL, Guy FERRON, Camille FOURNIER, Bertrand GAGNON, J.-Léo GAGNON, Blanche GAUTHIER, Marcel GIGUÈRE, Louis-Philippe HÉBERT, Marjolaine HÉBERT, Paul HÉBERT, Juliette HUOT, Lise LASALLE, Ovila LÉGARÉ, Monique MILLER, Jean-Louis PARIS, Béatrice PICARD, Estelle PICARD, François ROZET.

FE 436   LECLERC, Félix.

Nérée Tousignant, téléroman. original. Hebdomadaire, 30 min. Station CBFT. Réalisation : Jean-Paul FUGÈRE, 6 avril 1956 – 28 septembre 1956.

Distribution : Paul BERVAL, Monique CHAMPAGNE, Guy GODIN, Fernande LARIVIÈRE, Estelle PICARD.

FE 437   LEMELIN, Roger.

La Famille Plouffe, téléroman, original. Hebdomadaire, 30 min. Station CBFT. Réalisation : Jean-Paul FUGÈRE, Guy BEAULNE, Jean DUMAS. 4 novembre 1953 – 17 juin 1959.

Distribution : Amanda ALARIE, Rolland BÉDARD, Paul BERVAL, Thérèse CADORETTE, Margot CAMPBELL, Jean DUCEPPE, Claude FOURNIER, Edgar FRUITIER, Marcel GAGNON, Émile GENEST, Paul GUÉVREMONT, Marcel HOUBEN, Juliette HUOT, Julien LIPPÉ, Doris LUSSIER, Yvon MASSICOTTE, Janine MIGNOLET, Huguette OLIGNY, Jean-René OUELLET, Denise PELLETIER, Gilles PELLETIER, Guy PROVOST, Jean-Louis ROUX, Edgar TREMBLAY, Pierre VALCOURT.

FE 438   LEMELIN, Roger.

En haut de la pente douce, téléroman, original. Hebdomadaire, 30 min. Station CBFT. Réalisation : Jean DUMAS, Guy LEDUC. 7 octobre 1959 – 28 juin 1961.

Distribution : Amanda ALARIE, Maurice BEAUPRÉ, Rolland BÉDARD, Catherine BÉGIN, Charlotte BOISJOLI, Roland CHENAIL, CLAIRETTE, Jean

COUTU, Marcel GAGNON, Paul GUÉVREMONT, Roger LEBEL, Doris LUSSIER, Dominique MICHEL, Monique MILLER, Denise PELLETIER, Juliette PÉTRIE, Claude PRÉFONTAINE, Yvon THIBOUTÔT, Louis TURENNE, Nana de VARENNES.

*** LÉTOURNEAU, Jacques.

D'Iberville,

Voir FOURNIER, Guy. FE 426.

FE 439 LORANGER, Françoise.

À moitié sages, téléroman, original. Hebdomadaire, 30 min. Station CBFT. Réalisation : Denys GAGNON. 5 juin 1957 – 25 septembre 1957.

Distribution : Julien BESSETTE, Victor DÉSY, Jean FONTAINE, Roger GARCEAU, Solange HARBEAU, Marthe MERCURE, Dyne MOUSSO, Huguette OLIGNY.

FE 440 LORANGER, Françoise.

Sous le signe du lion, téléroman, original. Hebdomadaire, 30 min. Station CBFT. Réalisation : Jean-Pierre SÉNÉCAL. 16 mai 1961 – 19 décembre 1961.
Reprise : 23 octobre 1963 – 20 mai 1964.

Distribution : Juliette BÉLIVEAU, Charlotte BOISJOLI, Colette COURTOIS, Jean COUTU, Jean DALMAIN, Bertrand GAGNON, Roger GARCEAU, François GUILLIER, Paul HÉBERT, Jacques KASMA, Madeleine LANGLOIS, François LAVIGNE, Ovila LÉGARÉ, Yves LÉTOURNEAU, Monique MERCURE, Jean-Louis MILLETTE, Dyne MOUSSO, Jean-Louis PARIS, Claude PRÉFONTAINE, Denise PROVOST, Rose REY DUZIL, Claire RICHARD, François TASSÉ.

FE 441 MAILLET, Antonine.

La Sagouine, dramatique par épisodes, original, d'après l'œuvre du même auteur. Hebdomadaire, 30 min. Station CBFT. Réalisation : Jean-Paul FUGÈRE. 8 janvier 1976 – 8 avril 1976.

Distribution : Viola LÉGER.

***   MATTEAU, Louise.

Avec le temps.

Voir GÉLINAS, Normand. FE 428.

FE 442   MORISSET, Louis.

Filles d'Ève, téléroman, original. Hebdomadaire, 30 min. Station CBFT. Réalisation : Denys GAGNON. 29 septembre 1960 – 30 juin 1964.

Distribution : Jacques BILODEAU, Georges CARRÈRE, François CARTIER, Jean COUTU, Jacqueline DESLAURIERS, Robert DESROCHES, Gisèle DUFOUR, Pierre DUFRESNE, Ronald FRANCE, Lucille GAUTHIER, Julien GENAY, Huguette GUILBAUD, Andrée LACHAPELLE, Madeleine LANGLOIS, Lise LASALLE, Monique LEPAGE, Yvon LEROUX, Lise L'HEUREUX, Claude MICHAUD, Albert MILLAIRE, Denise PROULX, Claire RICHARD, Jean-Louis ROUX, Louise ROUX, Yolande ROY, Sophie SÉNÉCAL, Pierre THÉRIAULT, Maurice TREMBLAY.

FE 443   MORISSET, Louis.

Rue des Pignons, téléroman, original. Hebdomadaire, 30 min. Station CBFT. Réalisation : Louis BÉDARD, Bruno PARADIS. 6 septembre 1966 – 11 février 1969.

Distribution : Diane ARCAND, Monique AUBRY, Jacques AUGER, Rolland BÉDARD, Juliette BÉLIVEAU, Manon BERNARD, Pierre BOUCHER, Jacques BROUILLET, Pierre CALVÉ, Robert CHARLEBOIS, Roland CHENAIL, Angèle COUTU, Rolland D'AMOUR, Robert DESROCHES, Élise DIONNE, Marise DIONNE, Jean DUCEPPE, Bertrand GAGNON, Pierre GÉLINAS, Antoinette GIROUX, Juliette HUOT, Francine LANDRY, Serge LASALLE, Gilles LATULIPPE, Nicole LEBLANC, Réjean LEFRANÇOIS, Yves LÉTOURNEAU, Hélène LOISELLE, Hubert LOISELLE, Marie-Josée LONGCHAMPS, Claude MICHAUD, Huguette OLIGNY, Anne PAUZÉ, Daniel PARENT, Claude PRÉFONTAINE, José RETTINO, Mia RIDDEZ, Michel RIVARD, Robert RIVARD, Danielle ROY, Madeleine SICOTTE, François TASSÉ, Louise TURCOT, Suzanne VALÉRIE, Jocelyne WHISSELL, Johane WHISSELL.

Voir RIDDEZ-MORISSET, Mia.

***   PELLERIN, Jean.

D'Iberville.

Voir FOURNIER, Guy. FE 426.

FE 444   PÉRUSSE, Richard.

Les Martin, téléroman, original. Hebdomadaire, 30 min. Station CBFT. Réalisation : André BOUSQUET, Aimé FORGET. 2 octobre 1968 – 28 mai 1969.

Distribution : Bernadette BEAULIEU, André CAILLOUX, Roland CHENAIL, Daniel GADOUAS, Alain GÉLINAS, Jacques GODIN, Georges GROULX, Luce GUILBAULT, Marjolaine HÉBERT, Susan KING, Raymond LÉVESQUE, Monique MILLER, Jocelyne MORRISETTE, Janine SUTTO, Nana de VARENNES.

FE 445   PÉRUSSE, Richard.

À la branche d'Olivier, téléroman, original. Hebdomadaire, 30 min. Station CBFT. Réalisation : Guy HOFFMANN. 10 septembre 1970 – 17 décembre 1970.

Distribution : Paul BERVAL, Michèle BISAILLON, Louis DE SANTIS, Denis DROUIN, Olivier GUIMOND, Claude MICHAUD.

***   PLANTE, Raymond.

Du tac au tac.

Voir DUBOIS, André. FE 417.

FE 446   RÉMILLARD, Jean-Robert.

Absolvo te, téléroman, original. Hebdomadaire, 30 min. Station CBFT. Réalisation : Jean DUMAS. 4 juillet 1962 – 28 septembre 1962.

Distribution : Jacques BILODEAU, Charlotte BOISJOLI, Margot CAMPBELL, Jacques GALIPEAU, Pierre GIBOYAU, Paul HÉBERT, Ovila LÉGARÉ, Yves LÉTOURNEAU, Claude LÉVEILLÉE.

FE 447   RICHER, Gilles.

Moi et l'autre, téléroman, original. Hebdomadaire, 30 min. Station CBFT. Collaboration : Roger GARAND. Réalisation : Jean BISSONNETTE. 4 octobre 1966 – 31 août 1971.
Reprise : 30 mai 1972 – 29 août 1972.

Distribution * : Réal BÉLAND, Jean-Paul DUGAS, Denise FILIATRAULT, Roger JOUBERT, Dominique MICHEL.

* Comédiens réguliers seulement.

FE 448   RIDDEZ-MORISSET, Mia.

Rue des Pignons, téléroman, original. Hebdomadaire, 30 min. Station CBFT. Réalisation : Yvon TRUDEL. 18 février 1969 – août 1977.

Distribution : Diane ARCAND, Jacques AUGER, Rolland BÉDARD, Jean-Pierre BÉLANGER, Juliette BÉLIVEAU, Michel BERGERON, Manon BERNARD, Pietro BERTOLISSI, Pierre BOUCHER, Dominique BRIAND, Yvette BRIND'AMOUR, Pierre CALVÉ, Yvan CANUEL, Marthe CHOQUETTE, Gilles CLOUTIER, Yves CORBEIL, Colette COURTOIS, Lucille COUSINEAU, Rina CYR, Rolland D'AMOUR, Louise DESCHÂTELETS, Liette DESJARDINS, France DESJARLAIS, Pierre DESROCHERS, Sébastien DHAVERNAS, Élise DIONNE, Marie DIONNE, Colette D'ORSAY, Dominique DROUIN, Denise DUBREUIL, Jean DUCEPPE, Gisèle DUFOUR, Pierre DUFRESNE, Catherine EWING, Reine FRANCE, Edgar FRUITIER, Daniel GADOUAS, Bertrand GAGNON, Louise GAMACHE, Éric GAUDRY, Pierre GÉLINAS, Marcel GIRARD, Antoinette GIROUX, Germaine GIROUX, Guy GODIN, Lisette GUERTIN, Gaétan LABRÈCHE, Andrée LACHAPELLE, Line LAMARCHE, Francine LANDRY, Suzanne LANGLOIS, Nicole LEBLANC, Réjean LEFRANÇOIS, Ovila LÉGARÉ, Yvon LEROUX, Yves LÉTOURNEAU, Hélène LOISELLE, Hubert LOISELLE, Marie-Josée LONGCHAMPS, Jean-Louis LORAIN, Michèle MAGNY, Louise MARLEAU, Claude MICHAUD, Normand MORIN, Hubert NOËL, Huguette OLIGNY, Rose OUELLETTE, Louis-Aubert PALLASCIO, Marcelle PALLASCIO, Daniel PARENT, Anne PAUZÉ, Claude PRÉ-

FONTAINE, Denise PROULX, Jean RICARD, André RICHARD, Marie-Noël RIDDEZ, Mia RIDDEZ, Michel RIVARD, Robert RIVARD, Philippe ROBERT, Pascal ROLLIN, Danielle ROY, Andrée SAINT-LAURENT, Don SCALAN, Jean SCHELER, Madeleine SICOTTE, Sylvie SICOTTE, François TASSÉ, Marthe THIÉRY, Louise TURCOT, Serge TURGEON, Johanne VERNE, Suzanne VERTEY, Jean-Pierre WASSERMAN, Jocelyne WHISSELL, Johane WHISSELL.

2. Chronologie des feuilletons

Dans cette liste, les feuilletons sont classés d'après la date de leur début. Pour connaître leur durée, on se reportera à la fiche catalographique.

1953

4 nov.	*La Famille Plouffe*	Roger LEMELIN	FE 437

1954

23 fév.	*14 rue de Galais*	André GIROUX	FE 429
12 nov.	*Anne-Marie*	Eugène CLOUTIER	FE 411
30 nov.	*Le Survenant*	Germaine GUÈVREMONT	FE 431

1955

7 juin	*Cap-aux-sorciers*	Guy DUFRESNE	FE 418

1956

6 avril	*Nérée Tousignant*	Félix LECLERC	FE 436
8 oct.	*Les Belles Histoires des pays d'en haut*	Claude-Henri GRIGNON	FE 430

1957

11 avril	*Le Colombier*	Eugène CLOUTIER	FE 412
5 juin	*À moitié sages*	Françoise LORANGER	FE 439
9 oct.	*La Pension Velder*	Robert CHOQUETTE	FE 409
17 oct.	*Au chenal du Moine*	Germaine GUÈVREMONT	FE 432

1958

25 sept.	*Marie-Didace*	Germaine GUÈVREMONT	FE 433
21 oct.	*Je vous ai tant aimé*	Simon L'ANGLAIS	FE 435

1959

1er oct.	*Le Survenant*	Germaine GUÈVREMONT	FE 431
7 oct.	*En haut de la Pente Douce*	Roger LEMELIN	FE 438
13 oct.	*Joie de vivre*	Jean DESPREZ	FE 414

1960

29 sept.	*Filles d'Ève*	Louis MORISSET	FE 442
1er nov.	*Côte de Sable*	Marcel DUBÉ	FE 415
2 nov.	*La Force de l'âge*	Réginald BOISVERT	FE 404

1961

16 mai	*Sous le signe du lion*	Françoise LORANGER	FE 440
15 oct.	*Kahnawiio (La Rivière aux belles chutes)*	Guy DUFRESNE	FE 419

1962

4 juil.	*Absolvo te*	Jean-Robert RÉMILLARD	FE 446
5 oct.	*La Balsamine*	Jean FILIATRAULT	FE 423
10 oct.	*Le Pain du jour*	Réginald BOISVERT	FE 405

1963

27 juin	*Le Feu sacré*	Pierre DAGENAIS	FE 413
29 sept	*Septième Nord*	Guy DUFRESNE	FE 420
7 oct.	*De 9 à 5*	Marcel DUBÉ	FE 416

1965

8 sept.	*Le Bonheur des autres*	Jean FILIATRAULT	FE 424

1966

6 sept.	*Rue des Pignons*	Louis MORISSET	FE 443
4 oct.	*Moi et l'autre*	Gilles RICHER	FE 447
29 nov.	*Minute, Papillon*	Denis ARCAND, Jacques BOBET	FE 401

1967

18 oct.	*D'Iberville*	Guy FOURNIER, Jacques LÉTOURNEAU, Jean PELLERIN	FE 426

1968

12 fév.	*Le Paradis terrestre*	Réginald BOISVERT	FE 406
2 oct.	**Les Martin**	Richard PÉRUSSE	FE 444

1969

18 fév.	*Rue des Pignons*	Mia RIDDEZ-MORISSET	FE 448
1er sept.	*Le Paradis terrestre*	Jean FILIATRAULT	FE 425
7 sept.	*Quelle famille !*	Janette BERTRAND, Jean LAJEUNESSE	FE 402

1970

7 sept.	*Mont-Joye*	Réginald BOISVERT	FE 407
10 sept.	*À la branche d'Olivier*	Richard PÉRUSSE	FE 445

1972

4 sept.	*Les Forges de Saint-Maurice*	Guy DUFRESNE	FE 421

1973

29 janv.	*La P'tite Semaine*	Michel FAURE, Jean BESRÉ	FE 422

1974

1er sept.	*La Petite Patrie*	Claude JASMIN	FE 434

1975

3 janv.	*Avec le temps*	Normand GÉLINAS, Louise MATTEAU	FE 428
2 juin	*Rosa*	Roger GARAND	FE 427
1er sept.	*Y a pas de problème*	Réginald BOISVERT	FE 408

1976

8 janv.	*La Sagouine*	Antonine MAILLET	FE 441
12 sept.	*Quinze ans plus tard*	Robert CHOQUETTE	FE 410
14 sept.	*Grand-papa*	Janette BERTRAND	FE 403
6 oct.	*Du tac au tac*	André DUBOIS, Raymond PLANTE	FE 417

3. Tableau-synthèse des feuilletons

TABLEAU-SYNTHÈSE DES FEUILLETONS

Titres	52/53	53/54	54/55	55/56	56/57	57/58	58/59	59/60	60/61	61/62	62/63	63/64	64/65	65/66	66/67	67/68	68/69	69/70	70/71	71/72	72/73	73/74	74/75	75/76	76/77
La Famille Plouffe Roger Lemelin 4 nov. 1953 – 17 juin 1959	x	x	x	x	x	x	x																		
14 rue de Galais André Giroux 23 fév. 1954 – 4 avril 1957		y	x	x	x																				
Anne-Marie Eugène Cloutier 12 nov. 1954 – 26 mai 1955			x																						
Le Survenant Germaine Guèvremont 30 nov. 1954 – 9 juil. 1957 et 1er oct. 1959 – 23 juin 1960			x	x	x			x																	
Cap-aux-Sorciers Guy Dufresne 7 juin 1955 – 12 juin 1958			e	x	x	x																			
Nérée Tousignant Félix Leclerc 6 avril 1956 – 28 sept. 1956				e																					
Les Belles Histoires des pays d'en haut Claude-Henri Grignon 8 oct. 1956 – 1er juin 1970 R. : 12 sept. 1972 – 31 août 1973					x	x	x	x	x	x	x	x	x	x	x	x	x	x			r				
Le Colombier Eugène Cloutier 11 avril 1957 – 4 juil. 1957					y																				
A moitié sages Françoise Loranget 5 juin 1957 – 25 sept. 1957					e																				
La Pension Velder Robert Choquette 9 oct. 1957 – 10 juil. 1961					x	x	x																		

TABLEAU-SYNTHÈSE DES FEUILLETONS

Titres	52-53	53-54	54-55	55-56	56-57	57-58	58-59	59-60	60-61	61-62	62-63	63-64	64-65	65-66	66-67	67-68	68-69	69-70	70-71	71-72	72-73	73-74	74-75	75-76	76-77
Au chenal du Moine Germaine Guèvremont 17 oct. 1957 – 10 juil. 1958						x																			
Marie-Didace Germaine Guèvremont 25 sept. 1958 – 26 juin 1959							x																		
Je vous ai tant aimé Simon L'Anglais 21 oct. 1958 – 16 juin 1959							x																		
En haut de la pente douce Roger Lemelin 7 oct. 1959 – 28 juin 1961								x	x																
Joie de vivre Jean Desprez 13 oct. 1959 – 2 juil. 1963								x	x	x	x														
Filles d'Eve Louis Morisset 29 sept. 1960 – 30 juin 1964									x	x	x	x													
Côte de sable Marcel Dubé 1er nov. 1960 – 20 juin 1962									x	x															
La Force de l'âge Réginald Boisvert 2 nov. 1960 – 28 juin 1961									x																
Sous le signe du lion Françoise Loranger 16 mai 1961 – 19 déc. 1961 R.: 23 oct. 1963 – 20 mai 1964									e	y		r													
Kahnawito (La Rivière aux belles chutes) Guy Dufresne 15 oct. 1961 – 8 juil. 1962										x															

TABLEAU-SYNTHÈSE DES FEUILLETONS

Titres	52/53	53/54	54/55	55/56	56/57	57/58	58/59	59/60	60/61	61/62	62/63	63/64	64/65	65/66	66/67	67/68	68/69	69/70	70/71	71/72	72/73	73/74	74/75	75/76	76/77
Absolvo te Jean-Robert Rémillard 4 juil. 1962 – 28 sept. 1962										e															
La Balsamine Jean Filiatrault 5 oct. 1962 – 28 juin 1963											x														
Le Pain du jour Réginald Boisvert 10 oct. 1962 – 26 mai 1965											x	x	x												
Le Feu sacré Pierre Dagenais 27 juin 1963 – 26 sept. 1963											e														
Septième Nord Guy Dufresne 29 sept. 1963 – 30 août 1967												x	x	x	x										
De 9 à 5 Marcel Dubé 7 oct. 1963 – 24 mai 1966												x	x	x											
Le Bonheur des autres Jean Filiatrault 8 sept. 1965 – 5 juin 1967														x	x										
Rue des Pignons Louis Morisset 6 sept. 1966 – 11 fév. 1969 Mia Riddez 18 fév. 1969 – août 1977															x	x	x	x	x	x	x	x	x	x	x
Moi et l'autre Gilles Richer 4 oct. 1966 – 31 août 1971 R. : 30 mai 1972 – 29 août 1972															x	x	x	x	x	re					

TABLEAU-SYNTHÈSE DES FEUILLETONS

Titres	52-53	53-54	54-55	55-56	56-57	57-58	58-59	59-60	60-61	61-62	62-63	63-64	64-65	65-66	66-67	67-68	68-69	69-70	70-71	71-72	72-73	73-74	74-75	75-76	76-77
Minute, Papillon Denis Arcand, Jacques Bobet 29 nov. 1966 – 18 avril 1967															x										
D'Iberville Guy Fournier et collaborateurs 18 oct. 1967 – 6 juin 1970 R. : 4 sept. 1974 – 4 juin 1975																x	x						r		
Le Paradis terrestre Réginald Boisvert 12 fév. 1968 – 27 mai 1968 et 4 sept. 1968 – 19 mai 1969 Jean Filiatreault 1er sept. 1969 – 18 sept. 1972																y	x	x	x	y					
Les Martin Richard Pérusse 2 oct. 1968 – 28 mai 1969																	x								
Quelle famille! Jean Lajeunesse et Janette Bertrand 7 sept. 1969 – 19 mai 1974 R. : 31 mai 1970 – 3 août 1970 R. : 1er sept. 1975 – 9 mai 1976																		x re	x	x	x	x		r	
Mont-Jove Réginald Boisvert 7 sept. 1970 – 19 mai 1975																			x	x	x	x	x		
A la branche d'Olivier Richard Pérusse 10 sept. 1970 – 17 déc. 1970																			y						
Les Forges de Saint-Maurice Guy Dufresne 4 sept. 1972 – 19 mai 1975																					x	x	x		

TABLEAU-SYNTHÈSE DES FEUILLETONS

Titres	52-53	53-54	54-55	55-56	56-57	57-58	58-59	59-60	60-61	61-62	62-63	63-64	64-65	65-66	66-67	67-68	68-69	69-70	70-71	71-72	72-73	73-74	74-75	75-76	76-77
La P'tite Semaine Michel Faure, Jean Besré 29 janv. 1973 – 28 avril 1976 R. : mai 1976 – en cours																					y	x	x	e	r
La Petite Patrie Claude Jasmin 1er sept. 1974 – 6 juin 1976																							x	x	
Avec le temps Normand Gélinas, Louise Matteau 3 janv. 1975 – 13 juin 1977																							y	x	x
Rosa Roger Garand 2 juin 1975 – 25 août 1975																							e		
Y a pas de problème Réginald Boisvert 1er sept. 1975 – en cours																								x	x
La Sagouine Antonine Maillet 8 janv. 1976 – 8 avril 1976																								y	
Quinze ans plus tard Robert Choquette 12 sept. 1976 – 29 mai 1977																									x
Grand-papa Janette Bertrand 14 sept. 1976 – en cours																									x
Du tac au tac André Dubois, Raymond Plante 6 oct. 1976 – en cours.																									x

IV
DRAMATIQUES POUR ENFANTS

1. *Répertoire catalographique*

(par ordre alphabétique des auteurs)

EN 501　　ASLLANI, Luan.

Le Cirque Alphonsino, dramatique pour enfants, original. Hebdomadaire, 30 min. Station CBFT. Réalisation : Paul LEGAULT. 26 juin 1956 – 18 septembre 1956.

Distribution : Boudha BRADON, Lucille COUSINEAU, Paul HÉBERT, Gaétane LANIEL, Henri NORBERT, Michel ROBBE.

EN 502　　ASLLANI, Luan.

Pinocchio, dramatique pour enfants, original, d'après un conte de Collodi. Hebdomadaire, 30 min. Station CBFT. Réalisation : Paul LEGAULT. 25 septembre 1956 – 21 janvier 1958.

Distribution : Jean-Claude DERET, Antoinette GIROUX, Georges GROULX, Gaétane LANIEL.

***　　ASLLANI, Luan.

Maigrichon et Gras double

Voir LEGAULT, Paul. EN 560.

EN 503　　BARRETTE, Jacqueline.

Clak, dramatique pour enfants, original. Hebdomadaire, 15 min. Station CBFT. Collaboration : Pierrette BEAUDOIN, Vanessa SOLIOZ. Musique : Ginette BELLAVANCE. Cueilleur de sons : André RICHARD. Réalisation : Guy COMEAU. 5 janvier 1972 – 31 mai 1973.
Reprise : 1974-1977.

Distribution : Jacqueline BARRETTE, Micheline DESLAURIERS, Jocelyne GOYETTE, Jean-Pierre MÉNARD.

EN 504   BARRETTE, Jacqueline.

You-hou, dramatique pour enfants, original. Hebdomadaire, 15 min. Station CBFT. Collaboration : Vanessa SOLIOZ. Réalisation : Guy COMEAU. 6 février 1974 – juin 1977.

Distribution : André CARTIER, Pierre CURZI, Thérèse PETIT.

***   BAYARD, Paule.

Le Moulin aux images.

Voir CAILLOUX, André. EN 515.

EN 505   BEAUDOIN, Pierrette.

Les Chiboukis, dramatique pour enfants, avec marionnettes, original. Hebdomadaire, 15 min. Station CBFT. Musique : Robert LÉGER. Réalisation : Guy COMEAU. 3 janvier 1972 – 25 mars 1974.
Reprise : 1974 – 1976.

Distribution : Mario DESMARAIS, Marie-Louise DION, Benoît MARLEAU, Christiane PASQUIER.

***   BEAUDOIN, Pierrette.

Clak.

Voir BARRETTE, Jacqueline. EN 503.

***   BERNIER, Jovette.

Rue de l'Anse.

Voir FOURNIER, Guy. EN 544.

EN 506   BESRÉ, Jean.

Grujot et Délicat, dramatique pour enfants, original. Hebdomadaire, 30 min. Station CBFT. Collaboration : Clémence DESROCHERS. Réalisation : James DORMEYER, André BOUSQUET. 16 octobre 1968 – 1er juin 1971.
Reprise : automne 1971 – 19 septembre 1976.

Distribution : Clémence DESROCHERS, Benoît GIRARD, Monique JOLY, Lise LASALLE, Gisèle MAURICET, François TASSÉ, Lionel VILLENEUVE.

EN 507 BOISVERT, Réginald.

Pépinot et Capucine, dramatique pour enfants, avec marionnettes, original. Hebdomadaire, 30 min. Station CBFT. Réalisation : Fernand DORÉ. 10 août 1952 – 17 janvier 1953.

Distribution : Paule BAYARD, Charlotte BOISJOLI, Jean BOISJOLI, Guy HOFFMANN, Marie-Ève LIÉNARD, André LOISEAU, Gérard PARADIS, Robert RIVARD.

EN 508 BOISVERT, Réginald.

Pépinot, dramatique pour enfants, avec marionnettes, original. Hebdomadaire, 30 min. Station CBFT. Réalisation : Fernand DORÉ, Georges DELANOË, Pierre GAUVREAU, Pierre DESROCHES. 24 janvier 1953 – 19 février 1959. Reprise : 11 octobre 1962 – 31 mai 1969 ; 5 janvier 1971 – 1er juin 1972 ; 23 juin 1973 – 24 mai 1975.

Distribution : Paule BAYARD, Charlotte BOISJOLI, Jean BOISJOLI, Guy HOFFMANN, Marie-Ève LIÉNARD, André LOISEAU, Gérard PARADIS, Robert RIVARD.

EN 509 BOISVERT, Réginald.

Chat piano, dramatique pour enfants, avec marionnettes, original. Hebdomadaire, 30 min. Station CBFT. Réalisation : Fernand DORÉ, Marie CHOQUETTE. 27 juin 1954 – 5 septembre 1954.

Distribution : inconnue.

EN 510 BOISVERT, Réginald.

Les Mille et Une Nuits, dramatique pour enfants, avec les marionnettes de *Pépinot,* d'après le recueil de contes arabes, original. Hebdomadaire, 30 min. Station CBFT. Réalisation : Pierre DESROCHES. 24 juin 1956 – 16 septembre 1956.

Distribution : Charlotte BOISJOLI, Jean BOISJOLI, Marie-Ève LIÉNARD, André LOISEAU, Robert RIVARD.

EN 511 BOISVERT, Réginald.

La Rivière perdue, (série de neuf dramatiques pour enfants : *Le Secret de la rivière perdue,* d'après un récit d'Ambroise Lafortune, 7 novembre 1957 – 19 décembre 1957 ; *Deux inconnus,* 26 décembre 1957 – 16 janvier 1958 ; *Bang sur le rang,* 23 janvier 1958 – 13 février 1958 ; *Les Enfants de la rue,* 20 février 1958 – 20 mars 1958 ; *Coupable ou non coupable,* 27 mars 1958 – 17 avril 1958 ; *Le Talisman Quetzalcoatl,* 24 avril 1958 – 22 mai 1958 ; *Le Pic du condor,* 29 mai 1958 – 19 juin 1958 ; *La Cache au trésor,* 26 juin 1958 – 9 juillet 1958 ; *Mine 313,* 16 juillet 1958 – 30 juillet 1958), original. Hebdomadaire, 30 min. Station CBFT. Réalisation : Claude CARON. 7 novembre 1957 – 30 juillet 1958.

Distribution : Margot CAMPBELL, Pierre DAGENAIS, Clémence DESROCHERS, Nini DURAND, Edgar FRUITIER, Jean GAUMONT, Rodolphe GUAY, Guy LAROCQUE, Claude LÉVEILLÉE, Hubert LOISELLE, Jean-Louis MILLETTE, Henri POITRAS, Lucie POITRAS, Claude PRÉFONTAINE, Lucie RANGER, Lionel VILLENEUVE.

EN 512   BOISVERT, Réginald.

Le Courrier du Roy, dramatique pour adolescents, original. Hebdomadaire, 30 min. Station CBFT. Réalisation : Pierre DESROCHES. 9 octobre 1958 – 12 juin 1961.
Reprise : automne 1961 – 5 juin 1963.

Distribution : Paule BAYARD, Jean BOISJOLI, Victor DÉSY, Guy HOFFMANN, Monique JOLY, Guy L'ÉCUYER, Jacques LORAIN, Albert MILLAIRE, Jean-Pierre MOREL, Robert RIVARD, Lionel VILLENEUVE.

EN 513   BREITMAN, Michel.

Le Messager, dramatique pour enfants, original. Hebdomadaire, 30 min. Station CBFT. Réalisation : Jean VALADE. 30 juin 1956 – 8 octobre 1956.

Distribution : Marc BOULANGER, Julien LIPPÉ, Raynald ROMPRÉ.

***   BRIE, Albert.

Les Enquêtes Jobidon.
Voir LÉTOURNEAU, Jacques. EN 564.

EN 514   BUISSONNEAU, Paul.

Picolo, dramatique pour enfants, original. Hebdomadaire, 30 min. Station CBFT. Collaboration : Michel CAILLOUX, Marc GÉLINAS. Réalisation : Rolland GUAY, Francine BORDELEAU, Hélène ROBERGE, Jean-Guy BENJAMIN. 14 octobre 1968 – 14 mars 1971.
Reprise : automne 1972 – en cours.

Distribution : Paul BUISSONNEAU, Michel CAILLOUX, Ronald FRANCE, Gaétan LABRÈCHE, Guy L'ÉCUYER, Yves MASSICOTTE, Christine OLIVIER.

EN 515 CAILLOUX, André.

Le Moulin aux images, dramatique pour enfants, original. Hebdomadaire, 30 min. Station CBFT. Collaboration : Paule BAYARD, Gabrielle GARNEAU. Réalisation : Yves DUMOULIN, Pierre MONETTE, Pierre DUCEPPE. 29 juin 1960 – 25 septembre 1962.

Distribution : Paule BAYARD, Michel CAILLOUX, Hubert FIELDEN, Guy GODIN.

EN 516 CAILLOUX, André.

Ulysse et Oscar, dramatique pour enfants, avec marionnettes, original. Quotidien, 30 min. Station CBFT. Collaboration : Jacqueline MUELBERGER. Réalisation : Jean-Paul LECLERC, Maurice FALARDEAU, Fernand IPPERSIEL. 1er juin 1964 – 29 août 1972.

Distribution : Claude BRABANT, André CAILLOUX, Robert RIVARD.

EN 517 CAILLOUX, André.

Chez Verdurette, dramatique pour enfants, original. Quotidien, 30 min. Station CBFT. Réalisation : Jean PICARD. 4 juin 1973 – 31 août 1973.

Distribution : André CAILLOUX, Marie-Josée RÉGNAULT.

EN 518 CAILLOUX, André.

Allô grenouille !, dramatique pour enfants, avec marionnettes, original. Quotidien, 30 min. Station CBFT. Réalisation : Jean PICARD, Raymond PESANT. 3 juin 1974 – 9 septembre 1975.

Distribution : André CAILLOUX, Francine RUEL.

EN 519 CAILLOUX, André.

Virginie, dramatique pour enfants, original. Bi-hebdomadaire, 15 min. Station CBFT. Réalisation : Raymond PESANT. 8 septembre 1976 – en cours.

Distribution : André CAILLOUX, Louise GAMACHE, Danielle SCHNEIDER.

EN 520   CAILLOUX, Michel.

Bobino, dramatique pour enfants, avec marionnettes, original. Hebdomadaire, 60 min. ; quotidien, 30 min. Station CBFT. Collaboration : Guy SANCHE. Réalisation : Fernand IPPERSIEL, Maurice FALARDEAU, Jean-Paul LECLERC, Marcel LAPLANTE. 30 juin 1957 – en cours.

Distribution : Paule BAYARD, Christine LAMER, Guy SANCHE.

***   CAILLOUX, Michel.

Picolo.

Voir BUISSONNEAU, Paul. EN 514.

EN 521   CAILLOUX, Michel.

Nic et Pic, dramatique pour enfants, avec marionnettes, original. Hebdomadaire, 30 min. Station CBFT. Collaboration : Gaétan GLADU, Roland LEPAGE. Marionnettistes : Pierre RÉGIMBALD, Nicole LAPOINTE. Musique : Herbert RUFF. Réalisation : Hélène ROBERGE. 5 janvier 1972 – mai 1977.

Distribution : Dorothée BERRYMAN, Yvan CANUEL, Louis DE SANTIS, Michelle DESLAURIERS, Marie-Louise DION, Ronald FRANCE, Hubert GAGNON, Jocelyne GOYETTE, Jacques LAVALLÉE, Gilbert LEPAGE, Normand LÉVESQUE, Benoît MARLEAU, Louise MATTEAU, Claude PRÉFONTAINE.

EN 522   CHARPENTIER, Réjane.

Qu'est-ce que t'en penses, toi ? (série de huit dramatiques pour enfants : *La Vie*, 20 juin 1976 ; *Les Habitudes*, 27 juin 1976 ; *L'Imagination*, 4 juillet 1976 ; *L'Ennui*, 8 août 1976 ; *La Liberté*, 16 août 1976 ; *L'Obéissance*, 22 août 1976 ; *La Curiosité*, 29 août 1976 ; *La Créativité*, 5 septembre 1976), original. Hebdomadaire. 30 min. Station CBFT. Musique : Ginette BELLAVANCE. Réalisation : Gilles SÉNÉCAL. 20 juin 1976 – 5 septembre 1976.

Distribution : Dorothée BERRYMAN, Jean BESRÉ, André CARTIER, Denyse CHARTIER, Marie-Louise DION, Robert GRAVEL, Jacques LAVALLÉE, Marise PELLETIER, Francine TOUGAS, Marthe TURGEON.

EN 523 COLLABORATION.

La Boîte à surprises, dramatique pour enfants, original. Quotidien, 30 min. Station CBFT. Textes écrits successivement par 39 auteurs : Paul ALAIN, Madeleine ARBOUR, Rubi ARDIZZON, Mireille ATTAS, Jean BESRÉ, Marthe BLACKBURN, Paul BUISSONNEAU, Marcel CABAY, André CAILLOUX, Michel CAILLOUX, Louise DARIOS, Louis DE SANTIS, Clémence DESROCHERS, Luc DURAND, Marc FAVREAU, Félixe FITZGERALD, Claude FOURNIER (pseud. Claude Martin), Guy FOURNIER, Roger GARAND, Gabrielle GARNEAU, Denise GIGUÈRE (pseud. Andrée Douaire), Puck KASMA, Nicole KHAVLINSKY, Claude LACOMBE, Roland LEPAGE, Jacques LÉTOURNEAU, Yves LÉTOURNEAU, Henriette MAJOR, Gilles MARSOLAIS, Guy MESSIER, Jean-Louis MILLETTE, Marcelle RACINE, Marie RACINE, Lise ROY, Marcel SABOURIN, Paule SAINTE-MARIE, Pierre THÉRIAULT, Michel VAN SCHENDEL, Kim YAROSHEVSKAYA.

Réalisation : Maurice DUBOIS, Marie-Claude FINOZZI, Louis-Philippe BEAUDOIN, Fernand CHOUINARD, Gilles SÉNÉCAL, Jacques FAURE, René BOISSAY, Alex PAGÉ, Jean-Yves BIGRAS, Jean-Guy BENJAMIN, Guy HOFFMANN, André PAGÉ, Gilles DEROME, Micheline LATULIPPE, Jean VALADE, Maurice FALARDEAU, André DE BELLEFEUILLE, Fernand IPPERSIEL, Pierre CASTONGUAY, Claude CARON, François CHAMBERLAND, Pierre DUCEPPE, Pierre DESJARDINS.
5 novembre 1956 – 11 octobre 1968.

Distribution : Madeleine ARBOUR, Louis AUBERT, Monique AUBRY, François BARBEAU, Paule BAYARD, Jean BESRÉ, Julien BESSETTE, Paul BUISSONNEAU, Marcel CABAY, Thérèse CADORETTE, André CAILLOUX, Michel CAILLOUX, Margot CAMPBELL, Yvan CANUEL, Cioni CARPI, Bernard CHARETTE, Élise CHARETTE, Gilbert CHÉNIER, Élizabeth CHOUVALIDZÉ, Jocelyn COQUILLARD, Louis DE SANTIS, Yvon DESCHAMPS, Victor DÉSY, Yvon DUFOUR, Luc DURAND, Marc FAVREAU, Hubert FIELDEN, Félixe FITZGERALD, Jocelyne FRANCE, Ronald FRANCE, Edgar FRUITIER, Jacques GALIPEAU, Roland GANAMET, Roger GARAND, Paul GAUTHIER, Jacques GRENIER, Luce GUILBAULT, François GUILLIER, Paul HÉBERT, Roger JOUBERT, Pauline JULIEN, Jacques KASMA, Armand LABELLE, Gaétan LABRÈCHE, Mireille LA-

CHANCE, Fernande LARIVIÈRE, Lise LASALLE, Gilles LATULIPPE, Guy L'ÉCUYER, Roland LEPAGE, Jacques LÉTOURNEAU, Yves LÉTOURNEAU, Hélène LOISELLE, Louise MARLEAU, Yves MASSICOTTE, Guy MAUFFETTE, Gisèle MAURICET, Marthe MERCURE, Monique MERCURE, Albert MILLAIRE, Jean-Louis MILLETTE, Denise MORELLE, Bernadette MORIN, Henri NORBERT, Christine OLIVIER, Lucille PAPINEAU, Jani PASCAL, Claude PRÉFONTAINE, Louise RÉMY, Percy RODRIGUEZ, Lise ROY, Yolande ROY, Marcel SABOURIN, Claude SAINT-DENIS, Pierre THÉRIAULT, Huguette UGUAY, Kim YAROSHEVSKAYA, Jacques ZOUVI.

EN 524   COLLABORATION.

Les Croquignoles, dramatique pour enfants, original. Hebdomadaire, 30 min. Station CBFT. Textes écrits successivement par 5 auteurs : Luc DURAND, Marc FAVREAU, Suzanne LÉVESQUE, Jean-Louis MILLETTE, Marcel SABOURIN. Réalisation : Hubert BLAIS, Maurice FALARDEAU. 5 juillet 1963 – 26 mai 1967.

Distribution : Luc DURAND, Marc FAVREAU, Suzanne LÉVESQUE, Marthe MERCURE, Jean-Louis MILLETTE, Marcel SABOURIN.

EN 525   COLLABORATION.

Les Oraliens, dramatique pour enfants, avec marionnettes, original. Quotidien, 15 min. Station CBFT. Concepteur : Laurent LACHANCE. Textes écrits successivement par 4 auteurs : Christian DELMAS, Lise LEMAY-ROUSSEAU, Jean-Pierre MORIN, Denis SAINT-DENIS. Réalisation : Jacques CHOLETTE, Normand NICOL, Pierre BÉLISLE, André DE BELLEFEUILLE. 20 octobre 1969 – 5 mai 1972. Reprise : 25 septembre 1972 – en cours.

Distribution : Lisette ANFOUSSE, Hubert GAGNON, Blaise GOUIN, Roger GRAVEL, Gaétane LANIEL, Serge L'ITALIEN, Mary MORTER, Philippe NEILSON, Pascal ROLLIN, Neil SHEA.

EN 526   COLLABORATION.

Radisson, dramatique pour adolescents, original. Hebdomadaire, 30 min. Station CBFT. Textes écrits successivement par 3 auteurs : Jean DESPREZ, John LUCAROTTI, Renée NORMAND. Réalisation : Pierre GAUVREAU. 3 février 1957 – 16 décembre 1959.

Distribution : Julien BESSETTE, Pierre BOUCHER, Boudha BRADON, René CARON, Camille DUCHARME, Pierre DUFRESNE, Françoise FAUCHER, Bill FOURNIER, Bertrand GAGNON, Benoît GIRARD, Jacques GODIN, Guy L'ÉCUYER, Percy RODRIGUEZ, Lionel VILLENEUVE.

EN 527   COLLABORATION.

La Lanterne magique, dramatique pour enfants, original. Quotidien, 30 min. Station CBFT. Textes écrits successivement par 3 auteurs : Mireille ATTAS, Denise GIGUÈRE, Yolande LAREAU-LÉGER. Réalisation : Pierre DESROCHES, Claude CARON, Jean-Louis BÉLAND, Marie-Claude FINOZZI, Fernand IPPERSIEL. 24 juin 1957 – 7 octobre 1957.

Distribution : Marc FAVREAU, Robert GADOUAS, Robert LAPALME, Guy L'ÉCUYER, Roland LEPAGE, Claude LÉVEILLÉE, Hubert LOISELLE, Jean-Louis MILLETTE, Claude PRÉFONTAINE, Christiane RANGER, Yolande ROY, Kim YAROSHEVSKAYA.

EN 528   COLLABORATION.

Le Grand Duc, dramatique pour enfants, original. Hebdomadaire, 30 min. Station CBFT. Textes écrits successivement par 14 auteurs : Luan ASSLANI, Réjane CHARPENTIER, Guy DUFRESNE, Jean-Paul FILION, Claude FOURNIER, Guy FOURNIER, Roger GARAND, Monique GROULX, Gilles HÉNAULT, Lise LAVALLÉE, Pierre PATRY, Jean PELLERIN, Gilles ROCHETTE, Gilles VIGNEAULT. Réalisation : Pierre LEBEUF, Pierre MONETTE, Charles DUMAS. 2 novembre 1959 – 29 mai 1964.

Distribution : Thérèse ARBIC, Monique AUBRY, Paule BAYARD, Maurice BEAUPRÉ, Andrée BERTRAND, Pierre BOUCHER, Hervé BROUSSEAU, Jean BROUSSEAU, Marianik BROUSSEAU, Paul BUISSONNEAU, André CAILLOUX, Margot CAMPBELL, Yvan CANUEL, René CARON, Marthe CHOQUETTE, Colette COURTOIS, Jean COUTU, Pierre DAGENAIS, Maurice DALLAIRE, Jean DALMAIN, Paul DAVIS, Yvon DESCHAMPS, Victor DÉSY, Henry DEYGLUN, Ronald FRANCE, Edgar FRUITIER, Ève GAGNÉ, Bertrand GAGNON, Jacques GALIPEAU, Gérard GALLINAT, Roland GANAMET, Roger GARAND, Roger GARCEAU, Gabriel GASCON, Lucille GAU-

THIER, Benoît GIRARD, Germaine GIROUX, Jacques GODIN, Georges GROULX, Michel GUÉRIN, François GUILLIER, Paul HÉBERT, Léo ILIAL, Pauline JULIEN, Andrée LACHAPELLE, Andrée LAFLEUR, Jean LAJEUNESSE, Lise LASALLE, Guy L'ÉCUYER, Réjean LEFRANÇOIS, Ovila LÉGARÉ, Monique LEPAGE, L. LESCAUT, Élizabeth LE SIEUR, Jacques LÉTOURNEAU, Hubert LOISELLE, Yves MASSICOTTE, Marthe MERCURE, Monique MERCURE, Albert MILLAIRE, Jean-Louis MILLETTE, André PAGÉ, Jean-Louis PARIS, Jani PASCAL, Béatrice PICARD, Henri POITRAS, Raymond POULIN, Claude PRÉFONTAINE, Louise RÉMY, Rose REY DUZIL, Gilles ROCHETTE, Percy RODRIGUEZ, Michelle ROSSIGNOL, Gisèle SCHMIDT, Marthe SIMON, Patrick STRARAM, Janine SUTTO, François TASSÉ, Carmen TREMBLAY, Maurice TREMBLAY.

EN 529   COLLABORATION.

Ouragan, dramatique pour adolescents, original. Hebdomadaire, 30 min. Station CBFT. Textes écrits successivement par 4 auteurs : Paul ALAIN, Bernard LETREMBLE, Louis MORISSET, Jean-Louis ROUX. Réalisation : Aimé FORGET, Maurice FALARDEAU. 6 novembre 1959 – 29 mai 1962.
Reprise : 8 avril 1963 – 3 juin 1963 ; 8 septembre 1963 – 12 octobre 1964.

Distribution : Monique AUBRY, Jacques AUGER, Louis BÉLANGER, Michèle BISAILLON, Jean BOISJOLI, Boudha BRADON, Yvette BRIND'AMOUR, Marcel CABAY, André CAILLOUX, Aline CARON, Georges CARRÈRE, Marc COTTEL, Pierre DAGENAIS, Pierre DAIGNEAULT, Maurice DALLAIRE, Rolland D'AMOUR, Gilbert DELASOIE, Jean-Claude DERET, Robert DESROCHES, Henry DEYGLUN, André D'HOSTEL, Camille DUCHARME, Gisèle DUFOUR, Pierre DUFRESNE, André FOUCHÉ, Edgar FRUITIER, Bertrand GAGNON, Jacques GALIPEAU, Paul GAUTHIER, Pierre GERMAIN, Jacques GODIN, Paul GUÉVREMONT, Raymond GUILBEAULT, François GUILLIER, Paul HÉBERT, Guy HOFFMANN, Roland LAROCHE, Guy LAROCQUE, Lise LASALLE, Guy L'É-

CUYER, José LEDOUX, Ovila LÉGARÉ, Roland LEPAGE, Jacques LÉTOURNEAU, Julien LIPPÉ, Michel MAILLOT, Yves MASSICOTTE, Michel NOËL, Monic NORMANDIN, Marc OLIVIER, Jacques PERRIN, Roger PLOURDE, Gérard POIRIER, Henri POITRAS, Claude PRÉFONTAINE, José RODRIGUEZ, Percy RODRIGUEZ, René SAINT-PIERRE, Gisèle SCHMIDT, Jean SIMON, Janine SUTTO, Guy SYLVESTRE, Maurice TREMBLAY, Anne-Marie VIDAL, Gabriel VIGNEAULT, Lionel VILLENEUVE.

EN 530   COLLABORATION.

CF-RCK, dramatique pour enfants, original. Hebdomadaire, 30 min. Station CBFT. Textes écrits successivement par 14 auteurs : Paul ALAIN, Marcel CABAY, Gilles CARLE, Marcel DUBÉ, Claude FOURNIER, Guy FOURNIER, Roger GARAND, Maurice GIROUX, Maurice LEROUX, Jacques LÉTOURNEAU, Lucien MARLEAU, Louis PORTUGAIS, Marcelle RACINE, Gilles ROCHETTE. Réalisation : Pierre GAUVREAU. 2e série, 22 décembre 1959 – 31 mai 1963. Reprise : 1er juin 1972 – 31 août 1972 ; 24 juin 1974 – 26 août 1974.

Distribution : René CARON, Émile GENEST, Suzanne LANGLOIS, Yves LÉTOURNEAU, André MONTMORENCY, Jean SCHELER, Micheline VANIER.

Voir LAFOREST, Jean. EN 556.

EN 531   COLLABORATION.

O.K. Shérif, dramatique pour enfants, original. Hebdomadaire, 30 min. Station CBFT. Textes écrits successivement par 3 auteurs : Claude FOURNIER, Guy FOURNIER, Marcel GODIN. Réalisation : Gilles DEROME. 2 juin 1970 – 30 septembre 1970.

Distribution : Louis AUBERT, Yvan CANUEL, Gilbert CHÉNIER, Louis DE SANTIS, Francine DIONNE, Jacques GALIPEAU, Robert RIVARD.

EN 532   COLLABORATION.

Minute Moumoute !, dramatique pour enfants, original. Bi-hebdomadaire, 15 min. Station CBFT. Textes écrits successivement par 12 auteurs : Jacqueline BARRETTE, Daniel CADET, Marc-F. GÉLINAS, Lise LEMAY-ROUSSEAU, Henriette MAJOR, Jean-Pierre PLANTE, Raymond PLAN-

TE, Michel RIVARD, Francine RUEL, Danielle SIMPSON, Paule TARDIF, Serge THÉRIAULT. Réalisation : Renault GARIÉPY. 5 décembre 1972 – 26 mars 1975. Reprise : automne 1975 – en cours.

Distribution : Suzanne GARCEAU, Alain GÉLINAS.

EN 533   COLLABORATION.

La Fricassée, dramatique pour enfants, original. Hebdomadaire, 30 min. Station CBFT. Textes écrits successivement par 7 auteurs : Jacqueline BARRETTE, Isabelle DORÉ, Jacques GRISÉ, Claude MEUNIER, Jean-Pierre PLANTE, Raymond PLANTE, Serge THÉRIAULT. Réalisation : André BOUSQUET. 7 janvier 1976 – 26 mai 1976.

Distribution : Pierre CURZI, Michèle DESLAURIERS, Murielle DUTIL, Claude MAHER, Denis MERCIER, Marc MESSIER, Lorraine PINTAL, Serge THÉRIAULT.

EN 534   COLLABORATION.

Tam-Tam, dramatique pour enfants, original. Hebdomadaire, 15 min. Station CBFT. Textes écrits successivement par 6 auteurs : Patrice ARBOUR, Bernard CAREZ, Marie-Francine HÉBERT, Louise LA HAYE, Dominique de PASQUALE, Ronald PRÉGENT. Musique : Claude ROY, Serge ROY. Réalisation : Guy COMEAU. 7 janvier 1977 – en cours.

Distribution : Patrice ARBOUR, Bernard CAREZ, Jean-Pierre CHARTRAND, Louise LAPRADE.

EN 535   DAGENAIS, Pierre.

Les Contes du jeudi, dramatique pour enfants, original. Hebdomadaire, 30 min. Station CBFT. Réalisation : Lisette LE ROYER, Jean-Louis HUARD. 14 janvier 1954 – 10 juin 1954.

Distribution : Pierre DAGENAIS, Nini DURAND.

***   DESROCHERS, Clémence.

Grujot et Délicat.
Voir BESRÉ, Jean. EN 506.

EN 536   DEWINNE, Léon.

Opération-mystère, dramatique pour enfants, original. Hebdomadaire, 30 min. Station CBFT. Réalisation : Paul LEGAULT, Rolland GUAY. 27 juin 1957 – 19 juin 1959. Reprise : 21 novembre 1960 – 8 mai 1961.

Distribution : Yvette BRIND'AMOUR, Hervé BROUSSEAU, Marcel CABAY, Yvon DUFOUR, Bertrand GAGNON, Paul GAUTHIER, Georges GROULX, Luce GUILBAULT, François LAVIGNE, Louise MARLEAU, Gérard POIRIER, José RODRIGUEZ.

EN 537   DUCEPPE, Pierre.

Le Gutenberg, dramatique pour enfants, original. Hebdomadaire, 30 min. Station CBFT. Réalisation : Hubert BLAIS. 8 janvier 1976 – en cours.

Distribution : Anne CARON, Jean-Pierre CHARTRAND, Louisette DUSSAULT, Claude GAI, Jacques LAVALLÉE, Han MASSON, Monique MERCURE, Gilles RENAUD, Gilbert SICOTTE.

EN 538   DUGUAY, Geneviève.

Am-stram-gram, dramatique pour enfants, original. Hebdomadaire, 30 min. Station CBFT. Réalisation : Gilles SÉNÉCAL. 13 octobre 1962 – 4 janvier 1964.

Distribution : Jean BESRÉ, Lise LASALLE.

***   DUMONT, Michel.

Picotine.

Voir WILSCAM, Linda.   EN 596.

EN 539   DUMONT, Michel.

Alexandre et le roi, dramatique pour enfants, original. Hebdomadaire, 30 min. Station CBFT. Collaboration : Linda WILSCAM. Réalisation : Michel GRÉCO. 8 novembre 1976 – en cours.

Distribution : Yvan CANUEL, Antoine DURAND, Luc DURAND, Micheline GÉRIN, Yves LÉTOURNEAU, Huguette OLIGNY, Jean-Louis PARIS, Béatrice PICARD, Jean PIPERNI, Claude PRÉFONTAINE, Serge TURGEON, Claudie VERDANT.

***   DURAND, Luc.

Bobino en vacances.

Voir SANCHE, Guy.   EN 590.

EN 540   DURAND, Luc.

Sol et Gobelet, dramatique pour enfants, original. Hebdomadaire, 30 min. Station CBFT. Collaboration : Marc FAVREAU. Réalisation : Maurice FALARDEAU. 15 octobre 1968 – 25 janvier 1972.
Reprise : 7 septembre 1973 – en cours.

Distribution : José BARIO, Marie-France BEAULIEU, Marie BÉGIN, Vincent DAVY, Luc DURAND, Marc FAVREAU, Nicole FONTAINE, Claude GAI, Louise GAMACHE, Benoît GIRARD, Jocelyne GOYETTE, Pierre GUÉNETTE, Diane GUÉRIN, Roseline HOFFMANN, Lise LASALLE, France LAVERDIÈRE, Sandy LAWRENCE, Marguerite LEMIR, Suzanne LÉVESQUE, Claude MAHER, Francine MASSÉ, Roger MICHAEL, André RICHARD, Hélène ROLLAN, Louis SINCENNES, Louise TURCOT, Suzanne VERTEY.

EN 541   FAUCHER, Françoise.

Contes sur le bout de mes doigts, dramatique pour enfants, original. Hebdomadaire, 30 min. Station CBFT. Réalisation : inconnue. 10 septembre 1952 – 29 octobre 1952.

Distribution : Madeleine ARBOUR.

***   FAVREAU, Marc.

Sol et Gobelet.

Voir DURAND, Luc. EN 540.

EN 542   FEUILLÈRE, Andrée (pseud. Madame Thomas Bertrand).

Gabriel, le berger, dramatique pour enfants, original. Hebdomadaire, 30 min. Station CBFT. Réalisation : Pierre LEBEUF. 25 juin 1956 – 17 septembre 1956.

Distribution : Pierre BOUCHER, Jean BROUSSEAU, Jacques DESPATIE, Paul GUÉVREMONT, François LAVIGNE, Louise MARLEAU, Béatrice PICARD, Lionel VILLENEUVE.

EN 543   FOURNIER, Claude.

Les Frères Obus, dramatique pour enfants, avec marionnettes, original. Hebdomadaire, 30 min. Station CBFT. Manipulateur : Cioni CARPI. Réalisation : Jacques FAURE, Marie-Claude FINOZZI. 26 juin 1959 – 18 septembre 1959.

Distribution : inconnue.

EN 544 FOURNIER, Guy.

Rue de l'Anse, dramatique pour adolescents, original. Hebdomadaire, 30 min. Station CBFT. Dialogues : Jovette BERNIER. Scénaristes : Paul ALAIN, Marcel CABAY, Claude FOURNIER, Roger GARAND, Gilles HÉNAULT, Jacques LÉTOURNEAU, Lucien MARLEAU, Louise NOBERT, Jacques PARENT, Pierre PATRY, Clément PERRON, Louis PORTUGAIS, Jean-Robert RÉMILLARD. Réalisation : Pierre GAUVREAU. 24 septembre 1963 – 25 mai 1965. Reprise : 9 septembre 1966 – 21 octobre 1967 ; 18 février 1969 – 25 avril 1970 ; 5 juin 1971 – 28 août 1971.

Distribution : Maurice BEAUPRÉ, Juliette BÉLIVEAU, Pierre BOUCHER, Pierre BOURGAULT, Georges BOUVIER, René CARON, Gilbert CHÉNIER, Rolland D'AMOUR, Gisèle DUFOUR, Pierre DUFRESNE, Mariette DUVAL, Daniel GADOUAS, Paul GUÉVREMONT, Ernest GUIMOND, Juliette HUOT, Suzanne LANGLOIS, Louise LATRAVERSE, Roger LEBEL, Marie-Josée LONGCHAMPS, Robert MALETTE, Gilles PELLETIER, Béatrice PICARD, Gisèle SCHMIDT.

EN 545 FOURNIER, Guy.

Ti-Jean Caribou, dramatique pour enfants, original. Hebdomadaire, 30 min. Station CBFT. Collaboration : Réjane CHARPENTIER, Pierre DUMAS, Louise FOURNIER, Claude GAUVREAU, Jacques LÉTOURNEAU, Louise NOBERT, Louis PORTUGAIS, Gilles ROCHETTE, Jean-Louis ROUX. Dialogues : Jean PELLERIN. Réalisation : Maurice FALARDEAU. 18 octobre 1963 – 29 mai 1966.

Distribution : Guy L'ÉCUYER, Guy SANCHE, François TASSÉ.

*** FOURNIER, Guy.

Bidule de Tarmacadam.

Voir GODIN, Marcel. EN 552.

*** GANAMET, Bernard.

Farfadou et Farfadette.

Voir GAUTHIER, Paule. EN 549.

EN 546   GARAND, Roger.

        Kimo, dramatique pour enfants, original. Hebdomadaire, 30 min. Station CBFT. Réalisation : Louis BÉDARD. 27 juin 1956 – 13 septembre 1958.

        Distribution : Paule BAYARD, Guy L'ÉCUYER, Yves LÉTOURNEAU, Hubert LOISELLE, Jacques ZOUVI.

EN 547   GARAND, Roger.

        Pépé le cowboy, dramatique pour enfants, avec marionnettes, original. Hebdomadaire, 30 min. Station CBFT. Manipulateurs : Paule BAYARD, Charles DAUDELIN, Louise DAUDELIN, Jean BOISJOLI, Robert RIVARD. Réalisation : Claude CARON. 8 octobre 1958 – 3 juin 1959.
Reprise : 10 juillet 1961 – 2 octobre 1961 ; 6 juin 1972 – 29 août 1972 ; 8 juin 1974 – 17 août 1974.

        Distribution : Louis DE SANTIS, Roger GARAND, Micheline GÉRIN, Jacques LÉTOURNEAU, Carmen TREMBLAY.

EN 548   GARAND, Roger.

        Le Professeur Calculus, dramatique pour enfants, avec marionnettes, original. Hebdomadaire, 30 min. Station CBFT. Réalisation : Maurice FALARDEAU. 30 janvier 1960 – 26 mai 1962.

        Distribution : Paul BUISSONNEAU, André CAILLOUX, Marc FAVREAU, Micheline GUÉRIN, Paul HÉBERT, Monic NORMANDIN, Gilles ROCHETTE.

***   GARNEAU, Gabrielle.

        Le Moulin aux images.

        Voir CAILLOUX, André. EN 515.

EN 549   GAUTHIER, Paule.

        Farfadou et Farfadette, dramatique pour enfants, original. Hebdomadaire, 30 min. Station CBFT. Collaboration : Bernard GANAMET. Réalisation : inconnue. ** juin 1966 – septembre 1966.

        Distribution : Bernard GANAMET, Paule GAUTHIER.

EN 550 GÉLINAS, Marc-F.

Flip et compagnie, dramatique pour enfants, original. Hebdomadaire, 30 min. Station CBFT. Réalisation : André PAGÉ. 8 mars 1971 – 31 mai 1971.
Reprise : 7 juin 1973 – 15 juillet 1973.

Distribution : Hubert GAGNON, Hélène LOISELLE, Jean-Louis MILLETTE, Jean-Louis PARIS.

*** GÉLINAS, Marc-F.

Picolo.

Voir BUISSONNEAU, Paul. EN 514.

EN 551 GIGUÈRE, Denise.

Owata, dramatique pour enfants, original. Hebdomadaire, 15 min. Station CBFT. Réalisation : inconnue. 30 juin 1956 – 22 septembre 1956.

Distribution : Florence BROWN, Paul GAUTHIER, Brian MACDONALD, Shirley SINGER, Kim YAROSHEVSKAYA.

EN 552 GODIN, Marcel.

Bidule de Tarmacadam, dramatique pour enfants, original. Hebdomadaire, 30 min. Station CBFT. Collaboration : Guy FOURNIER. Réalisation : Hubert BLAIS. 29 septembre 1966 – 28 mai 1970.
Reprise : septembre 1970 – 2 janvier 1976.

Distribution : Gilbert CHÉNIER, Ronald FRANCE, Jean-Louis MILLETTE, Denise MORELLE, Monique RIOUX-BOISVERT, Yvon THIBOUTOT.

EN 553 GUÉNETTE, Pierre.

Le Grenier, dramatique pour enfants, original. Hebdomadaire, 30 min. Station CBFT. Musique : Marie BERNARD. Réalisation : Claude POULIN. 6 janvier 1976 – en cours.

Distribution : Marielle BERNARD, Yvon BOUCHARD, Robert DUPARC, Hélène LOISELLE, Gérard POIRIER.

EN 554 GUIMOND, Olivier.

César, dramatique pour enfants, original. Hebdomadaire, 30 min. Station CBFT. Réalisation : Gilles SÉNÉCAL, Fernand IPPERSIEL, Paul LEGAULT. 27 juin 1959 – 15 octobre 1959.

Distribution : Cioni CARPI, Paul DESMARTEAUX, Hubert FIELDEN, Olivier GUIMOND, Guy L'ÉCUYER, Claire RICHARD.

EN 555   LAFOREST, Jean.

Les Ailes de l'aventure, dramatique pour adolescents, original. Hebdomadaire, 30 min. Station CBFT. Réalisation : René BOISSAY. 28 juin 1956 – 11 octobre 1958.

Distribution : Aline CARON, Yvon DUFOUR, Gabriel GASCON, Gil LAROCHE, François LAVIGNE, Philippe ROBERT.

EN 556   LAFOREST, Jean.

CF-RCK, dramatique pour enfants, original. Hebdomadaire, 30 min. Station CBFT. Réalisation : Louis LÉTUVÉ. 1re série, 3 novembre 1958 – 15 décembre 1959.

Distribution : René CARON, Émile GENEST, Suzanne LANGLOIS, Yves LÉTOURNEAU, André MONTMORENCY, Jean SCHELER, Micheline VANIER.

Voir COLLABORATION. EN 530.

EN 557   LAFORTUNE, Ambroise.

Rodolphe, dramatique pour enfants, original. Hebdomadaire, 30 min. Station CBFT. Réalisation : Louis LÉTUVÉ. RON. Réalisation : Claude CARON. 29 septembre 1956 – 3 novembre 1956.

Distribution : Ambroise LAFORTUNE.

***   LAVALLÉE, Lise.

Fafouin.

Voir MESSIER, Guy. EN 576.

EN 558   LAVALLÉE, Lise.

Beau temps, mauvais temps, dramatique pour adolescents, original. Hebdomadaire, 30 min. Station CBFT. Réalisation : Paul BLOUIN, René BOISSAY, Jean-Louis BÉLAND. 11 novembre 1955 – 21 juin 1958.

Distribution : Hélène BIENVENUE, Bertrand GAGNON, Marc GÉLINAS, Michèle JUNEAU, Louise MARLEAU, Olivette THIBAULT.

EN 559   LAVALLÉE, Lise.

Le Mors aux dents, dramatique pour adolescents, original. Hebdomadaire, 30 min. Station CBFT. Réalisation : André BOUSQUET. 10 novembre 1961 – 6 juillet 1962.

Distribution : Pierre BOUCHER, Roger GARCEAU, Yves GÉLINAS, Fernande LARIVIÈRE, Serge LASALLE, André MONTMORENCY, Gilles PELLERIN, Janine SUTTO, Maurice TREMBLAY.

EN 560   LEGAULT, Paul.

Maigrichon et Gras double, dramatique pour enfants, original. Hebdomadaire, 30 min. Station CBFT. Collaboration : Luan ASLLANI. Réalisation : Hubert BLAIS. 10 février 1971 – 21 janvier 1974.
Reprise : 2 juin 1975 – 25 août 1975.

Distribution : Louis AUBERT, Louis DE SANTIS, Daniel GADOUAS, Louise GAMACHE, Michèle MAGNY, Claude MICHAUD, Yvonne MOISAN, Véronique O'LEARY, Patrick PEUVION, Gilles RENAUD, Monique RIOUX, Yvon THIBOUTÔT.

EN 561   LEGAULT, Paul.

Les Égrégores, dramatique pour enfants, original. Hebdomadaire, 30 min. Station CBFT. Réalisation : Hubert BLAIS. 28 janvier 1974 – 26 mai 1975.
Reprise : 13 septembre 1976 – 1er novembre 1976.

Distribution : Madeleine ARSENAULT, Diane BOUCHARD, Anne CARON, Jean-Pierre CHARTRAND, Solange COLLIN, Maurice GIBEAULT, Marc GRÉGOIRE, Guy MIGNEAULT, Maryse PELLETIER, Gilles RENAUD, Daniel SIMARD.

EN 562   LEPAGE, Roland.

La Ribouldingue, dramatique pour enfants, original. Hebdomadaire, 30 min. Station CBFT. Collaboration : Marcel SABOURIN, Jean-Louis MILLETTE. Réalisation : André PAGÉ, Gilles BRISSETTE. 18 octobre 1968 – 26 février 1971.
Reprise : automne 1971 – 14 mai 1976.

Distribution : Micheline GIARD, Roland LEPAGE, Élizabeth LE SIEUR, Gisèle MAURICET, Jean-Louis MILLETTE, André MONTMORENCY, Denise MORELLE, Marcel SABOURIN.

EN 563　　　LEPAGE, Roland.

Marie Quat'Poches, dramatique pour enfants, original. Hebdomadaire, 30 min. Station CBFT. Collaboration : Jani PASCAL. Réalisation : Guy HOFFMANN. Reprise : 12 avril 1971 – en cours. (Extrait de *la Boîte à surprise*.)

Distribution : Roland LEPAGE, Gisèle MAURICET, Jani PASCAL.

EN 564　　　LÉTOURNEAU, Jacques.

Les Enquêtes Jobidon, dramatique pour enfants, original. Hebdomadaire, 30 min. Station CBFT. Dialogues : Albert BRIE. Scénaristes : Paul ALAIN, Marcel CABAY, Gilles CARLE, Guy FOURNIER, Roger GARAND, Louis PORTUGAIS, Gilles ROCHETTE. Idéateurs : Marcel CABAY, Georges CARRÈRE, Anthony GULLIVER, Lucien MARLEAU, Vincenzo MONICA, Jacqueline MUELBERGER, Marcelle OUELLETTE, Clément PERRON, Alfred ROUSSEAU. Réalisation : Rolland GUAY. 12 octobre 1962 – 11 avril 1966.
Reprise : 1968 – 1971.

Distribution : Roland CHENAIL, Yvon DUFOUR, Luc DURAND, Marc FAVREAU, Amulette GARNEAU, Jacques GODIN, Georges GROULX, Ernest GUIMOND, Monique LEYRAC, Henri NORBERT, Claude PRÉFONTAINE.

EN 565　　　LÉTOURNEAU, Jacques.

Le Pirate Maboule, dramatique pour enfants, original. Hebdomadaire, 30 min. Station CBFT. Réalisation : Guy HOFFMANN, Maurice FALARDEAU, Hubert BLAIS, Jean VALADE. 17 octobre 1968 – 2 juillet 1970.
Reprise : automne 1970 – 2 septembre 1976.

Distribution : Edgar FRUITIER, Guy HOFFMANN, Jacques LÉTOURNEAU, Yves LÉTOURNEAU, Huguette UGUAY.

EN 566　　　LÉTOURNEAU, Jacques.

Le Major Plum Pouding, dramatique pour enfants, original. Hebdomadaire, 30 min. Station CBFT. Collaboration : Yves LÉTOURNEAU. Réalisation : Guy HOFFMANN, André BOUSQUET. 20 novembre 1969 – 31 mai 1973.
Reprise : automne 1973 – 31 août 1976.

Distribution : Élizabeth CHOUVALIDZÉ, Gaétan LABRÈCHE, Françoise LEMIEUX, Yves LÉTOURNEAU, Janine SUTTO.

***   LÉTOURNEAU, Yves.

Le Major Plum Pouding.

Voir LÉTOURNEAU, Jacques. EN 566.

EN 567   LETREMBLE, Bernard.

L'Île aux trésors, dramatique pour enfants, original. Hebdomadaire, 30 min. Station CBFT. Réalisation : Jean-Robert RÉMILLARD, Georges SAVARIA. 28 septembre 1955 – 26 juin 1957.

Distribution : Françoise GRATON, Michel NOËL.

EN 568   LETREMBLE, Bernard.

Sang et or, dramatique pour enfants, original. Hebdomadaire, 30 min. Station CBFT. Scénaristes : Paul ALAIN, Jacques LÉTOURNEAU. Réalisation : Aimé FORGET, René BOISSAY. 14 avril 1958 – 18 juin 1959.
Reprise : 15 juillet 1962 – 27 septembre 1962.

Distribution : Jacques AUGER, André CAILLOUX, Georges CARRÈRE, Marc COTTEL, Jocelyne FRANCE, Uriel LUFT, Marthe MERCURE, Lucie RANGER.

***   LETREMBLE, Bernard.

Rouletaboule.

Voir SARRAZIN, Jean. EN 593.

EN 569   LETREMBLE, Bernard.

Marcus, dramatique pour enfants, original. Hebdomadaire, 30 min. Station CBFT. Réalisation : Maurice FALARDEAU, Jean-Guy BENJAMIN. 8 octobre 1962 – 1er avril 1963.

Distribution : Geneviève BUJOLD, Camille DUCHARME, Pierre DUFRESNE, Pierre GIBOYAU, Christine LAROCQUE, Roger LEBEL, Hélène LOISELLE, André PAGÉ.

EN 570   LETREMBLE, Bernard.

Cœur aux poings, dramatique pour enfants, original. Hebdomadaire, 30 min. Station CBFT. Scénaristes : Claude FOURNIER, Guy LEDUC, Roland LEPAGE, Louis PORTUGAIS, Gilles ROCHETTE, Jean-Louis ROUX. Réalisation : Charles DUMAS. 30 octobre 1963 – 26 mai 1965.

Distribution : Louis AUBERT, Jacques BROUILLET, Jean DOYON, André FRAPPIER, Gaétan FRASER, Olivier GUIMOND, Paul HÉBERT, Isabelle JEAN, Jacques LÉTOURNEAU, Yves MASSICOTTE, François MILLETTE, Gilles NORMAND, Jean PERRAUD, Claude PRÉFONTAINE, Serge ROGER, Marcel SABOURIN.

EN 571   MAJOR, Henriette.

Le Sac à malices, dramatique pour enfants, original. Bihebdomadaire, 15 min. Station CBFT. Réalisation : Renault GARIÉPY. 4 janvier 1972 – 30 novembre 1972.

Distribution : Louisette DUSSAULT, Michel DUSSAULT, Alain GÉLINAS.

EN 572   MAJOR, Henriette.

Une fleur m'a dit, dramatique pour enfants, original. Hebdomadaire, 15 min. Station CBFT. Réalisation : Réal GAGNÉ. 7 octobre 1973 – 25 mai 1975.

Distribution : Armand LABELLE, Yolande MICHOT, Jacques THISDALE.

EN 573   MAJOR, Henriette.

L'Évangile en papier, dramatique pour enfants, avec personnages en papier, original. Hebdomadaire, 15 min. Station CBFT. Manipulateur-créateur : Claude LAFORTUNE. Réalisation : Gérard CHAPDELAINE. 7 septembre 1975 – 9 mai 1976.

Distribution : Gilles DUPUIS, Armand LABELLE, Jacques THISDALE.

EN 574   MAJOR, Henriette.

La Bible en papier, dramatique pour enfants, avec personnages en papier, original Hebdomadaire, 15 min. Station CBFT. Manipulateur-créateur : Claude LAFORTUNE. Recherchiste : Jean-Guy DUBUC. Réalisation : Gérard CHAPDELAINE. 12 septembre 1976 – en cours.

Distribution : Gilles DUPUIS, Claude LAFORTUNE, Pierre LEBEAU, Denise MORELLE, Yolande PARENT, Jacques PIPERNI, Jean-Pierre WASSERMAN.

EN 575   MAUFETTE, Guy.

L'Ami des jeunes, dramatique pour enfants, original. Quotidien, 15 min. Station CBFT. Collaborateurs inconnus. Réalisation : Fernand DORÉ. 7 novembre 1955 – 22 juin 1956.

Distribution : Hélène LOISELLE, Guy MAUFFETTE.

EN 576   MESSIER, Guy.

Fafouin, dramatique pour enfants, original. Hebdomadaire, 30 min. Station CBFT. Collaboration : Lise LAVALLÉE. Réalisation : Fernand DORÉ, Marie CHOQUETTE. 30 juin 1954 – 23 septembre 1955.

Distribution : Guy MESSIER, LA TROUPE DU GRENIER.

***   MILLETTE, Jean-Louis.

Bobino en vacances.

Voir SANCHE, Guy. EN 590.

***   MILLETTE, Jean-Louis.

La Ribouldingue.

Voir LEPAGE, Roland. EN 562.

***   MIRON, Gaston.

Rodolphe.

Voir LAFORTUNE, Ambroise. EN 557.

***   MUELBERGER, Jacqueline.

Ulysse et Oscar.

Voir CAILLOUX, André. EN 516.

EN 577   NORMAND, Renée.

Taille-fer, dramatique pour enfants, original. Hebdomadaire, 30 min. Station CBFT. Réalisation : Louis BÉDARD. 22 octobre 1955 – 23 juin 1956.

Distribution : Guy BÉLANGER, Marcel CABAY, Janine FLUET, Paul GAUTHIER, Paul HÉBERT, Yves LÉTOURNEAU.

***   PASCAL, Jani.

Marie Quat'Poches.

Voir LEPAGE, Roland. EN 563.

EN 578   PELLETIER, Alec.

Le Grenier aux images, dramatique pour enfants, original. Hebdomadaire, 30 min. Station CBFT. Réalisation : Jean-Paul LADOUCEUR, Fernand DORÉ, Louis BÉDARD. 5 novembre 1952 – 21 juin 1957.

Distribution : Paule BAYARD, André CAILLOUX.

EN 579   PELLETIER, Alec.

Le Trèfle à 4 feuilles, dramatique pour enfants, original. Hebdomadaire, 30 min. Station CBFT. Réalisation : Pierre LEBEUF. 15 novembre 1957 – 28 juin 1958.

Distribution : Élizabeth CHOUVALIDZÉ, Jacques ZOUVI.

EN 580   PELLETIER, Alec.

Demain dimanche, dramatique pour adolescents, original. Hebdomadaire, 30 min. Station CBFT. Réalisation : Pierre GAUVREAU. 11 octobre 1958 – 11 juillet 1959.

Distribution : Monique CHABOT, Gilbert COMTOIS, Lucille COUSINEAU, Jean DOYON, Yvon DUFOUR, Luce GUILBAULT, Jocelyn JOLY, Denise MORELLE, Louise RÉMY, Marcel SABOURIN, Yvon THIBOUTÔT.

EN 581   PELLETIER, Alec.

Jeunes visages, dramatique pour adolescents, original. Hebdomadaire, 30 min. Station CBFT. Réalisation : André BOUSQUET. 13 octobre 1959 – 23 juin 1961.

Distribution : Jacques BILODEAU, Denise BOMBARDIER, Monique CHABOT, Élizabeth CHOUVALIDZÉ, Gilbert COMTOIS, Lucille COUSINEAU, Jean DOYON, Yvon DUFOUR, Marjolaine HÉBERT, Guy L'ÉCUYER, Mathieu POULIN, Guy PROVOST, Louise RÉMY, Yvon THIBOUTÔT, Maurice TREMBLAY.

EN 582   PLANTE, Raymond.

La Boîte à lettres, dramatique pour enfants, original. Hebdomadaire, 15 min. Station CBFT. Collaboration : Dorothée BERRYMAN, Robert GRAVEL, Francine RUEL. Réalisation : Pierre-Jean CUILLERRIER. 20 novembre 1975 – en cours.

Distribution : Dorothée BERRYMAN, Robert GRAVEL, Francine RUEL.

EN 583   PLANTE, Raymond.

Une fenêtre dans ma tête, dramatique pour enfants, original. Hebdomadaire, 15 min. Station CBFT. Musique : Céline PRÉVOST. Réalisation : Jean-Pierre CUILLERRIER. 27 janvier 1977 – en cours.

Distribution : Pauline MARTIN, Yvan PONTON.

EN 584   RACINE, Marcelle.

Ro-dou-dou, dramatique pour enfants, avec marionnettes, original. Hebdomadaire, 15 min. Station CBFT. Concepteur de marionnettes : Micheline LEGENDRE. Réalisation : Pierre DESROCHES. 26 juin 1956 – 18 septembre 1956.

Distribution : Louise MARLEAU, Pierre THÉRIAULT.

EN 585   RACINE, Marie.

Coucou, dramatique pour enfants, original. Hebdomadaire, 30 min. Station CBFT. Musique : André GAGNON. Réalisation : Gilles SÉNÉCAL, François CHAMBERLAND. 26 décembre 1959 – 30 mai 1964.

Distribution : Hervé BROUSSEAU, Germaine DUGAS, Robert GADOUAS, Paule GAUTHIER, Raymond LÉVESQUE, Suzanne RIVEST.

EN 586   RACINE, Marie.

Au clair soleil, dramatique pour enfants, original. Hebdomadaire, 30 min. Station CBFT. Réalisation : Hubert BLAIS, Micheline LATULIPPE, Gilles SÉNÉCAL. 30 juin 1964 – 2 septembre 1965.

Distribution : Hélène ROLLAN, Yvon THIBOUTÔT.

EN 587   RACINE, Marie.

La Souris verte, dramatique pour enfants, original. Quotidien, 30 min. Station CBFT. Collaboration : Pierrette BEAUDOIN, Denise BOUCHER, Réjane CHARPENTIER, Ray-Marc DUBÉ, Claire MARCIL, Mado ROBERGE, Yolande ROSSIGNOL. Musique : André GAGNON. Réalisation : Micheline LATULIPPE, Thérèse PATRY, André DE BELLEFEUILLE, Raymonde BOUCHER, Gilles SÉNÉCAL, Guy COMEAU, Jean GAUMONT, Renault GARIÉPY. 5 décembre 1964 – 28 mai 1971.
Reprise : 6 septembre 1971 – 3 septembre 1976.

Distribution : Jean BROUSSEAU, Louise DESCHÂTELETS, Robert DUPARC, Louisette DUSSAULT, Alain GÉLINAS, Claude GRISÉ, Claudia LAMAR-

CHE, Serge L'ITALIEN, Claire MARCIL, Louise MATTEAU, Marie-Claire MORIN, Gilles RENAUD, Yolande ROSSIGNOL, Réjean ROY, Robert TOUPIN, Gisèle TRÉPANIER.

EN 588   ROY, Lise.

Lili, dramatique pour enfants, original. Hebdomadaire, 15 min. Station CBFT. Réalisation : Marie-Claude FINOZZI. 29 juin 1956 – 21 septembre 1956.

Distribution : Lise ROY.

EN 589   RUEL, Francine.

Du soleil à 5 cents, dramatique pour enfants, original. Hebdomadaire, 15 min. Station CBFT. Collaboration : Rina CYR, Mario DESMARAIS, Claude LAROCHE, Raymond PLANTE. Réalisation : Pierre-Jean CUILLERRIER. 4 mars 1974 – en cours.

Distribution : Rina CYR, Claude LAFORTUNE, Serge THÉRIAULT.

***   SABOURIN, Marcel.

La Ribouldingue.

Voir LEPAGE, Roland. EN 562.

***   SANCHE, Guy.

Bobino.

Voir CAILLOUX, Michel. EN 520.

EN 590   SANCHE, Guy.

Bobino en vacances, dramatique pour enfants, original. Hebdomadaire, 60 min. Station CBFT. Collaboration : Luc DURAND, Jean-Louis MILLETTE. Réalisation : Maurice FALARDEAU. 6 juillet 1958 – 21 septembre 1958.

Distribution : Luc DURAND, Jean-Louis MILLETTE, Guy SANCHE.

EN 591   SANCHE, Guy.

Les 100 Tours de Centour, dramatique pour enfants, original. Quotidien, 15 min. Station CBFT. Collaboration : André CHAMBERLAND et autres. Réalisation : Jacques CHOLETTE, Normand NICOL, Pierre BÉLISLE. 27 septembre 1971 – 24 mars 1972.
Reprise : 1973 – 1976.

Distribution : Roland CHENAIL, Camille DUCHARME, Julien GENAY, Jean-Maurice GÉLINAS, Monique LEPAGE, Serge L'ITALIEN, Yves MASSICOTTE, André MONTMORENCY, Madeleine SICOTTE, Ghislain TREMBLAY.

EN 592   SARRAZIN, Jean.

Les Histoires du Canada, dramatique pour enfants, original. Hebdomadaire, 30 min. Station CBFT. Réalisation : Paul BLOUIN. 8 novembre 1955 – 3 janvier 1957.

Distribution : Gilles PELLERIN, Jean SARRAZIN.

EN 593   SARRAZIN, Jean.

Rouletaboule, dramatique pour enfants, original. Hebdomadaire, 30 min. Station CBFT. Collaboration : Bernard LETREMBLE. Réalisation : Maurice FALARDEAU, Pierre CASTONGUAY. 25 juin 1959 – 15 octobre 1959.

Distribution : Paul BUISSONNEAU, Jean SARRAZIN.

***   SOLIOZ, Vanessa.

Clak.

Voir BARRETTE, Jacqueline. EN 503.

***   SOLIOZ, Vanessa.

You-hou.

Voir BARRETTE, Jacqueline. EN 504.

EN 594   VALLERAND, Claudine.

Fon-Fon, dramatique pour enfants, original. Hebdomadaire, 30 min. Station CBFT. Réalisation : Marie-Claude FINOZZI, Gilles SÉNÉCAL, Jacques FAURE. 12 novembre 1955 – 26 mai 1962.

Distribution : Claudine VALLERAND.

EN 595   VITEZ, Elsa.

Kosmos 2001, dramatique pour enfants, original. Hebdomadaire, 30 min. Station CBFT. Collaboration : Paul LEGAULT. Réalisation : Rolland GUAY. 22 octobre 1959 – 14 avril 1960.

Reprise : 25 avril 1964 – 7 octobre 1964.

Distribution : Marcel CABAY, André CAILLOUX, Aline CARON, Georges CARRÈRE, Camille DUCHARME, Guy FERRON, Roger GARAND, Paul HÉBERT, Roland LEPAGE, Percy RODRIGUEZ.

EN 596　　WILSCAM, Linda.

> *Picotine,* dramatique pour enfants, original. Hebdomadaire, 30 min. Station CBFT. Collaboration : Michel DUMONT. Réalisation : Maurice FALARDEAU, Michel GRÉCO. 8 septembre 1972 – 5 mars 1975.
> Reprise : 1975 –1976.
>
> Distribution : Guy BEAUREGARD, Yvon BOUCHARD, Pierrette DESLIERRES, Michel DUMONT, Luc DURAND, Louisette DUSSAULT, Gaétan GLADU, Guy L'ÉCUYER, Alain LUSSIER, François TASSÉ, Lionel VILLENEUVE.

EN 597　　YAROSHEVSKAYA, Kim.

> *Fanfreluche,* dramatique pour enfants, original. Hebdomadaire, 30 min. Station CBFT. Réalisation : Micheline LATULIPPE, Hélène ROBERGE. 13 novembre 1968 –8 décembre 1971.
> Reprise : décembre 1975 – 10 mai 1976.
>
> Distribution : Kim YAROSHEVSKAYA.

2. Chronologie des dramatiques pour enfants

1952

10 août	*Pépinot et Capucine*	Réginald BOISVERT	EN 507
10 sept.	*Contes sur le bout de mes doigts*	Françoise FAUCHER	EN 541
5 nov.	*Le Grenier aux images*	Alec PELLETIER	EN 578

1953

24 janv.	*Pépinot*	Réginald BOISVERT	EN 508

1954

14 janv.	*Les Contes du jeudi*	Pierre DAGENAIS	EN 535
27 juin	*Chat piano*	Réginald BOISVERT	EN 509
30 juin	*Fafouin*	Guy MESSIER	EN 576

1955

28 sept.	*L'Île aux trésors*	Bernard LETREMBLE	EN 567
22 oct.	*Taille-fer*	Renée NORMAND	EN 577
7 nov.	*L'Ami des jeunes*	Guy MAUFFETTE	EN 575
8 nov.	*Les Histoires du Canada*	Jean SARRAZIN	EN 592
11 nov.	*Beau temps, mauvais temps*	Lise LAVALLÉE	EN 558
12 nov.	*Fon-Fon*	Claudine VALLERAND	EN 594

1956

24 juin	*Les Mille et une nuits*	Réginald BOISVERT	EN 510
25 juin	*Gabriel, le berger*	Andrée FEUILLÈRE	EN 542
26 juin	*Le Cirque Alphonsino*	Luan ASLLANI	EN 501
26 juin	*Ro-dou-dou*	Marcelle RACINE	EN 584
27 juin	*Kimo*	Roger GARAND	EN 546
28 juin	*Les Ailes de l'aventure*	Jean LAFOREST	EN 555
29 juin	*Lili*	Lise ROY	EN 588
30 juin	*Le Messager*	Michel BREITMAN	EN 513
30 juin	*Owata*	Denise GIGUÈRE	EN 551
25 sept.	*Pinocchio*	Luan ASLLANI	EN 502
29 sept.	*Rodolphe*	Ambroise LAFORTUNE, Gaston MIRON	EN 557
5 nov.	*La Boîte à surprises*	COLLABORATION	EN 523

1957

3 fév.	*Radisson*	COLLABORATION	EN 526
24 juin	*La Lanterne magique*	COLLABORATION	EN 527
27 juin	*Opération-mystère*	Léon DEWINNE	EN 536
30 juin	*Bobino*	Michel CAILLOUX	EN 520
7 nov.	*La Rivière perdue*	Réginald BOISVERT	EN 511
15 nov.	*Le Trèfle à 4 feuilles*	Alec PELLETIER	EN 579

1958

14 avril	*Sang et or*	Bernard LETREMBLE	EN 568
6 juil.	*Bobino en vacances*	Guy SANCHE	EN 590
8 oct.	*Pépé le cowboy*	Roger GARAND	EN 547
9 oct.	*Le Courrier du Roy*	Réginald BOISVERT	EN 512
11 oct.	*Demain dimanche*	Alec PELLETIER	EN 581
3 nov.	*CF-RCK*	Jean LAFOREST	EN 556

1959

25 juin	*Rouletaboule*	Jean SARRAZIN	EN 593
26 juin	*Les Frères Obus*	Claude FOURNIER	EN 543
27 juin	*César*	Olivier GUIMOND	EN 554
13 oct.	*Jeunes visages*	Alec PELLETIER	EN 582
22 oct.	*Kosmos*	Elsa VITEZ, Paul LEGAULT	EN 595
2 nov.	*Le Grand Duc*	COLLABORATION	EN 528
6 nov.	*Ouragan*	COLLABORATION	EN 529
22 déc.	*CF-RCK*	COLLABORATION	EN 530
26 déc.	*Coucou*	Marie RACINE	EN 585

1960

30 janv.	*Le Professeur Calculus*	Roger GARAND	EN 548
29 juin	*Le Moulin aux images*	André CAILLOUX, Paule BAYARD, Gabrielle GARNEAU	EN 515

1961

10 nov.	*Le Mors aux dents*	Lise LAVALLÉE	EN 559

1962

8 oct.	*Marcus*	Bernard LETREMBLE	EN 569
12 oct.	*Les Enquêtes Jobidon*	Jacques LÉTOURNEAU, Albert BRIE	EN 564
13 oct.	*Am-stram-gram*	Geneviève DUGUAY	EN 538

1963

5 juil.	*Les Croquignoles*	COLLABORATION	EN 524
24 sept.	*Rue de l'Anse*	Guy FOURNIER, Jovette BERNIER	EN 544

18 oct.	*Ti-Jean Caribou*	Guy FOURNIER et COLLABORATION	EN 545
30 oct.	*Cœur aux poings*	Bernard LETREMBLE	EN 570

1964

1er juin	*Ulysse et Oscar*	André CAILLOUX, Jacqueline MUELBERGER	EN 516
30 juin	*Au clair soleil*	Marie RACINE	EN 586
5 déc.	*La Souris verte*	Marie RACINE	EN 587

1966

** juin	*Farfadou et Farfadette*	Paule GAUTHIER, Bernard GANAMET	EN 549
29 sept.	*Bidule de Tarmacadam*	Marcel GODIN, Guy FOURNIER	EN 552

1968

14 oct.	*Picolo*	Paul BUISSONNEAU, Michel CAILLOUX, Marc GÉLINAS	EN 514
15 oct.	*Sol et Gobelet*	Luc Durand, Marc FAVREAU	EN 541
16 oct.	*Grujot et Délicat*	Jean BESRÉ, Clémence DESROCHERS	EN 506
17 oct.	*Le Pirate Maboule*	Jacques LÉTOURNEAU	EN 565

1968

18 oct.	*La Ribouldingue*	Roland LEPAGE, Marcel SABOURIN	EN 562
13 nov.	*Fanfreluche*	Kim YAROSHEVSKAYA	EN 597

1969

20 oct.	*Les Oraliens*	COLLABORATION	EN 525
20 nov.	*Le Major Plum Pouding*	Jacques LÉTOURNEAU, Yves LÉTOURNEAU	EN 566

1970

2 juin	*O.K. Shériff*	COLLABORATION	EN 531

1971

10 fév.	*Maigrichon et Gras Double*	Paul LEGAULT, Luan ASLLANI	EN 560
8 mars	*Flip et compagnie*	Marc-F. GÉLINAS	EN 550
12 avril	*Marie Quat'Poches*	Roland LEPAGE, Jani PASCAL	EN 563
27 sept.	*Les 100 tours de Centour*	Guy SANCHE	EN 591

1972

3 janv.	Les Chiboukis	Pierrette BEAUDOUIN	EN 505
4 janv.	Le Sac à malices	Henriette MAJOR	EN 571
5 janv.	Clak	Jacqueline BARRETTE, Pierrette BEAUDOIN	EN 503
5 janv.	Nic et Pic	Michel CAILLOUX	EN 521
8 sept.	Picotine	Linda WILSCAM, Michel DUMONT	EN 596
5 déc.	Minute Moumoute !	COLLABORATION	EN 532

1973

4 juin	Chez Verdurette	André CAILLOUX	EN 517
7 oct.	Une fleur m'a dit	Henriette MAJOR	EN 572

1974

28 janv.	Les Égrégores	Paul LEGAULT	EN 561
6 fév.	You-hou	Jacqueline BARRETTE, Vanessa SOLIOZ	EN 504
4 mars	Du soleil à 5 cents	Francine RUEL	EN 589
3 juin	Allô grenouille !	André CAILLOUX	EN 518

1975

7 sept.	L'Évangile en papier	Henriette MAJOR	EN 573
20 nov.	La Boîte à lettres	Raymond PLANTE	EN 582

1976

6 janv.	Le Grenier	Pierre GUÉNETTE	EN 553
7 janv.	La Fricassée	COLLABORATION	EN 533
8 janv.	Le Gutenberg	Pierre DUCEPPE	EN 537
20 juin	Qu'est-ce que t'en penses, toi ?	Réjane CHARPENTIER	EN 522
8 sept.	Virginie	André CAILLOUX	EN 519
12 sept.	La Bible en papier	Henriette MAJOR	EN 574
8 nov.	Alexandre et le roi	Michel DUMONT	EN 539

1977

7 janv.	Tam-Tam	COLLABORATION	EN 534
27 janv.	Une fenêtre dans ma tête	Raymond PLANTE	EN 583

3. Tableau-synthèse des dramatiques pour enfants

x = année complète   y = demi-année   x = année complète   y = demi-année   e = été   r = reprise   re = reprise-été

TABLEAU-SYNTHÈSE DES DRAMATIQUES POUR ENFANTS

Titres	52/53	53/54	54/55	55/56	56/57	57/58	58/59	59/60	60/61	61/62	62/63	63/64	64/65	65/66	66/67	67/68	68/69	69/70	70/71	71/72	72/73	73/74	74/75	75/76	76/77
Pépinot et Capucine Réginald Boisvert 10 août 1952 – 17 janv. 1953	y																								
Contes sur le bout de mes doigts Françoise Faucher 10 sept. 1952 – 29 oct. 1952	y																								
Le Grenier aux images Alec Pelletier 5 nov. 1952 – 21 juin 1957	x	x	x	x	x																				
Pépinot Réginald Boisvert 24 janv. 1953 – 19 fév. 1959 R. : 11 oct. 1962 – 31 mai 1969 R. : 5 janv. 1971 – 1er juin 1972 R. : 23 juin 1973 – 24 mai 1975	y	x	x	x	x	x	x				r	r	r	r	r	r		ry	r	re	r	r			
Les Contes du jeudi Pierre Dagenais 14 janv. 1954 – 10 juin 1954		y																							
Chat piano Réginald Boisvert 27 juin 1954 – 5 sept. 1954		e																							
Fafouin Guy Messier 30 juin 1954 – 23 sept. 1955		e	xe																						
L'Ile aux trésors Bernard Letremble 28 sept. 1955 – 26 juin 1957				x	x																				
Taille-fer Renée Normand 22 oct. 1955 – 23 juin 1956				x																					

TABLEAU-SYNTHÈSE DES DRAMATIQUES POUR ENFANTS

Titres	52/53	53/54	54/55	55/56	56/57	57/58	58/59	59/60	60/61	61/62	62/63	63/64	64/65	65/66	66/67	67/68	68/69	69/70	70/71	71/72	72/73	73/74	74/75	75/76	76/77
L'Ami des jeunes Guy Mauffette et collaborateurs 7 nov. 1955 – 22 juin 1956				x																					
Les Histoires du Canada Jean Sarrazin 8 nov. 1955 – 3 janv. 1957				x	x																				
Beau temps, mauvais temps Lise Lavallée 11 nov. 1955 – 21 juin 1958				x	x	x																			
Fon-Fon Claudine Vallerand 12 nov. 1955 – 26 mai 1962				x	x	x	x	x	x	x															
Les Mille et Une Nuits Réginald Boisvert 24 juin 1956 – 16 sept. 1956				e																					
Gabriel, le berger Andrée Feuillère 25 juin 1956 – 17 sept. 1956				e																					
Ro-dou-dou Marcelle Racine 26 juin 1956 – 18 sept. 1956				e																					
Le Cirque Alphonsino Luan Asllani 26 juin 1956 – 18 sept. 1956				e																					
Kimo Roger Garand 27 juin 1956 – 13 septembre 1958				e	x	xe																			
Les Ailes de l'aventure Jean Laforest 28 juin 1956 – 11 oct. 1958				e	x	xe																			

TABLEAU-SYNTHÈSE DES DRAMATIQUES POUR ENFANTS

Titres	52-53	53-54	54-55	55-56	56-57	57-58	58-59	59-60	60-61	61-62	62-63	63-64	64-65	65-66	66-67	67-68	68-69	69-70	70-71	71-72	72-73	73-74	74-75	75-76	76-77
Lili Lise Roy 29 juin 1956 – 21 sept. 1956				e																					
Owata Denise Giguère 30 juin 1956 – 22 sept. 1956				e																					
Le Messager Michel Breitman 30 juin 1956 – 8 oct. 1956				e																					
Pinocchio Luan Asllani 25 sept. 1956 – 21 janv. 1958					x	x																			
Rodolphe Ambroise Lafortune, Gaston Miron 29 sept. 1956 – nov. 1956					y																				
La Boîte à surprises Collaboration 5 nov. 1956 – 11 oct. 1968					x	x	x	x	x	x	x	x	x	x	x	xe									
Radisson Collaboration 3 fév. 1957 – 16 déc. 1959					y	x	y																		
La Lanterne magique Collaboration 24 juin 1957 – 7 oct. 1957					e																				
Opération-mystère Léon Dewinne 27 juin 1957 – 19 juin 1959 R. : 21 novembre 1960 – 8 mai 1961					e	x	x		r																

TABLEAU-SYNTHÈSE DES DRAMATIQUES POUR ENFANTS

Titres	52/53	53/54	54/55	55/56	56/57	57/58	58/59	59/60	60/61	61/62	62/63	63/64	64/65	65/66	66/67	67/68	68/69	69/70	70/71	71/72	72/73	73/74	74/75	75/76	76/77
Bobino Michel Cailloux 30 juin 1957 – en cours					e	x	x	x	x	x	x	x	x	x	x	x	x	x	x	x	x	x	x	x	x
La Rivière perdue Réginald Boisvert 7 nov. 1957 – 30 juil. 1958						x	xe																		
Le Trèfle à 4 feuilles Alec Pelletier 15 nov. 1957 – 28 juin 1958						x																			
Sang et or Bertrand Letremble 14 avril 1958 – 18 juin 1959 R. : 15 juil 1962 – 27 sept. 1962						y	x				re														
Bobino en vacances Guy Sanche 6 juil. 1958 – 21 sept. 1958							e																		
Pépé le cowboy Roger Garand 8 oct. 1958 – 3 juin 1959 R. : 10 juil. 1961 – 2 oct. 1961 R. : 6 juin 1972 – 29 août 1972 R. : 8 juin 1974 – 17 août 1974							x	re										re			re				
Le Courrier du Roy Réginald Boisvert 9 oct. 1958 – 12 juin 1961 R. : automne 1961 – 5 juin 1963							x	x	x	r															
Demain dimanche Alec Pelletier 11 oct. 1958 – 11 juil. 1959								xe																	

203

TABLEAU-SYNTHÈSE DES DRAMATIQUES POUR ENFANTS

Titres	52-53	53-54	54-55	55-56	56-57	57-58	58-59	59-60	60-61	61-62	62-63	63-64	64-65	65-66	66-67	67-68	68-69	69-70	70-71	71-72	72-73	73-74	74-75	75-76	76-77
CF-RCK Jean Laforest 3 nov. 1958 – 15 déc. 1959							x	y																	
Rouletaboule Jean Sarrazin 25 juin 1959 –15 oct. 1959							e																		
Les Frères Obus Claude Fournier 26 juin 1959 – 18 sept. 1959							e																		
César Olivier Guimond 27 juin 1959 – 15 oct. 1959							e																		
Jeunes visages Alec Pelletier 13 oct. 1959 – 23 juin 1961								x	x																
Kosmos 2001 Elsa Vitez, Paul Legault 22 oct. 1959 – 14 avril 1960 R. : 25 avril 1964 – 7 oct. 1964								x				e													
Le Grand Duc Collaboration 2 nov. 1959 – 29 mai 1964								x	x	x	x	x													
Ouragan Collaboration 6 nov. 1959 – 29 mai 1962 R. : 8 avril 1963 – 3 juin 1963 R. : 8 sept. 1963 – 12 oct. 1964								x	x	x	ry	r	y												
CF-RCK Collaboration 22 déc. 1959 – 31 mai 1963 R. : 1er juin 1972 – 31 août 1972 R. : 24 juin 1974 – 26 août 1974								x	x	x									re			re			

TABLEAU-SYNTHÈSE DES DRAMATIQUES POUR ENFANTS

Titres	52/53	53/54	54/55	55/56	56/57	57/58	58/59	59/60	60/61	61/62	62/63	63/64	64/65	65/66	66/67	67/68	68/69	69/70	70/71	71/72	72/73	73/74	74/75	75/76	76/77
Coucou Marie Racine 26 déc. 1959 – 30 mai 1964								x	x	x	x	x													
Le Professeur Calculus Roger Garand 30 janv. 1960 – 26 mai 1962								y	x	x															
Le Moulin aux images André Cailloux et collaborateurs 29 juin 1960 – 25 sept. 1962								e	e	e															
Le Mors aux dents Lise Lavallée 10 nov. 1961 – 6 juil. 1962										x															
Marcus Bernard Letremble 8 oct. 1962 – 1er avril 1963											x														
Les Enquêtes Jobidon Jacques Létourneau, Albert Brie 12 oct. 1962 – 11 avril 1966 R. : 1968 – 1971											x	x	x	x		r	r	r							
Am-stram-gram Geneviève Duguay 13 oct. 1962 – 4 janv. 1964											x	y													
Les Croquignoles Collaboration 5 juil. 1963 – 26 mai 1967											e	x	x	x	x										
Rue de l'Anse Guy Fournier, Jovette Bernier 24 sept. 1963 – 25 mai 1965 R. : 9 sept. 1966 – 21 oct. 1967 R. : 18 fév. 1969 – 25 avril 1970 R. : 5 juin 1971 – 28 août 1971												x	x	x	r+ re	ry	r	re							

205

TABLEAU-SYNTHÈSE DES DRAMATIQUES POUR ENFANTS

Titres	52/53	53/54	54/55	55/56	56/57	57/58	58/59	59/60	60/61	61/62	62/63	63/64	64/65	65/66	66/67	67/68	68/69	69/70	70/71	71/72	72/73	73/74	74/75	75/76	76/77
Ti-Jean Caribou Guy Fournier et collaborateurs 18 oct. 1963 – 29 mai 1966												x	x	x											
Cœur aux poings Bernard Letremble 30 oct. 1963 – 26 mai 1965												x	x												
Ulysse et Oscar André Cailloux, Jacqueline Muelberger 1er juin 1964 – 29 août 1972												e	e	x	e	e	e	e	e	e					
Au clair soleil Marie Racine 30 juin 1964 – 2 sept. 1965												e													
La Souris verte Marie Racine 5 déc. 1964 – 28 mai 1971 R. : 6 sept. 1971 – 3 sept. 1976													x	x	x	x	x	x	x	r	r	r	r	r	
Farfadou et Farfadette Paule Gauthier, Bernard Ganamet juin 1966 – sept. 1966														e											
Bidule de Tarmacadam Marcel Godin, Guy Fournier 29 sept. 1966 – 28 mai 1970 R. : sept. 1970 – 2 janvier 1976															x	x	x	x	r+ re	r	r	r	ry		
Picolo Paul Buissonneau, Michel Cailloux et Marc Gélinas 14 oct. 1968 – 14 mars 1971 R. : automne 1972 – en cours																	x	x	x		r	r	r	r	r

TABLEAU-SYNTHÈSE DES DRAMATIQUES POUR ENFANTS

Titres	52/53	53/54	54/55	55/56	56/57	57/58	58/59	59/60	60/61	61/62	62/63	63/64	64/65	65/66	66/67	67/68	68/69	69/70	70/71	71/72	72/73	73/74	74/75	75/76	76/77
Sol et Gobelet Luc Durand, Marc Favreau 15 oct. 1968 – 25 janv. 1972 R. : 7 sept. 1973 – 31 mai 1974 R. : 4 juin 1975 – 27 août 1975																	xe	xe	xe	y			re		
Grujot et Délicat Jean Besré, Clémence Desrochers 16 oct. 1968 – 1er juin 1971 R. : automne 1971 – 19 sept. 1976																	x	x		r	r	r	r	r+ re	
Le Pirate Maboule Jacques Létourneau 17 oct. 1968 – 2 juil. 1970 R. : automne 1970 – 2 sept. 1976																	x	xe	r	r	r	r	r	r+ re	
La Ribouldingue Roland Lepage, Michel Sabourin 18 oct. 1968 – 26 fév. 1971 R. : automne 1971 – 14 mai 1976																	x	x	xy	r	r	r	r	r	
Fanfreluche Kim Yaroshevskaya 13 nov. 1968 – 8 déc. 1971 R. : déc. 1975 – 10 mai 1976																	x	x	x	y				r	
Les Oraliens Collaboration 20 oct. 1969 – 5 mai 1972 R. : 25 sept. 1972 – en cours																		x	x	x	r	r	r	r	
Le Major Plum Pouding Jacques Létourneau, Yves Létourneau 20 nov. 1969 – 31 mai 1973 R. : automne 1973 – 31 août 1976																		x	x	x	x	r	r	r+ re	
O.K. Shériff Collaboration 2 juin 1970 – 30 sept. 1970																		e							

TABLEAU-SYNTHÈSE DES DRAMATIQUES POUR ENFANTS

Titres	52/53	53/54	54/55	55/56	56/57	57/58	58/59	59/60	60/61	61/62	62/63	63/64	64/65	65/66	66/67	67/68	68/69	69/70	70/71	71/72	72/73	73/74	74/75	75/76	76/77
Maigrichon et Gras Double Paul Legault, Luan Asllani 10 fév. 1971 – 21 janv. 1974 R. : 2 juin 1975 – 25 août 1975																			y	x		xy	re		
Flip et compagnie Marc-F. Gélinas 8 mars 1971 – 31 mai 1971 R. : 7 juin 1973 – 15 juil. 1973																			y		re				
Marie Quat'Poches Roland Lepage, Jani Pascal R. : 12 avril 1971 – en cours																			y	x	x	x	x	x	x
Les 100 tours de Centour Guy Sanche 27 sept. 1971 – 24 mars 1972 R. : 1973 – 1976																				x		r	r	r	
Les Chiboukis Pierrette Beaudouin 3 janv. 1972 – 25 mars 1974 R. : 1974 – 1976																				y	x	x	r	r	
Le Sac à malices Henriette Major 4 janv. 1972 – 30 nov. 1972																				y	y				
Nic et Pic Michel Cailloux et collaborateurs 5 janv. 1972 – mai 1977																				x	x	x	x	x	x
Clak Jacqueline Barrette et collaborateurs 5 janv. 1972 – 31 mai 1973 R. : 1974 – 1977																				y	x	x	r	r	r
Picotine Linda Wilscam, Michel Dumont 8 sept. 1972 – 5 mars 1975 R. : 1975 – 1976																					x	x	x	r	

TABLEAU-SYNTHÈSE DES DRAMATIQUES POUR ENFANTS

Titres	52-53	53-54	54-55	55-56	56-57	57-58	58-59	59-60	60-61	61-62	62-63	63-64	64-65	65-66	66-67	67-68	68-69	69-70	70-71	71-72	72-73	73-74	74-75	75-76	76-77
Minute Moumoute ! Collaboration 5 déc. 1972 – 26 mars 1975 R. : automne 1975 – en cours																					x	x	x	r	r
Chez Verdurette André Cailloux 4 juin 1973 – 31 août 1973																					e				
Une fleur m'a dit Henriette Major 7 oct. 1973 – 25 mai 1976																						x	x		
Les Egrégores Paul Legault 28 janv. 1974 – 26 mai 1975 R. : 13 sept. 1976 – 1er nov. 1976																						y	x		y
You-hou Jacqueline Barrette, Vanessa Solioz 6 fév. 1974 – juin 1977																						y	x	x	x
Du soleil à 5 cents Francine Ruel 4 mars 1974 – en cours																						y	x	x	x
Allô grenouille ! André Cailloux 3 juin 1974 – 9 sept. 1975																						e	e		
L'Evangile en papier Henriette Major 7 sept. 1975 – 9 mai 1976																								x	
La Boîte à lettres Raymond Plante 20 nov. 1975 – en cours																								x	x

TABLEAU-SYNTHÈSE DES DRAMATIQUES POUR ENFANTS

Titres	52-53	53-54	54-55	55-56	56-57	57-58	58-59	59-60	60-61	61-62	62-63	63-64	64-65	65-66	66-67	67-68	68-69	69-70	70-71	71-72	72-73	73-74	74-75	75-76	76-77
Le Grenier Pierre Guénette 6 janv. 1976 – en cours																									x
La Fricassée Collaboration 7 janv. 1976 – 26 mai 1976																								y	
Le Gutenberg Pierre Duceppe 8 janv. 1976 – en cours																								y	x
Qu'est-ce que t'en penses, toi ? Réjane Charpentier 20 juin 1976 – 5 sept 1976																								e	
Virginie André Cailloux 8 sept. 1976 – en cours																									x
La Bible en papier Henriette Major 12 sept. 1976 – en cours																									x
Alexandre et le roi Michel Dumont 8 nov. 1976 – en cours																									x
Tam-Tam Collaboration 7 janv. 1977 – en cours																									y
Une fenêtre dans ma tête Raymond Plante 27 janv. 1977 – en cours																									y

V
INDEX

1. *Index des noms d'auteurs*

Les auteurs qui, dans la description des émissions, sont indiqués comme collaborateurs, dialoguistes, idéateurs, scénaristes ou autres, sont ici signalés par un astérisque.

ALAIN, Paul	* *La Boîte à surprises*	EN 523
	* *CF-RCK*	EN 530
	Chambre 17	TH 004
	Derrière la grille	TH 006
	* *Les Enquêtes Jobidon*	EN 564
	La Maison au bord de l'eau	TH 002
	La Mariée d'un printemps	TH 005
	Mon neveu Napoleone	TH 001
	* *Ouragan*	EN 529
	* *Rue de l'Anse*	EN 544
	* *Sang et or*	EN 568
	La Tenue de soirée est de rigueur	TH 003
ANTOONS, Jacques	*Au diable les vacances*	TH 008
	Un génie sans talent	TH 007
AQUIN, Hubert	*Le Choix des armes*	TH 010
	Double sens	TH 016
	Faux bond	TH 013
	On ne meurt qu'une fois	TH 011
	Oraison funèbre	TH 012
	Passé antérieur	TH 009
	Table tournante	TH 014
	Vingt-quatre heures de trop	TH 015
ARBOUR, Madeleine	* *La Boîte à surprises*	EN 523
ARBOUR, Patrice	* *Tam-Tam*	EN 534
ARCAND, Denis	*Minute, Papillon*	FE 401
ARCHAMBAULT, Gilles	*Le Temps devant soi*	TH 017
ARDIZZON, Rubi	* *La Boîte à surprises*	EN 523
ARTHUR, Robert	*Chambre 320*	TH 020
	Passeport	TH 018
	Le Poisson rouge	TH 019
ASLLANI, Luan	*Le Cirque Alphonsino*	EN 501
	* *Le Grand Duc*	EN 528
	* *Maigrichon et Gras double*	EN 560

ASLLANI, Luan	*Pinocchio*	EN 502
	Le Réveil du passé	TH 021
ATTAS, Mireille	* *La Boîte à surprises*	EN 523
	* *La Lanterne magique*	EN 527
AUBRY, Claude	*Le Secret de Catherine*	TH 022
BARBEAU, Jean	*Goglu*	TH 023
BARRETTE, Jacqueline	*Clak*	EN 503
	* *La Fricassée*	EN 533
	* *Minute Moumoute !*	EN 532
	You-hou	EN 504
BARRETTE, Raymond	* *Québec, printemps 1918*	TH 279
BAYARD, Paule	* *Le Moulin aux images*	EN 515
BEAUDOUIN, Pierrette	*Les Chiboukis*	EN 505
	* *Clak*	EN 503
	* *La Souris verte*	EN 587
BEAULÉ, Marc	*Le Renvoi*	TH 024
BENOÎT, Réal	*Le Marin d'Athènes*	TH 025
	La Nuit de la Saint-Théodore	TH 026
	Sans adresse connue	TH 027
BERNIER, Jovette	* *Rue de l'Anse*	EN 544
BERRYMAN, Dorothée	* *La Boîte à lettres*	EN 582
BERTHIAUME, André	*À ceux qui viendront*	TH 028
	L'Exilé	TH 029
	Le Sursis	TH 030
BERTRAND, Janette	*Grand-papa*	FE 403
	Quelle famille !	FE 402
BESRÉ, Jean	* *La Boîte à surprises*	EN 523
	Grujot et Délicat	EN 506
BLACKBURN, Marthe	* *La Boîte à surprises*	EN 523
BLAIS, Marie-Claire	*L'Océan*	TH 032
	La Roulotte aux poupées	TH 031
BOBET, Jacques	* *Minute, Papillon*	FE 401
BOISVERT, Réginald	*Chat piano*	EN 509
	Le Courrier du Roy	EN 512
	La Force de l'âge	FE 404
	Les Mille et Une Nuits	EN 510
	Mont-Joye	FE 407
	Le Pain du jour	FE 405
	Le Paradis terrestre	FE 406
	Pépinot	EN 508
	Pépinot et Capucine	EN 507
	La Rivière perdue	EN 511
	Y a pas de problème	FE 408
BOUCHARD, Guy	*Edna ou la contradiction*	TH 033
BOUCHER, André-Pierre	*Cupidon sauvé par l'amour*	TH 034
BOUCHER, Denise	* *La Souris verte*	EN 587
BOUDOU, Jean-Raymond	*Un instant de ta vie*	TH 035

BOULIZON, Guy	Le Chemin de la vie par le chemin de la croix	TH 036
BRAULT, Jacques	La Morte Saison	TH 037
	Quand nous serons heureux	TH 038
BREITMAN, Michel	Le Messager	EN 513
BRIE, Albert	* Les Enquêtes Jobidon	EN 564
BRISSET-THIBAUDEAU, Aliette	L'Étoile rouge	TH 040
	Hymne nuptial	TH 039
BRUGGEMAN, Ivan	Tant que nous vivrons	TH 041
BUISSONNEAU, Paul	* La Boîte à surprises	EN 523
	Picolo	EN 514
CABAY, Marcel	* La Boîte à surprises	EN 523
	* CF-RCK	EN 530
	* Les Enquêtes Jobidon	EN 564
	La Ligne du Nord	TH 043
	Le Pèlerin de Kranine	TH 042
	* Rue de l'Anse	EN 544
CADET, Daniel	* Minute Moumoute !	EN 532
CAILLOUX, André	Allô grenouille	EN 518
	* La Boîte à surprises	EN 523
	Chez Verdurette	EN 517
	Le Moulin aux images	EN 515
	Ulysse et Oscar	EN 516
	Virginie	EN 519
CAILLOUX, Michel	Bobino	EN 520
	* La Boîte à surprises	EN 523
	Les Hutto, père et fils	TH 044
	Il faut marier Colombe	TH 045
	Nic et Pic	EN 521
	* Picolo	EN 514
CAREL, Diane	Fleur de mer	TH 046
CAREZ, Bernard	* Tam-Tam	EN 534
CARLE, Gilles	* CF-RCK	EN 530
	* Les Enquêtes Jobidon	EN 564
CARRÈRE, Georges	Rose et Henri	TH 047
CARON, André	* Les Enquêtes Jobidon	EN 564
CARRIER, Louis-Georges	Hold-up	TH 051
	* Il est une saison	TH 139
	L'Indiscret	TH 050
	Le Jeu de boules	TH 048
	Le Mouvement perpétuel	TH 049
	* Pour cinq sous d'amour	TH 118
CARTIER, madame Élie	L'Affaire Rudolph	TH 052
CHAMBERLAND, André	* Les 100 tours de Centour	EN 591
CHAMBERLAND, Paul	Au-dessus de tout	TH 053
CHARPENTIER, Réjane	François	TH 054
	* Le Grand Duc	EN 528
	Qu'est-ce que t'en penses, toi ?	EN 522

CHARPENTIER, Réjane	*La Souris verte*	EN 587
	Ti-Jean Caribou	EN 545
CHARTIER, Françoise	Les Midis de Julie	TH 055
CHOQUETTE, Robert	À chacun sa leçon	TH 078
	Assurance-vie ou Le Bénéficiaire	TH 057
	Le Billet doux	TH 061
	Brigitte	TH 066
	La Chaise à pépère	TH 065
	De fil en aiguille	TH 064
	Le Démon de midi et demi	TH 073
	Drôle de couple ou Du tac au tac	TH 077
	Élisabeth	TH 058
	Élise Velder	TH 069
	L'Étrangleur	TH 063
	Le Fils du bedeau	TH 062
	Il était une robe ou La Robe couleur du temps	TH 060
	Née pour un petit pain	TH 059
	La Pension Velder	FE 409
	Quinze ans plus tard	FE 410
	Sous le règne d'Augusta	TH 075
	Ta nuit est ma lumière	TH 076
	Tu lis trop, Anatole	TH 072
	Un beau Brummel	TH 067
	Un cas de paresthénie	TH 074
	Un homme à la fenêtre	TH 070
	Un roman-savon	TH 071
	Un timide	TH 056
	Le Voyage à Rome	TH 068
CITERNE, Roger	Coup d'état	TH 079
CLOUTIER, Eugène	Anne-Marie	FE 411
	Le Bal des dieux	TH 084
	Le Colombier	FE 412
	D'abord l'amour	TH 088
	Folie, douce folie	TH 081
	Gros plan	TH 080
	Préméditation	TH 087
	Procès pour meurtre	TH 086
	Quand les chefs s'amusent	TH 083
	Studio 43	TH 082
	La Vie de Chopin	TH 085
COLLABORATION	La Boîte à surprises	EN 523
	CF-RCK	EN 530
	Les Croquignoles	EN 524
	La Fricassée	EN 533
	Le Grand Duc	EN 528
	La Lanterne magique	EN 527
	Minute Moumoute !	EN 532
	O.K. Shérif	EN 531
	Les Oraliens	EN 525

COLLABORATION	*Ouragan*	EN 529
	Radisson	EN 526
	Tam-Tam	EN 534
COMTOIS, Gilbert	*Le temps qu'il fait*	TH 089
COUPAL, Odette	*L'Île-aux-goélands*	TH 090
CYR, Rina	* *Du soleil à 5 cents*	EN 589
DAGENAIS, Pierre	*Atout... meurtre*	TH 097
	Au prochain crime... j'espère	TH 102
	Cas de conscience	TH 099
	Les Contes du jeudi	EN 535
	Drôle de meurtre	TH 100
	Le Feu sacré	FE 413
	Isabelle	TH 096
	Lie de vin	TH 091
	Noël d'hier	TH 093
	Papa	TH 103
	La Piastre	TH 094
	Le Saut périlleux	TH 098
	Le Témoin	TH 095
	Un brave homme	TH 092
	Voyage de noces	TH 101
DAIGLE, Jean	*La Grand'demande*	TH 104
D'ALLEMAGNE, André	*Poissons rouges et timbres-poste*	TH 105
DARIOS, Louise	* *La Boîte à surprises*	EN 523
DELMAS, Christian	* *Les Oraliens*	EN 525
DEROME, Gilles	*La lune était au rendez-vous*	TH 106
DE SANTIS, Louis	* *La Boîte à surprises*	EN 523
DESMARAIS, Mario	* *Du soleil à 5 cents*	EN 589
DESPREZ, Jean	*Joie de vivre*	FE 414
	* *Le Pont de Montreuil*	TH 298
	* *Radisson*	EN 526
DESRAMEAUX, Réjane	*Le Mystère des deux Joseph*	TH 107
DESROCHERS, Clémence	* *La Boîte à surprises*	EN 523
	* *Grujot et Délicat*	EN 506
DEWINNE, Léon	*Opération-mystère*	EN 536
DEYGLUN, Henry	*La Belle du Nord*	TH 108
DOR, Georges	* *Ô voyageurs*	TH 131
DORÉ, Fernand	*L'Enfant dormira bientôt* ou	
	La Noël des grands-parents	TH 110
	Rue de la Friponne	TH 109
DORÉ, Isabelle	* *La Fricassée*	EN 533
DUBÉ, Marcel	*Au retour des oies blanches*	TH 135
	La Bicyclette	TH 115
	Bilan	TH 129
	La Cellule	TH 124
	C'était le fil de la vie	TH 140
	* *CF-RCK*	EN 530
	Chambre à louer	TH 116

DUBÉ, Marcel	*Côte de sable*	FE 415
	De 9 à 5	FE 416
	L'Échéance du vendredi	TH 126
	Entre midi et soir	TH 137
	Équation à deux inconnus	TH 125
	Fin d'été	TH 128
	La Fin du rêve	TH 120
	Florence	TH 119
	Les Frères ennemis	TH 127
	Il est une saison	TH 139
	* *Hold-up*	TH 051
	La Lettre	TH 111
	Manuel	TH 133
	Médée	TH 122
	Le Naufragé	TH 136
	La nuit se lève	TH 117
	Octobre	TH 141
	Ô voyageurs	TH 131
	Paradis perdu	TH 123
	Pauvre amour	TH 134
	Le Père idéal	TH 138
	Pour cinq sous d'amour	TH 118
	Le Printemps par la fenêtre	TH 112
	Retour	TH 114
	Le Temps des lilas	TH 130
	Un simple soldat	TH 121
	Virginie	TH 132
	Zone	TH 113
DUBÉ, Ray-Marc	* *La Souris verte*	EN 587
DUBOIS, André	*Du tac au tac*	FE 417
DUBUC, Carl	*Caïn at-il tué Abel ?*	TH 142
	La Reconstitution	TH 143
DUCEPPE, Pierre	*Le Gutenberg*	EN 537
DU COUDRAY, Anne	*Le Palier*	TH 144
DUFRESNE, Guy	*Cap-aux-sorciers*	FE 418
	Chemin privé	TH 151
	Les Forges de Saint-Maurice	FE 421
	* *Le Grand Duc*	EN 528
	L'Île-aux-pommes ou	
	La Hongroise	TH 145
	Johanne et ses vieux	TH 153
	Kahnawiio	
	(*La Rivière aux belles chutes*)	FE 419
	Kébec	TH 149
	Marie Hurdouil s'est noyée	TH 148
	Mesure de guerre	TH 150
	Nicolas Dumets	TH 146
	Septième Nord	FE 420

DUFRESNE, Guy	Les Traitants	TH 152
	La Veilleuse	TH 147
DUGUAY, Geneviève	Am-stram-gram	EN 538
DULIANI, Mario	La Folle nuit	TH 154
DUMAS, Pierre	* Ti-Jean Caribou	EN 545
DUMONT, Michel	Alexandre et le roi	EN 539
	* Picotine	EN 596
DURAND, Luc	* Bobino en vacances	EN 590
	* La Boîte à surprises	EN 523
	* Les Croquignoles	EN 524
	Sol et Gobelet	EN 540
ÉLIE, Robert	L'Étrangère	TH 155
FAUCHER, Françoise	Contes sur le bout de mes doigts	EN 541
FAURE, Michel	Le bon monde : n'écrivez jamais au facteur	TH 156
	Millionnaire à froid	TH 157
	La P'tite Semaine	FE 422
FAVREAU, Marc	* La Boîte à surprises	EN 523
	* Les Croquignoles	EN 524
	* Sol et Gobelet	EN 540
FEUILLÈRE, Andrée	Gabriel, le berger	EN 542
FILIATRAULT, Jean	La Balsamine	FE 423
	Le Bonheur des autres	FE 424
	Le Paradis terrestre	FE 425
	Le Refuge impossible	TH 160
	Le Roi David	TH 158
	La Succession Dupont-Durant	TH 159
FILION, Jean-Paul	* Le Grand Duc	EN 528
	La Grand-gigue	TH 161
	Une marche au soleil	TH 162
FITZGERALD, Félixe	* La Boîte à surprises	EN 523
FOURNIER, Claude	* La Boîte à surprises	EN 523
	Bonne nuit, mademoiselle Hélène	TH 163
	* CF-RCK	EN 530
	* Cœur aux poings	EN 570
	La Formule Couturier	TH 164
	Les Frères Obus	EN 543
	* Le Grand Duc	EN 528
	* O.K. Shérif	EN 531
	* Rue de l'Anse	EN 544
FOURNIER, Guy	* Bidule de Tarmacadam	EN 552
	* La Boîte à surprises	EN 523
	* CF-RCK	EN 530
	Cyborg	TH 165
	D'Iberville	FE 426

FOURNIER, Guy	*Les Enquêtes Jobidon	EN 564
	*Le Grand Duc	EN 528
	*O.K. Shérif	EN 531
	Rue de l'Anse	EN 544
	La Saignée	TH 166
	Ti-Jean Caribou	EN 545
FOURNIER, Louise	*Ti-Jean Caribou	EN 545
FOURNIER, Roger	Hangar 54	TH 167
FREY, Jeanne	M. David a disparu	TH 168
GAGNON-MAHONY, Madeleine	Les Nuits d'arabesque	TH 169
GAGNON, Maurice	Dernier combat	TH 170
	L'Embuscade	TH 177
	L'Enjeu	TH 174
	L'Escale	TH 175
	Les Héritiers	TH 172
	Meurtre à l'étude	TH 178
	Ombres sur le sable	TH 173
	La Porte close	TH 176
	Profondeur 300	TH 171
GANAMET, Bernard	*Farfadou et Farfadette	EN 549
GARAND, Roger	*La Boîte à surprises	EN 523
	*CF-RCK	EN 530
	*Les Enquêtes Jobidon	EN 564
	*Le Grand Duc	EN 528
	Kimo	EN 546
	*Moi et l'autre	FE 447
	Pépé le cowboy	EN 547
	Le Professeur Calculus	EN 548
	Rosa	FE 422
	*Rue de l'Anse	EN 544
GARNEAU, Gabrielle	*La Boîte à surprises	EN 523
	*Le Moulin aux images	EN 515
GAUTHIER, Paule	Farfadou et Farfadette	EN 549
GAUVREAU, Claude	*Ti-Jean Caribou	EN 545
GAUVREAU, Pierre	Vendredi, 16h45	TH 179
GÉLINAS, Gratien	Bousille et les justes	TH 180
GÉLINAS, Marc-F.	Flip et compagnie	EN 550
	Margo	TH 181
	*Minute Moumoute!	EN 532
GÉLINAS, Normand	Avec le temps	FE 428
GENEST, Bernard	La Porte ouverte	TH 182
GÉRARD, Raymond	Le Masque	TH 183
GIGUÈRE, Denise	*La Boîte à surprises	EN 523
	*La Lanterne magique	EN 427
	Owata	EN 551
GIROUX, André	14 rue de Galais	FE 429
GIROUX, Maurice	*CF-RCK	EN 530
GLADU, Gaétan	*Nic et Pic	EN 521

GOBEIL, Jules	*Échec au roi*	TH 185
	Les Trois d'Orient	TH 184
GODBOUT, Jacques	* *Poissons rouges et timbres-poste*	TH 105
GODIN, Marcel	*Bidule de Tarmacadam*	EN 562
	* *O.K. Shériff*	EN 531
	Partie remise	TH 186
GOUIN, Lomer	*L'Imbécile*	TH 187
GRANDMONT, Éloi de	*L'Anse pleureuse*	TH 189
	Comme je vous aimais	TH 195
	(Conte gaspésien)	TH 191
	L'Enfant de Noël	TH 193
	Les Fiançailles	TH 194
	Je te tuerais	TH 188
	Mesure à cinq temps	TH 192
	Le Rocher de la belle	TH 190
GRAVEL, Robert	* *La Boîte à lettres*	EN 582
GRÉCO, Michel	*La Clé de l'énigme*	TH 197
	Les Veuves	TH 196
GRIGNON, Claude-Henri	*Les Belles Histoires des pays d'en haut*	FE 430
	L'Écrivain public	TH 198
GRISÉ, Jacques	* *La Fricassée*	EN 533
GROULX, Monique	* *Le Grand Duc*	EN 528
GUÉNETTE, Pierre	*Le Grenier*	EN 553
GUÈVREMONT, Germaine	*Au chenal du Moine*	FE 432
	Marie-Didace	FE 433
	Le Survenant	FE 431
	Une grosse nouvelle	TH 199
GUIMOND, Olivier	*César*	EN 554
GULLIVER, Antony	* *Les Enquêtes Jobidon*	EN 564
HÉBERT, Anne	*La Mercière assassinée*	TH 200
HÉBERT, Louis-Philippe	*L'Héritière de Pierre Maurac*	TH 201
HÉBERT, Marie-Francine	* *Tam-Tam*	EN 534
HÉNAULT, Gilles	* *Le Grand Duc*	EN 528
	* *Rue de l'Anse*	EN 544
HERBIET, Hedwidge	*Crescendo*	TH 203
	Obsession	TH 202
JASMIN, Claude	*Blues pour un homme averti*	TH 207
	La Cabane du skieur	TH 209
	Les Mains vides	TH 206
	La Mort dans l'âme	TH 205
	La Petite Patrie	FE 434
	Procès devant juge seul	TH 209.1
	La Rue de la liberté	TH 204
	Tuez le veau gras	TH 208
JUTRAS, Claude	*L'École de la peur*	TH 210

KASMA, Puck	*La Boîte à surprises*	EN 523
KHAVLINSKY, Nicole	*La Boîte à surprises*	EN 523
LABROQUERIE, Jean	*Les Pissenlits*	TH 211
LACHANCE, Gilles	** Québec, printemps 1918*	TH 279
LACOMBE, Claude	** La Boîte à surprises*	EN 523
LAFORTUNE, Ambroise	*Rodolphe*	EN 557
LAJEUNESSE, Jean	** Quelle famille !*	FE 402
L'ANGLAIS, Simon	*Je vous ai tant aimé*	TH 217
	Je vous ai tant aimé	FE 435
LAFOREST, Jean	*Les Ailes de l'aventure*	EN 555
	CF-RCK	EN 556
	Le Coup de foudre	TH 212
	La Dette	TH 214
	Le Vent sur la falaise	TH 213
LANGEVIN, André	*La Neige en octobre*	TH 215
	Les Semelles de vent	TH 216
LANGUIRAND, Jacques	*Les Grands Départs*	TH 219
	Hamlet	TH 218
	Mon ami Pierrot	TH 220
LAREAU-LÉGER, Yolande	** La Lanterne magique*	EN 527
LAROCHE, Claude	** Du soleil à 5 cents*	EN 589
LAROUCHE-THIBAULT, Monique	*La Porte*	TH 221
LAURENDEAU, André	*Deux valses*	TH 224
	Marie-Emma	TH 223
	La Vertu des chattes	TH 222
LAUZON, Adèle	*Le Condamné à mort*	TH 225
	Les Malheurs de Tchen	TH 226
LAVALLÉE, Lise	*Avantage pour...*	TH 227
	Beau temps, mauvais temps	EN 558
	* Fafouin	EN 576
	* Le Grand Duc	EN 528
	Madame Maura	TH 228
	Le Mors aux dents	EN 559
LAZARE, Jean	*Manoir à vendre*	TH 229
LECLERC, Félix	*La Bouteille à lait*	TH 232
	Les Malheurs d'un sellier	TH 234
	Nérée Tousignant	FE 436
	Le Roi viendra demain	TH 236
	Le Village du refus	TH 235
	Voyage de noces	TH 233
LEDUC, Guy	** Cœur aux poings*	EN 570
LEGAULT, Paul	*Les Égrégores*	EN 561
	* Kosmos 2001	EN 595
	Maigrichon et Gras double	EN 560
LEGENDRE, Paul	*La Mouette*	TH 237
LEHIR, Gaston	*Le Père Jules*	TH 238
	Le Toubib	TH 239
LEMAL, François	*Dernier acte*	TH 240

LEMAY-ROUSSEAU, Lise	* Minute Moumoute !	EN 532
	* Les Oraliens	EN 525
LEMELIN, Roger	En haut de la pente douce	FE 438
	La Famille Plouffe	FE 437
	Le Petit Monde du Père Gédéon	TH 241
LEPAGE, Roland	* La Boîte à surprises	EN 523
	* Cœur aux poings	EN 570
	Marie Quat'Poches	EN 563
	* Nic et Pic	EN 521
	La Ribouldingue	EN 562
LEROUX, Maurice	* CF-RCK	EN 530
LÉTOURNEAU, Jacques	* La Boîte à surprises	EN 523
	* CF-RCK	EN 530
	* D'Iberville	FE 426
	Les Enquêtes Jobidon	EN 564
	Le Major Plum Pouding	EN 566
	Papiers dangereux	TH 242
	Le Pirate Maboule	EN 565
	* Rue de l'Anse	EN 544
	* Sang et or	EN 568
	* Ti-Jean Caribou	EN 545
LÉTOURNEAU, Yves	* Le Major Plum Pouding	EN 566
	Valentin le chat	TH 243
LETREMBLE, Bernard	Cœur aux poings	EN 570
	L'Île aux trésors	EN 567
	Marcus	EN 569
	* Ouragan	EN 529
	* Rouletaboule	EN 593
	Sang et or	EN 568
LÉVESQUE, Suzanne	* Les Croquignoles	EN 524
LORAIN, Richard	Les Consolations	TH 243.1
LORANGER, Françoise	À moitié sages	FE 439
	C. Q. F. D.	TH 246
	Encore cinq minutes	TH 250
	Jour après jour	TH 247
	Madame la présidente	TH 244
	La Santé des autres	TH 245
	Sous le signe du lion	FE 440
	Un cri qui vient de loin	TH 248
	Une maison... un jour	TH 249
LUCAROTTI, John	* Radisson	EN 526
MAHEU-FORCIER, Louise	Un arbre chargé d'oiseaux	TH 251
MAILLET, Andrée	La Perdrière	TH 254
	Souvenirs en accords brisés	TH 253
MAILLET, Antonine	La Sagouine	FE 441
MAJOR, André	Doux sauvage	TH 255
MAJOR, Henriette	La Bible en papier	EN 574
	* La Boîte à surprises	EN 523

MAJOR, Henriette	*L'Evangile en papier*	EN 573
	* *Minute Moumoute !*	EN 532
	Le Sac à malices	EN 571
	Une fleur m'a dit	EN 572
MARCIL, Claire	* *La Souris verte*	EN 587
MARCOTTE, Gilles	*Au milieu de la course de notre vie*	TH 256
MARLEAU, Lucien	* *CF-RCK*	EN 530
	* *Les Enquêtes Jobidon*	EN 564
	* *Rue de l'Anse*	EN 544
MARSOLAIS, Gilles	* *La Boîte à surprises*	EN 523
MATTEAU, Louise	* *Avec le temps*	FE 428
MAUFFETTE, Guy	*L'Ami des jeunes*	EN 575
McGIBBON, Marcelle	*Le feu qui couve*	TH 257
MESSIER, Guy	* *La Boîte à surprises*	EN 523
	Fafouin	EN 576
MEUNIER, Claude	* *La Fricassée*	EN 533
MICHEL, Dominique	* *Hangar 54*	TH 167
MILLETTE, Jean-Louis	* *Bobino en vacances*	EN 590
	* *La Boîte à surprises*	EN 523
	* *Les Croquignoles*	EN 524
	* *La Ribouldingue*	EN 562
MIRON, Gaston	* *Rodolphe*	EN 557
MONICA, Vincenzo	* *Les Enquêtes Jobidon*	EN 564
MOREAU, François	*Cargaison dangereuse*	TH 259
	Les Hommes libres	TH 258
MORIN, Jean-Pierre	* *Les Oraliens*	EN 525
MORISSET, Louis	*Le Cabotin*	TH 260
	Confidences	TH 261
	Filles d'Ève	FE 442
	* *Ouragan*	EN 529
	Rue des Pignons	FE 443
MUELBERGER, Jacqueline	* *Les Enquêtes Jobidon*	EN 564
	* *Ulysse et Oscar*	EN 516
NOBERT, Louise	* *Rue de l'Anse*	EN 544
	* *Ti-Jean Caribou*	EN 545
NORMAND, Renée	* *Radisson*	EN 526
	Taille-fer	EN 527
OUELLETTE, Marcel	* *Les Enquêtes Jobidon*	EN 564
OUELLETTE, Marcelle	*Nécropole*	TH 262
PARENT, Guy	*Après-coup*	TH 263
PARENT, Jacques	* *Rue de l'Anse*	EN 544
PASCAL, Jani	* *Marie Quat'Poches*	EN 563
PASQUALE, Dominique de	* *Plus ça change, moins c'est pareil*	TH 278

PATRY, Pierre	*Tam-Tam*	EN 534
	Le Grand Duc	EN 528
	Rue de l'Anse	EN 544
PELLAND, Louis	Faux départ	TH 265
	Le Mariage blanc d'Armandine	TH 266
	Le Véridique procès de Barbe-Bleue	TH 264
PELLERIN, Jean	*D'Iberville*	FE 426
	L'Escroc prodige	TH 267
	Le Grand Duc	EN 528
	Les Oiseaux de nuit	TH 268
	Ti-Jean Caribou	EN 545
PELLETIER, Alec	Demain dimanche	EN 580
	Le Grenier aux images	EN 578
	Jeunes visages	EN 581
	Le Trèfle à 4 feuilles	EN 579
PERRAULT, Pierre	L'Anse-aux-huards	TH 269
	Au cœur de la rose	TH 270
	Vent d'Es	TH 271
PERRON, Clément	*Les Enquêtes Jobidon*	EN 564
	Rue de l'Anse	EN 544
PÉRUSSE, Richard	À la branche d'Olivier	FE 445
	Les Martin	FE 444
PÉTEL, Pierre	Noël sous la neige	TH 273
	Ressac	TH 274
	Le Seigneur de Brinqueville	TH 272
PETROWSKI, Minou	Départ	TH 276
	Le Portrait	TH 275
PINSONNEAULT, Jean-Paul	L'Impasse	TH 277
PLANTE, Jean-Pierre	*La Fricassée*	EN 533
	Minute Moumoute!	EN 532
PLANTE, Raymond	La Boîte à lettres	EN 582
	Du tac au tac	FE 417
	Du soleil à 5 cents	EN 589
	La Fricassée	EN 533
	Minute Moumoute!	EN 532
	Une fenêtre dans ma tête	EN 583
PORTUGAIS, Louis	*CF-RCK*	EN 530
	Cœur aux poings	EN 570
	Les Enquêtes Jobidon	EN 564
	Rue de l'Anse	EN 544
	Ti-Jean Caribou	EN 545
PRÉGENT, Ronald	Plus ça change, moins c'est pareil	TH 278
	Tam-Tam	EN 534
PROVENCHER, Jean	Québec, printemps 1918	TH 279
RACINE, Marcelle	*La Boîte à surprises*	EN 523
	CF-RCK	EN 530

RACINE, Marcelle	*Ro-dou-dou*	EN 584
RACINE, Marie	* *La Boîte à surprises*	EN 523
	Coucou	EN 585
	La Souris verte	EN 587
	Au clair soleil	EN 586
RÉMILLARD, Jean-Robert	*Absalon, mon père !*	TH 285
	Absolvo te	FE 446
	L'Amour des deux orphelines	TH 288
	Le dimanche, j'attends	TH 283
	L'Été de la dernière enfance	TH 286
	L'Homme aux faux diamants de braise	TH 289
	Il neigera sur l'île	TH 284
	L'Orme de mes yeux	TH 281
	Par-delà les âges	TH 287
	Le printemps ne fleurit pas le tramway	TH 280
	Quand nous serons à la Manouan	TH 282
	* *Rue de l'Anse*	EN 544
RICHARD, Claire	*Un jour ils eurent l'idée de s'acheter une maison à la campagne*	TH 290
RICHER, Gilles	*Moi et l'autre*	FE 447
RIDDEZ-MORISSET, Mia	*Rue des Pignons*	FE 448
RIVARD, Michel	* *Minute Moumoute !*	EN 532
RIVEMALE, Alexandre	*Le Ciel des oiseaux*	TH 291
ROBERGE, Mado	* *La Souris verte*	EN 587
ROCHETTE, Gilles	* *CF-RCK*	EN 530
	* *Cœur aux poings*	EN 570
	* *Les Enquêtes Jobidon*	EN 564
	* *Le Grand Duc*	EN 528
	* *Ti-Jean Caribou*	EN 545
ROSSIGNOL, Yolande	* *La Souris verte*	EN 587
ROUSSEAU, Alfred	* *Les Enquêtes Jobidon*	EN 564
ROUX, Jean-Louis	* *Cœur aux poings*	EN 570
	* *Ouragan*	EN 529
	* *Ti-Jean Caribou*	EN 545
ROY, Lise	* *La Boîte à surprises*	EN 523
	Lili	EN 588
RUEL, Francine	* *La Boîte à lettres*	EN 582
	Du soleil à 5 cents	EN 589
	* *Minute Moumoute !*	EN 532
SABOURIN, Marcel	* *La Boîte à surprises*	EN 523
	* *Les Croquignoles*	EN 524
	Les Cuisines	TH 292
	* *La Ribouldingue*	EN 562
SAINT-DENIS, Denis	* *Les Oraliens*	EN 525

SAINTE-MARIE, Gilles	*On ne meurt qu'une fois*	TH 011
SAINTE-MARIE, Paule	* *La Boîte à surprises*	EN 523
SANCHE, Guy	* *Bobino*	EN 520
	Bobino en vacances	EN 590
	Les 100 tours de Centour	EN 591
SARRAZIN, Jean	*Les Histoires du Canada*	EN 592
	Rouletaboule	EN 593
SAVARY, Charlotte	*Marguerite D'Youville*	TH 295
	La Promesse	TH 293
	Thérèse Erickson	TH 294
	Une nuit	TH 296
SCHOUB, Mac	*Appel de nuit*	TH 299
SCHULL, Joseph	*La Onzième heure*	TH 297
	Le Pont de Montreuil	TH 298
SENÉCAL, Jacques	*La Fausse représentation*	TH 300
SIMARD, Roger	*Le Temps à tuer*	TH 301
SIMPSON, Danielle	* *Minute Moumoute !*	EN 532
SINCLAIR, Roger	*Quand la moisson sera courbée*	TH 302
SIROIS, Serge	*Aujourd'hui peut-être*	TH 303
SOLIOZ, Vanessa	* *You-hou*	EN 504
	* *Clak*	EN 503
SURZUR, Roland	*Lili*	TH 304
TARDIF, Paule	* *Minute Moumoute !*	EN 532
TASSÉ, Gérald	*Le Surveillant*	TH 305
TESSIER, J.-Rudel	*Adam, Éva et le pensionnaire*	TH 306
THÉRIAULT, Pierre	* *La Boîte à surprises*	EN 523
THÉRIAULT, Serge	* *La Fricassée*	EN 533
	* *Miute Moumoute !*	EN 532
THÉRIAULT, Yves	*Aaron*	TH 316
	Antoine et sa montagne	TH 322
	Celui que l'on attendait	TH 318
	Le Cheval de Troie	TH 317
	Déclin	TH 320
	Dieudonné et l'abus de biens	TH 319
	La Doutance	TH 312
	Fabienne	TH 313
	Illusions	TH 308
	Le Léviathan	TH 315
	Luigi	TH 310
	Le Marcheur	TH 311
	La Marque dans la peau	TH 309
	La Marque du dieu	TH 321
	La Sauterelle	TH 314
	Tant va la cruche	TH 307
THIBAULT, Andrée	*Élisabeth*	..TH 323
TOUPIN, Paul	*Chacun son amour*	TH 324
TREMBLAY, Michel	*En pièces détachées*	TH 326
	Françoise Durocher, waitress	TH 327

TREMBLAY, Michel	*Trois petits tours*	TH 325
TRUDELLE, Jean	*Échec et mat*	TH 327.1
VAC, Bertrand	*L'Assassin dans l'hôpital*	TH 328
VAÏS, Michel	*Cui-cui*	TH 329
VALÈRE, François	*La Belle-mère de Don Demonio*	TH 330
VALLERAND, Claudine	*Fon-Fon*	EN 594
VAN SCHENDEL, Michel	* *La Boîte à surprises*	EN 523
VIGNEAULT, Gilles	* *Le Grand Duc*	EN 528
VILLON, Pierre	*Vase clos*	TH 331
VITEZ, Elsa	*Kosmos 2001*	EN 595
WEIDELI, Walter	*Le Dossier de Chelsea street*	TH 332
WILSCAM, Linda	*Picotine*	EN 596
YAROSHEVSKAYA, Kim	* *La Boîte à surprises*	EN 523
	Fanfreluche	EN 597

2. Index des titres

Aaron	Yves THÉRIAULT	TH 316
Absalon, mon père !	Jean-Robert RÉMILLARD	TH 285
Absolvo te	Jean-Robert RÉMILLARD	FE 446
À ceux qui viendront	André BERTHIAUME	TH 028
À chacun sa leçon	Robert CHOQUETTE	TH 078
Adam, Éva et le pensionnaire	J.-Rudel TESSIER	TH 306
Affaire (L') Rudolph	Madame Élie CARTIER	TH 052
Ailes (Les) de l'aventure	Jean LAFOREST	EN 555
À la branche d'Olivier	Richard PÉRUSSE	FE 445
Alexandre et le roi	Michel DUMONT	EN 539
Allô grenouille !	André CAILLOUX	EN 518
Ami (L') des jeunes	Guy MAUFFETTE	EN 575
À moitié sages	Françoise LORANGER	FE 439
Amour (L') des deux orphelines	Jean-Robert RÉMILLARD	TH 288
Am-stram-gram	Geneviève DUGUAY	EN 538
Anne-Marie	Eugène CLOUTIER	FE 411
Anse (L') -aux-huards	Pierre PERRAULT	TH 269
Anse (L') pleureuse	Éloi de GRANDMONT	TH 189
Antoine et sa montagne	Yves THÉRIAULT	TH 322
Appel de nuit	Mac SCHOUB	TH 299
Après-coup	Guy PARENT	TH 263
Assassin (L') dans l'hôpital	Bertrand VAC	TH 328
Assurance-vie ou Le Bénéficiaire	Robert CHOQUETTE	TH 057
Atout... meurtre	Pierre DAGENAIS	TH 097
Au chenal du Moine	Germaine GUÈVREMONT	FE 432
Au clair soleil	Marie RACINE	EN 586
Au cœur de la rose	Pierre PERRAULT	TH 270
Au-dessus de tout	Paul CHAMBERLAND	TH 053
Au diable les vacances	Jacques ANTOONS	TH 008
Aujourd'hui peut-être	Serge SIROIS	TH 303
Au milieu de la course de notre vie	Gilles MARCOTTE	TH 256
Au prochain crime... j'espère	Pierre DAGENAIS	TH 102
Au retour des oies blanches	Marcel DUBÉ	TH 135
Avantage pour...	Lise LAVALLÉE	TH 227
Avec le temps	Normand GÉLINAS	FE 428
Bal (Le) des dieux	Eugène CLOUTIER	TH 084
Balsamine (La)	Jean FILIATRAULT	FE 423

Beau temps, mauvais temps	Lise LAVALLÉE	EN 558
Belle (La) du Nord	Henry DEYGLUN	TH 108
Belle-mère (La) de Don Demonio	François VALÈRE	TH 330
Belles (Les) Histoires des pays d'en haut	Claude-Henri GRIGNON	FE 430
Bible (La) en papier	Henriette MAJOR	EN 574
Bicyclette (La)	Marcel DUBÉ	TH 115
Bidule de Tarmacadam	Marcel GODIN	EN 562
Bilan	Marcel DUBÉ	TH 129
Billet (Le) doux	Robert CHOQUETTE	TH 061
Blues pour un homme averti	Claude JASMIN	TH 207
Bobino	Michel CAILLOUX	EN 520
Bobino en vacances	Guy SANCHE	EN 590
Boîte (La) à lettres	Raymond PLANTE	EN 582
Boîte (La) à surprises	COLLABORATION	EN 523
Bonheur (Le) des autres	Jean FILIATRAULT	FE 424
Bon (Le) monde : n'écrivez jamais au facteur	Michel FAURE	TH 156
Bonne nuit, mademoiselle Hélène	Claude FOURNIER	TH 163
Bousille et les justes	Gratien GÉLINAS	TH 180
Bouteille (La) à lait	Félix LECLERC	TH 232
Brigitte	Robert CHOQUETTE	TH 066
Cabane (La) du skieur	Claude JASMIN	TH 209
Cabotin (Le)	Louis MORISSET	TH 260
Caïn a-t-il tué Abel ?	Carl DUBUC	TH 142
Cap-aux-sorciers	Guy DUFRESNE	FE 418
Cargaison dangereuse	François MOREAU	TH 259
Cas de conscience	Pierre DAGENAIS	TH 099
Cellule (La)	Marcel DUBÉ	TH 124
Celui que l'on attendait	Yves THÉRIAULT	TH 318
100 (Les) tours de Centour	Guy SANCHE	EN 591
César	Olivier GUIMOND	EN 554
C'était le fil de la vie	Marcel DUBÉ	TH 140
CF-RCK	Jean LAFOREST	EN 556
CF-RCK	COLLABORATION	EN 530
Chacun son amour	Paul TOUPIN	TH 324
Chaise (La) à pépère	Robert CHOQUETTE	TH 065
Chambre à louer	Marcel DUBÉ	TH 116
Chambre 17	Paul ALAIN	TH 004
Chambre 320	Robert ARTHUR	TH 020
Chat piano	Réginald BOISVERT	EN 509
Chemin (Le) de la vie par le chemin de la croix	Guy BOULIZON	TH 036
Chemin privé	Guy DUFRESNE	TH 151
Cheval de Troie	Yves THÉRIAULT	TH 317
Chez Verdurette	André CAILLOUX	EN 517
Chiboukis (Les)	Pierrette BEAUDOIN	EN 505
Choix (Le) des armes	Hubert AQUIN	TH 010
Ciel (Le) des oiseaux	Alexandre RIVEMALE	TH 291

Cirque (Le) Alphonsino	Luan ASLLANI	EN 501
Clak	Jacqueline BARRETTE	EN 503
Clé (La) de l'énigme	Michel GRÉCO	TH 197
Cœur aux poings	Bernard LETREMBLE	EN 570
Colombier (Le)	Eugène CLOUTIER	FE 412
Comme je vous aimais	Éloi de GRANDMONT	TH 195
Condamné (Le) à mort	Adèle LAUZON	TH 225
Confidences	Louis MORISSET	TH 261
Consolations (Les)	Richard LORAIN	TH 243.1
(Conte gaspésien)	Éloi de GRANDMONT	TH 191
Contes (Les) du jeudi	Pierre DAGENAIS	EN 535
Contes sur le bout de mes doigts	Françoise FAUCHER	EN 541
Côte de sable	Marcel DUBÉ	FE 415
Coucou	Marie RACINE	EN 585
Coup (Le) de foudre	Jean LAFOREST	TH 212
Coup d'État	Roger CITERNE	TH 079
Courrier (Le) du Roy	Réginald BOISVERT	EN 512
C. Q. F. D.	Françoise LORANGER	TH 246
Crescendo	Hedwige HERBIET	TH 203
Croquignoles (Les)	COLLABORATION	EN 524
Cui-cui	Michel VAÏS	TH 329
Cuisines (Les)	Marcel SABOURIN	TH 292
Cupidon sauvé par l'amour	André-Pierre BOUCHER	TH 034
Cyborg	Guy FOURNIER	TH 165
D'abord l'amour	Eugène CLOUTIER	TH 088
Déclin	Yves THÉRIAULT	TH 320
De fil en aiguille	Robert CHOQUETTE	TH 064
Demain dimanche	Alec PELLETIER	EN 580
Démon (Le) de midi et demi	Robert CHOQUETTE	TH 073
De 9 à 5	Marcel DUBÉ	FE 416
Départ	Minou PETROWSKI	TH 276
Dernier acte	François LEMAL	TH 240
Dernier combat	Maurice GAGNON	TH 170
Derrière la grille	Paul ALAIN	TH 006
Dette (La)	Jean LAFOREST	TH 214
Deux valses	André LAURENDEAU	TH 224
D'Iberville	Guy FOURNIER	FE 426
Dieudonné et l'abus de biens	Yves THÉRIAULT	TH 319
Dimanche (Le), j'attends	Jean-Robert RÉMILLARD	TH 283
Dossier (Le) de Chelsea street	Walter WEIDELI	TH 332
Double sens	Hubert AQUIN	TH 016
Doutance (La)	Yves THÉRIAULT	TH 312
Doux sauvage	André MAJOR	TH 255
Drôle de couple ou *Du tac au tac*	Robert CHOQUETTE	TH 077
Drôle de meurtre	Pierre DAGENAIS	TH 100
Du soleil à 5 cents	Francine RUEL	EN 589
Du tac au tac	André DUBOIS	FE 417

Échéance (L') du vendredi	Marcel DUBÉ	TH 126
Échec au roi	Jules GOBEIL	TH 185
Échec et mat	Jean TRUDELLE	TH 327.1
École (L') de la peur	Claude JUTRAS	TH 210
Écrivain (L') public	Claude-Henri GRIGNON	TH 198
Edna ou la contradiction	Guy BOUCHARD	TH 033
Égrégores (Les)	Paul LEGAULT	EN 561
Élisabeth	Robert CHOQUETTE	TH 058
Élisabeth	Andrée THIBAULT	TH 323
Élise Velder	Robert CHOQUETTE	TH 069
Embuscade (L')	Maurice GAGNON	TH 177
Encore cinq minutes	Françoise LORANGER	TH 250
Enfant (L') de Noël	Éloi de GRANDMONT	TH 193
Enfant (L') dormira bientôt ou *La Noël des grands-parents*	Fernand DORÉ	TH 110
En haut de la pente douce	Roger LEMELIN	FE 438
Enjeu (L')	Maurice GAGNON	TH 174
En pièces détachées	Michel TREMBLAY	TH 326
Enquêtes (Les) Jobidon	Jacques LÉTOURNEAU	EN 564
Entre midi et soir	Marcel DUBÉ	TH 137
Équation à deux inconnus	Marcel DUBÉ	TH 125
Escale (L')	Maurice GAGNON	TH 175
Escroc (L') prodigue	Jean PELLERIN	TH 267
Été (L') de la dernière chance	Jean-Robert RÉMILLARD	TH 286
Étoile (L') rouge	Aliette BRISSET-THIBAUDEAU	TH 040
Étrangère (L')	Robert ÉLIE	TH 155
Étrangleur (L')	Robert CHOQUETTE	TH 063
Évangile (L') en papier	Henriette MAJOR	EN 573
Exilé (L')	André BERTHIAUME	TH 029
Fabienne	Yves THÉRIAULT	TH 313
Fafouin	Guy MESSIER	EN 576
Famille (La) Plouffe	Roger LEMELIN	FE 437
Fanfreluche	Kim YAROSHEVSKAYA	EN 597
Farfadou et Farfadette	Paule GAUTHIER	EN 549
Fausse (La) Représentation	Jacques SÉNÉCAL	TH 300
Faux bond	Hubert AQUIN	TH 013
Faux départ	Louis PELLAND	TH 265
Feu (Le) qui couve	Marcelle McGIBBON	TH 257
Feu (Le) sacré	Pierre DAGENAIS	FE 413
Fiançailles (Les)	Éloi de GRANDMONT	TH 194
Filles d'Ève	Louis MORISSET	FE 442
Fils (Le) du bedeau	Robert CHOQUETTE	TH 062
Fin d'été	Marcel DUBÉ	TH 128
Fin (La) du rêve	Marcel DUBÉ	TH 120
Fleur de mer	Diane CAREL	TH 046
Flip et compagnie	Marc-F. GÉLINAS	EN 550
Florence	Marcel DUBÉ	TH 119
Folie, douce folie	Eugène CLOUTIER	TH 081

Folle (La) Nuit	Mario DULIANI	TH 154
Fon-Fon	Claudine VALLERAND	EN 594
Force (La) de l'âge	Réginald BOISVERT	FE 404
Forges (Les) de Saint-Maurice	Guy DUFRESNE	FE 421
Formule (La) Couturier	Claude FOURNIER	TH 164
François	Réjane CHARPENTIER	TH 054
Françoise Durocher, waitress	Michel TREMBLAY	TH 327
Frères (Les) ennemis	Marcel DUBÉ	TH 127
Frères (Les) Obus	Claude FOURNIER	EN 543
Fricassée (La)	COLLABORATION	EN 533
Gabriel, le berger	Andrée FEUILLÈRE	EN 542
Goglu	Jean BARBEAU	TH 023
Grand' (La) demande	Jean DAIGLE	TH 104
Grand (Le) Duc	COLLABORATION	EN 528
Grand- (La) gigue	Jean-Paul FILION	TH 161
Grand-papa	Janette BERTRAND	FE 403
Grands (Les) Départs	Jacques LANGUIRAND	TH 219
Grenier (Le)	Pierre GUÉNETTE	EN 553
Grenier (Le) aux images	Alec PELLETIER	EN 578
Gros plan	Eugène CLOUTIER	TH 080
Grujot et Délicat	Jean BESRÉ	EN 506
Gutenberg (Le)	Pierre DUCEPPE	EN 537
Hamlet	Jacques LANGUIRAND	TH 218
Hangar 54	Roger FOURNIER	TH 167
Héritière (L') de Pierre Maurac	Louis-Philippe HÉBERT	TH 201
Héritiers (Les)	Maurice GAGNON	TH 172
Histoires (Les) du Canada	Jean SARRAZIN	EN 592
Hold-up	Louis-Georges CARRIER	TH 051
Homme (L') aux faux diamants de braise	Jean-Robert RÉMILLARD	TH 289
Hommes (Les) libres	François MOREAU	TH 258
Hutto (Les), père et fils	Michel CAILLOUX	TH 044
Hymne nuptial	Aliette BRISSET-THIBAUDEAU	TH 039
Île (L')-aux-goélands	Odette COUPAL	TH 090
Île (L')-aux-pommes ou La Hongroise	Guy DUFRESNE	TH 145
Île (L') aux trésors	Bernard LETREMBLE	EN 567
Il est une saison	Marcel DUBÉ	TH 139
Il était une robe ou *La Robe couleur du temps*	Robert CHOQUETTE	TH 060
Il faut marier Colombe	Michel CAILLOUX	TH 045
Illusions	Yves THÉRIAULT	TH 308
Il neigera sur l'île	Jean-Robert RÉMILLARD	TH 284
Imbécile (L')	Lomer GOUIN	TH 187
Impasse (L')	Jean-Paul PINSONNEAULT	TH 277
Indiscret (L')	Louis-Georges CARRIER	TH 050
Isabelle	Pierre DAGENAIS	TH 096

Je te tuerais	Éloi de GRANDMONT	TH 188
Jeu (Le) de boules	Louis-Georges CARRIER	TH 048
Jeunes visages	Alec PELLETIER	EN 581
Je vous ai tant aimé	Simon L'ANGLAIS	TH 217
Je vous ai tant aimé	Simon L'ANGLAIS	FE 435
Johanne et ses vieux	Guy DUFRESNE	TH 153
Joie de vivre	Jean DESPREZ	FE 414
Jour après jour	Françoise LORANGER	TH 247
Kahnawiio (La Rivière aux belles chutes)	Guy DUFRESNE	FE 419
Kébec	Guy DUFRESNE	TH 149
Kimo	Roger GARAND	EN 546
Kosmos 2001	Elsa VITEZ	EN 595
Lanterne (La) magique	COLLABORATION	EN 527
Lettre (La)	Marcel DUBÉ	TH 111
Léviathan (Le)	Yves THÉRIAULT	TH 315
Lie de vin	Pierre DAGENAIS	TH 091
Ligne (La) du Nord	Marcel CABAY	TH 043
Lili	Lise ROY	EN 588
Lili	Roland SURZUR	TH 304
Luigi	Yves THÉRIAULT	TH 310
Lune (La) était au rendez-vous	Gilles DEROME	TH 106
Madame la présidente	Françoise LORANGER	TH 244
Madame Maura	Lise LAVALLÉE	TH 228
Maigrichon et Gras Double	Paul LEGAULT	EN 560
Mains (Les) vides	Claude JASMIN	TH 206
Maison (La) au bord de l'eau	Paul ALAIN	TH 002
Major (Le) Plum Pouding	Jacques LÉTOURNEAU	EN 566
Malheurs (Les) de Tchen	Adèle LAUZON	TH 226
Malheurs (Les) d'un sellier	Félix LECLERC	TH 234
Manoir à vendre	Jean LAZARE	TH 229
Manuel	Marcel DUBÉ	TH 133
Marcheur (Le)	Yves THÉRIAULT	TH 311
Marcus	Bernard LETREMBLE	EN 569
Margo	Marc-F. GÉLINAS	TH 181
Marguerite D'Youville	Charlotte SAVARY	TH 295
Mariage (Le) blanc d'Armandine	Louis PELLAND	TH 266
Marie-Didace	Germaine GUÈVREMONT	FE 433
Mariée (La) d'un printemps	Paul ALAIN	TH 005
Marie-Emma	André LAURENDEAU	TH 223
Marie Hurdouil	Guy DUFRESNE	TH 148
Marie Quat'Poches	Roland LEPAGE	EN 563
Marin (Le) d'Athènes	Réal BENOÎT	TH 025
Marque (La) dans la peau	Yves THÉRIAULT	TH 309
Marque (La) du dieu	Yves THÉRIAULT	TH 321
Martin (Les)	Richard PÉRUSSE	FE 444
Masque (Le)	Raymond GÉRARD	TH 183

M. David a disparu	Jeanne FREY	TH 168
Médée	Marcel DUBÉ	TH 122
Mercière (La) assassinée	Anne HÉBERT	TH 200
Messager (Le)	Michel BREITMAN	EN 513
Mesure à cinq temps	Éloi de GRANDMONT	TH 192
Mesure de guerre	Guy DUFRESNE	TH 150
Meurtre à l'étude	Maurice GAGNON	TH 178
Midis (Les) de Julie	Françoise CHARTIER	TH 055
Mille (Les) et Une Nuits	Réginald BOISVERT	EN 510
Millionnaire à froid	Michel FAURE	TH 157
Minute Moumoute !	COLLABORATION	EN 532
Minute, Papillon	Denis ARCAND	FE 401
Moi et l'autre	Gilles RICHER	FE 447
Mon ami Pierrot	Jacques LANGUIRAND	TH 220
Mon neveu Napoleone	Paul ALAIN	TH 001
Mont-Joye	Réginald BOISVERT	FE 407
Mors (Le) aux dents	Lise LAVALLÉE	EN 559
Mort (La) dans l'âme	Claude JASMIN	TH 205
Morte (La) Saison	Jacques BRAULT	TH 037
Mouette (La)	Paul LEGENDRE	TH 237
Moulin (Le) aux images	André CAILLOUX	EN 515
Mouvement (Le) perpétuel	Louis-Georges CARRIER	TH 049
Mystère (Le) des deux Joseph	Réjane DESRAMEAUX	TH 107
Naufragé (Le)	Marcel DUBÉ	TH 136
Nécropole	Marcelle OUELLETTE	TH 262
Née pour un petit pain	Robert CHOQUETTE	TH 059
Neige (La) en octobre	André LANGEVIN	TH 215
Nérée Tousignant	Félix LECLERC	FE 436
Nic et Pic	Michel CAILLOUX	EN 521
Nicolas Dumets	Guy DUFRESNE	TH 146
Noël d'hier	Pierre DAGENAIS	TH 093
Noël sous la neige	Pierre PÉTEL	TH 273
Nuit (La) de la Saint-Théodore	Réal BENOÎT	TH 026
Nuits (Les) d'arabesque	Madeleine GAGNON-MAHONY	TH 169
Nuit (La) se lève	Marcel DUBÉ	TH 117
Obsession	Hedwige HERBIET	TH 202
Océan (L')	Marie-Claire BLAIS	TH 032
Octobre	Marcel DUBÉ	TH 141
Oiseaux (Les) de nuit	Jean PELLERIN	TH 268
O.K. Shériff	COLLABORATION	EN 531
Ombres sur le sable	Maurice GAGNON	TH 173
On ne meurt qu'une fois	Hubert AQUIN	TH 011
Onzième (La) Heure	Joseph SCHULL	TH 297
Opération-mystère	Léon DEWINNE	EN 536
Oraison funèbre	Hubert AQUIN	TH 012
Oraliens (Les)	COLLABORATION	EN 525

Orme (L') de mes yeux	Jean-Robert RÉMILLARD	TH 281
Ouragan	COLLABORATION	EN 529
O voyageurs	Marcel DUBÉ	TH 131
Owata	Denise GIGUÈRE	EN 551
Pain (Le) du jour	Réginald BOISVERT	FE 405
Palier (Le)	Anne DU COUDRAY	TH 144
Papa	Pierre DAGENAIS	TH 103
Papiers dangereux	Jacques LÉTOURNEAU	TH 242
Paradis perdu	Marcel DUBÉ	TH 123
Paradis (Le) terrestre	Réginald BOISVERT	FE 406
Paradis (Le) terrestre	Jean FILIATRAULT	FE 425
Par-delà les âges	Jean-Robert RÉMILLARD	TH 287
Partie remise	Marcel GODIN	TH 186
Passé antérieur	Hubert AQUIN	TH 009
Passeport	Robert ARTHUR	TH 018
Pauvre amour	Marcel DUBÉ	TH 134
Pèlerin (Le) de Kranine	Marcel CABAY	TH 042
Pension (La) Velder	Robert CHOQUETTE	FE 409
Pépé le cowboy	Roger GARAND	EN 547
Pépinot	Réginald BOISVERT	EN 508
Pépinot et Capucine	Réginald BOISVERT	EN 507
Perdrière	Andrée MAILLET	TH 254
Père (Le) idéal	Marcel DUBÉ	TH 138
Père (Le) Jules	Gaston LEHIR	TH 238
Petite (La) Patrie	Claude JASMIN	FE 434
Petit (Le) Monde du Père Gédéon	Roger LEMELIN	TH 241
Piastre (La)	Pierre DAGENAIS	TH 094
Picolo	Paul BUISSONNEAU	EN 514
Picotine	Linda WILSCAM	EN 596
Pinocchio	Luan ASLLANI	EN 502
Pirate (Le) Maboule	Jacques LÉTOURNEAU	EN 565
Pissenlits (Les)	Jean LABROQUERIE	TH 211
Plus ça change, moins c'est pareil	Ronald PRÉGENT	TH 278
Poisson (Le) rouge	Robert ARTHUR	TH 019
Poissons rouges et timbres-poste	André D'ALLEMAGNE	TH 105
Pont (Le) de Montreuil	Joseph SCHULL	TH 298
Porte (La)	Monique LAROUCHE-THIBAULT	TH 221
Porte (La) close	Maurice GAGNON	TH 176
Porte (La) ouverte	Bernard GENEST	TH 182
Portrait (Le)	Minou PETROWSKI	TH 275
Pour cinq sous d'amour	Marcel DUBÉ	TH 118
Préméditation	Eugène CLOUTIER	TH 087
Printemps (Le) ne fleurit pas le tramway	Jean-Robert RÉMILLARD	TH 280
Printemps (Le) par la fenêtre	Marcel DUBÉ	TH 112
Procès devant juge seul	Claude JASMIN	TH 209.1
Procès pour meurtre	Eugène CLOUTIER	TH 086
Professeur (Le) Calculus	Roger GARAND	EN 548

Profondeur 300	Maurice GAGNON	TH 171
Promesse (La)	Charlotte SAVARY	TH 293
P'tite (La) Semaine	Michel FAURE	FE 422
Quand la moisson sera courbée	Roger SINCLAIR	TH 302
Quand les chefs s'amusent	Eugène CLOUTIER	TH 083
Quand nous serons à la Manouan	Jean-Robert RÉMILLARD	TH 282
Quand nous serons heureux	Jacques BRAULT	TH 038
14 rue de Galais	André GIROUX	FE 429
Québec, printemps 1918	Jean PROVENCHER	TH 279
Quelle famille !	Janette BERTRAND	FE 402
Qu'est-ce que t'en penses, toi ?	Réjane CHARPENTIER	EN 522
Quinze ans plus tard	Robert CHOQUETTE	FE 410
Radisson	COLLABORATION	EN 526
Reconstitution (La)	Carl DUBUC	TH 143
Refuge (Le) impossible	Jean FILIATRAULT	TH 160
Renvoi (Le)	Marc BEAULÉ	TH 024
Ressac	Pierre PÉTEL	TH 274
Retour	Marcel DUBÉ	TH 114
Réveil (Le) du passé	Luan ASLLANI	TH 021
Ribouldingue (La)	Roland LEPAGE	EN 562
Rivière (La) perdue	Réginald BOISVERT	EN 511
Rocher (Le) de la belle	Éloi de GRANDMONT	TH 190
Rodolphe	Ambroise LAFORTUNE	EN 557
Ro-dou-dou	Marcelle RACINE	EN 584
Roi (Le) David	Jean FILIATRAULT	TH 158
Roi (Le) viendra demain	Félix LECLERC	TH 236
Rosa	Roger GARAND	FE 422
Rose et Henri	André CARON	TH 047
Rouletaboule	Jean SARRAZIN	EN 593
Roulotte (La) aux poupées	Marie-Claire BLAIS	TH 031
Rue de la Friponne	Fernand DORÉ	TH 109
Rue (La) de la liberté	Claude JASMIN	TH 204
Rue de l'Anse	Guy FOURNIER	EN 544
Rue des Pignons	Louis MORISSET	FE 443
Rue des Pignons	Mia RIDDEZ-MORISSET	FE 448
Sac (Le) à malices	Henriette MAJOR	EN 571
Sagouine (La)	Antonine MAILLET	FE 441
Saignée (La)	Guy FOURNIER	TH 166
Sang et or	Bernard LETREMBLE	EN 568
Sans adresse connue	Réal BENOÎT	TH 027
Santé (La) des autres	Françoise LORANGER	TH 245
Sauterelle (La)	Yves THÉRIAULT	TH 314
Saut (Le) périlleux	Pierre DAGENAIS	TH 098
Secret (Le) de Catherine	Claude AUBRY	TH 022
Seigneur (Le) de Brinqueville	Pierre PÉTEL	TH 272

Semelles (Les) de vent	André LANGEVIN	TH 216
Septième Nord	Guy DUFRESNE	FE 420
Sol et Gobelet	Luc DURAND	EN 540
Souris (La) verte	Marie RACINE	EN 587
Sous le règne d'Augusta	Robert CHOQUETTE	TH 075
Sous le signe du lion	Françoise LORANGER	FE 440
Souvenirs en accords brisés	Andrée MAILLET	TH 253
Studio 43	Eugène CLOUTIER	TH 082
Succession (La) Dupont-Durant	Jean FILIATRAULT	TH 159
Sursis (Le)	André BERTHIAUME	TH 030
Surveillant (Le)	Gérald TASSÉ	TH 305
Survenant (Le)	Germaine GUÈVREMONT	FE 431
Table tournante	Hubert AQUIN	TH 014
Taille-fer	Renée NORMAND	EN 527
Tam-Tam	COLLABORATION	EN 534
Tant que nous vivrons	Ivan BRUGGEMAN	TH 041
Tant va la cruche	Yves THÉRIAULT	TH 307
Ta nuit est ma lumière	Robert CHOQUETTE	TH 076
Témoin (Le)	Pierre DAGENAIS	TH 095
Temps (Le) à tuer	Roger SIMARD	TH 301
Temps (Le) des lilas	Marcel DUBÉ	TH 130
Temps (Le) devant soi	Gilles ARCHAMBAULT	TH 017
Temps (Le) qu'il fait	Gilbert COMTOIS	TH 089
Tenue (La) de soirée est de rigueur	Paul ALAIN	TH 003
Thérèse Erickson	Charlotte SAVARY	TH 294
Ti-Jean Caribou	Guy FOURNIER	EN 545
Toubib (Le)	Gaston LEHIR	TH 239
Traitants (Les)	Guy DUFRESNE	TH 152
Trèfle (Le) à 4 feuilles	Alec PELLETIER	EN 579
Trois (Les) d'Orient	Jules GOBEIL	TH 184
Trois petits tours	Michel TREMBLAY	TH 325
Tuez le veau gras	Claude JASMIN	TH 208
Tu lis trop, Anatole	Robert CHOQUETTE	TH 072
Ulysse et Oscar	André CAILLOUX	EN 516
Un arbre chargé d'oiseaux	Louise MAHEUX-FORCIER	TH 251
Un beau Brummel	Robert CHOQUETTE	TH 067
Un brave homme	Pierre DAGENAIS	TH 092
Un cas de paresthénie	Robert CHOQUETTE	TH 074
Un cri qui vient de loin	Françoise LORANGER	TH 248
Une fenêtre dans ma tête	Raymond PLANTE	EN 583
Une fleur m'a dit	Henriette MAJOR	EN 572
Une grosse nouvelle	Germaine GUÈVREMONT	TH 199
Une maison... un jour	Françoise LORANGER	TH 249
Une marche au soleil	Jean-Paul FILION	TH 162
Une nuit	Charlotte SAVARY	TH 296
Un génie sans talent	Jacques ANTOONS	TH 007
Un homme à la fenêtre	Robert CHOQUETTE	TH 070

Un instant de ta vie	Jean-Raymond BOUDOU	TH 035
Un jour ils eurent l'idée de s'acheter une maison à la campagne	Claire RICHARD	TH 290
Un roman-savon	Robert CHOQUETTE	TH 071
Un simple soldat	Marcel DUBÉ	TH 121
Un timide	Robert CHOQUETTE	TH 056
Valentin le chat	Yves LÉTOURNEAU	TH 243
Vase clos	Pierre VILLON	TH 331
Veilleuse (La)	Guy DUFRESNE	TH 147
Vendredi, 16h45	Pierre GAUVREAU	TH 179
Vent d'Es	Pierre PERRAULT	TH 271
Vent (Le) sur la falaise	Jean LAFOREST	TH 213
Véridique (Le) Procès de Barbe-Bleue	Louis PELLAND	TH 264
Vertu (La) des chattes	André LAURENDEAU	TH 222
Veuves (Les)	Michel GRÉCO	TH 196
Vie (La) de Chopin	Eugène CLOUTIER	TH 085
Village (Le) du refus	Félix LECLERC	TH 235
Vingt-quatre heures de trop	Hubert AQUIN	TH 015
Virginie	André CAILLOUX	EN 519
Virginie	Marcel DUBÉ	TH 132
Voyage (Le) à Rome	Robert CHOQUETTE	TH 068
Voyage de noces	Pierre DAGENAIS	TH 101
Voyage de noces	Félix LECLERC	TH 233
Y a pas de problème	Réginald BOISVERT	FE 408
You-hou	Jacqueline BARRETTE	EN 504
Zone	Marcel DUBÉ	TH 113

3. Index des réalisateurs

Noms	Théâtres	Feuilletons	Dramatiques pour enfants
ALMOND, Paul	TH 031		
BEAUDOIN, Louis-Philippe	TH 172		EN 523
	TH 174		
	TH 175		
	TH 185		
	TH 321		
	TH 322		
BEAULNE, Guy	TH 007	FE 437	
	TH 045		
	TH 159		
	TH 259		
	TH 266		
	TH 316		
	TH 331		
BÉDARD, Louis	TH 006	FE 409	EN 546
	TH 089	FE 410	EN 577
	TH 161	FE 414	EN 578
	TH 168	FE 416	
	TH 188	FE 421	
		FE 422	
	TH 195	FE 425	
	TH 296	FE 427	
		FE 443	
BÉLAND, Jean-Louis			EN 527
			EN 558
BÉLISLE, Pierre			EN 525
			EN 591
BENJAMIN, Jean-Guy			EN 514
			EN 523
			EN 569
BERTRAND, René	TH 078		
BIGRAS, Jean-Yves	TH 230		EN 523
	TH 231		
	TH 232		

Noms	Théâtres	Feuilletons	Dramatiques pour enfants
BIGRAS, Jean-Yves	TH 233		
	TH 234		
BISSONNETTE, Jean		FE 447	
BLAIS, Hubert			EN 524
			EN 537
			EN 552
			EN 560
			EN 561
			EN 565
			EN 586
BLOUIN, Paul	TH 074	FE 418	EN 558
	TH 087		EN 592
	TH 124		
	TH 126		
	TH 129		
	TH 130		
	TH 140		
	TH 141		
	TH 150		
	TH 163		
	TH 180		
	TH 207		
	TH 216		
	TH 227		
	TH 249		
	TH 255		
	TH 269		
	TH 270		
	TH 271		
	TH 284		
	TH 303		
	TH 325		
	TH 326		
BOISSAY, René			EN 523
			EN 555
			EN 558
			EN 568
BOISVERT, Jean	TH 018	FE 429	
	TH 019		
	TH 020		
	TH 081		
	TH 090		
	TH 113		
	TH 210		
	TH 242		
	TH 297		
	TH 301		

Noms	Théâtres	Feuilletons	Dramatiques pour enfants
BORDELEAU, Francine			EN 514
BOUCHER, Raymond			EN 587
BOUSQUET, André	TH 029	FE 410	EN 506
	TH 122	FE 420	EN 533
	TH 286	FE 444	EN 559
			EN 566
			EN 581
BRASSARD, André	TH 327		
BRISSETTE, Gilles			EN 562
CARON, Claude			EN 511
			EN 523
			EN 527
			EN 547
			EN 557
CARRIER, Louis-Georges	TH 009	FE 415	
	TH 010		
	TH 013		
	TH 014		
	TH 015		
	TH 016		
	TH 033		
	TH 034		
	TH 050		
	TH 051		
	TH 116		
	TH 117		
	TH 118		
	TH 122		
	TH 123		
	TH 124		
	TH 132		
	TH 134		
	TH 135		
	TH 139		
	TH 157		
	TH 162		
	TH 208		
	TH 209		
	TH 218		
	TH 219		
	TH 248		
	TH 250		
	TH 281		
	TH 305		
CASTONGUAY, Pierre	TH 100		EN 523
			EN 593

Noms	Théâtres	Feuilletons	Dramatiques pour enfants
CHAMBERLAND, François			EN 523
			EN 585
CHAPDELAINE, Gérard		FE 412	EN 573
			EN 574
CHOLETTE, Jacques			EN 525
			EN 591
CHOQUETTE, Marie			EN 509
			EN 576
CHOUINARD, Fernand			EN 523
COMEAU, Guy			EN 503
			EN 504
			EN 505
			EN 534
			EN 587
CUILLERRIER, Pierre-Jean			EN 582
			EN 583
			EN 589
DAGENAIS, Pierre	TH 091		
	TH 144		
	TH 264		
DANSEREAU, Mireille	TH 138		
DE BELLEFEUILLE, André			EN 523
			EN 525
			EN 587
DELANOË, Georges	TH 154	FE 429	EN 508
DEROME, Gilles			EN 523
			EN 531
DESJARDINS, Pierre			EN 523
DÉSORCY, Claude	TH 035	FE 422	
	TH 055	FE 435	
	TH 080		
	TH 083		
	TH 084		
	TH 120		
	TH 055		
	TH 235		
	TH 236		
	TH 241		
	TH 258		
	TH 267		
	TH 280		
	TH 300		
DESROCHES, Pierre			EN 508
			EN 510
			EN 512

Noms	Théâtres	Feuilletons	Dramatiques pour enfants
DESROCHES, Pierre			EN 527
			EN 584
DORÉ, Fernand	TH 110		EN 507
	TH 147		EN 508
			EN 509
			EN 575
			EN 576
			EN 578
DORMEYER, James	TH 017		EN 506
DUCEPPE, Pierre			EN 515
			EN 523
DUBOIS, Maurice			EN 523
DUMAIS, Guy	TH 189		
	TH 190		
	TH 191		
DUMAS, Charles	TH 005	FE 425	EN 528
	TH 106		EN 570
	TH 125		
	TH 127		
	TH 285		
	TH 295		
DUMAS, Jean	TH 075	FE 437	
	TH 096	FE 438	
	TH 107	FE 446	
	TH 133		
	TH 152		
	TH 176		
	TH 206		
	TH 221		
	TH 288		
	TH 306		
FALARDEAU, Maurice		FE 417	EN 516
		FE 428	EN 520
			EN 523
			EN 524
			EN 529
			EN 540
			EN 545
			EN 548
			EN 565
			EN 569
			EN 590
			EN 593
			EN 596
FAUCHER, Jean	TH 002	FE 411	
	TH 003	FE 413	

Noms	Théâtres	Feuilletons	Dramatiques pour enfants
FAUCHER, Jean	TH 011		
	TH 023		
	TH 032		
	TH 057		
	TH 058		
	TH 059		
	TH 060		
	TH 061		
	TH 062		
	TH 063		
	TH 064		
	TH 065		
	TH 066		
	TH 067		
	TH 068		
	TH 069		
	TH 070		
	TH 071		
	TH 082		
	TH 086		
	TH 088		
	TH 097		
	TH 101		
	TH 102		
	TH 119		
	TH 170		
	TH 179		
	TH 200		
	TH 215		
	TH 228		
	TH 240		
	TH 251		
	TH 253		
	TH 254		
	TH 282		
	TH 283		
	TH 287		
	TH 315		
	TH 324		
	TH 332		
FAURE, Jacques			EN 523
			EN 543
			EN 594
FINOZZI, Marie-Claude			EN 523
			EN 527
			EN 543

Noms	Théâtres	Feuilletons	Dramatiques pour enfants
FINOZZI, Marie-Claude			EN 588
			EN 594
FORGET, Aimé	TH 012	FE 402	EN 529
	TH 098	FE 403	EN 568
	TH 178	FE 419	
		FE 444	
FORGET, Florent	TH 001	FE 414	
	TH 076	FE 423	
	TH 079	FE 434	
	TH 085		
	TH 121		
	TH 130		
	TH 136		
	TH 137		
	TH 160		
	TH 182		
	TH 187		
	TH 257		
	TH 264		
	TH 265		
	TH 277		
	TH 289		
	TH 294		
	TH 308		
	TH 310		
FOURNIER, Roger	TH 167	FE 414	
FUGÈRE, Jean-Paul	TH 025	FE 413	
	TH 026	FE 437	
	TH 028	FE 441	
	TH 037		
	TH 038		
	TH 048		
	TH 053		
	TH 119		
	TH 121		
	TH 123		
	TH 131		
	TH 146		
	TH 148		
	TH 149		
	TH 151		
	TH 153		
	TH 155		
	TH 156		
	TH 165		
	TH 166		
	TH 169		

Noms	Théâtres	Feuilletons	Dramatiques pour enfants
FUGÈRE, Jean-Paul	TH 181		
	TH 186		
	TH 205		
	TH 222		
	TH 223		
	TH 224		
	TH 247		
	TH 256		
	TH 279		
	TH 292		
	TH 323		
GAGNÉ, Jacques	TH 142		
GAGNÉ, Réal			EN 572
GAGNON, Denys	TH 073	FE 406	
	TH 309	FE 407	
	TH 317	FE 424	
		FE 425	
		FE 429	
		FE 431	
		FE 436	
		FE 439	
		FE 442	
GARIÉPY, Renault			EN 532
			EN 571
			EN 587
GAUMONT, Jean	TH 290		EN 587
GAUTHIER, Jacques	TH 022		
	TH 105		
	TH 214		
	TH 313		
	TH 318		
GAUVIN, Noël	TH 108		
GAUVREAU, Pierre		FE 426	EN 508
			EN 526
			EN 530
			EN 544
			EN 556
			EN 580
GINGRAS, André	TH 263		
GRÉCO, Michel			EN 539
			EN 596
GROULX, Georges	TH 145	FE 401	
	TH 196		
	TH 229		
	TH 291		

Noms	Théâtres	Feuilletons	Dramatiques pour enfants
GUAY, Rolland		FE 422	EN 514
		FE 426	EN 536
			EN 564
			EN 595
HÉBERT, Yves	TH 143		
HOFFMANN, Guy	TH 243.1	FE 407	EN 523
		FE 408	EN 563
		FE 445	EN 565
			EN 566
HOULE, Geneviève		FE 403	
HUARD, Jean-Louis			EN 535
IPPERSIEL, Fernand	TH 024		EN 516
			EN 520
			EN 523
			EN 527
			EN 554
LACOSTE, Aurèle	TH 008		
	TH 049		
	TH 095		
	TH 128		
	TH 164		
	TH 177		
	TH 202		
	TH 203		
	TH 220		
	TH 275		
	TH 276		
LADOUCEUR, Jean-Paul	TH 109		EN 578
LAFORCE, Jean-Yves	TH 047	FE 428	
LAPLANTE, Marcel			EN 520
LATULIPPE, Micheline			EN 523
			EN 586
			EN 587
			EN 597
LEBEUF, Pierre			EN 528
			EN 542
			EN 579
LECLERC, Jean-Paul			EN 516
			EN 520
LEDUC, Guy		FE 438	
LEDUC, Paul	TH 036		
	TH 245		
	TH 298		

Noms	Théâtres	Feuilletons	Dramatiques pour enfants
LEGAULT, Paul	TH 021		EN 501
			EN 502
			EN 536
			EN 554
LÉONARD, Jean	TH 039		
	TH 046		
	TH 056		
	TH 114		
	TH 115		
	TH 198		
	TH 199		
	TH 212		
	TH 260		
	TH 293		
	TH 307		
	TH 330		
LEROUX, Maurice	TH 072	FE 418	
	TH 217	FE 431	
	TH 226		
	TH 237		
	TH 246		
LEROYER, Lisette			EN 535
LÉTUVÉ, Louis			EN 530
			EN 556
LUNZ, Édouard	TH 027		
	TH 077		
MANKLEWIEZ, Francis	TH 243		
MARTIN, Jo	TH 004	FE 432	
		FE 433	
MARTIN, Richard	TH 209.1	FE 421	
MONETTE, Pierre			EN 515
			EN 528
NICOL, Normand			EN 525
			EN 591
PAGÉ, Alex			EN 523
PAGÉ, André			EN 523
			EN 550
			EN 562
PARADIS, Bruno	TH 043	FE 430	
	TH 103	FE 443	
	TH 193		
	TH 314		
	TH 319		

Noms	Théâtres	Feuilletons	Dramatiques pour enfants
PARENT, Guy	TH 225		
	TH 263		
	TH 328		
PATRY, Thérèse			EN 587
PESANT, Raymond			EN 518
			EN 519
PETEL, Pierre	TH 272		
	TH 273		
	TH 274		
PICARD, Jean		FE 428	EN 517
			EN 518
POULIN, Claude			EN 553
QUIRION, Fernand	TH 030	FE 430	
	TH 052		
	TH 094		
	TH 099		
	TH 183		
	TH 197		
	TH 201		
	TH 213		
	TH 261		
RACINE, Roger	TH 111		
	TH 112		
	TH 158		
RÉMILLARD, Jean-Robert			EN 567
ROBERGE, Hélène			EN 514
			EN 521
			EN 597
ROBERT, Gérard	TH 093		
	TH 194		
	TH 244		
	TH 247		
	TH 268		
ROUTHIER, Claude		FE 422	
SAINT-JACQUES, Jean	TH 042		
	TH 311		
SARRAZIN, Robert	TH 080		
SAVARIA, Georges			EN 567
SEGAR, Jac	TH 327.1		
SÉNÉCAL, Gilles	TH 054		EN 522
	TH 278		EN 523
			EN 538
			EN 554

Noms	Théâtres	Feuilletons	Dramatiques pour enfants
SÉNÉCAL, Gilles			EN 585
			EN 586
			EN 587
			EN 594
SÉNÉCAL, Jean-Pierre	TH 092	FE 409	
		FE 440	
TRUDEL, Yvon		FE 430	
		FE 448	
VALADE, Jean	TH 104	FE 404	EN 513
	TH 211	FE 405	EN 523
	TH 262		EN 565
	TH 329		
VERNE, René	TH 040	FE 408	
	TH 041		
	TH 044		
	TH 171		
	TH 173		
	TH 184		
	TH 204		
	TH 238		
	TH 239		
	TH 299		
	TH 302		
	TH 304		
	TH 312		
	TH 320		

*Achevé d'imprimer à Montréal par Les Presses Élite,
pour le compte des Éditions Fides,
le treizième jour du mois de septembre
de l'an mil neuf cent soixante-dix-sept.*

Dépôt légal — 3e trimestre 1977
Bibliothèque nationale du Québec